高等学校创新创业课程系列教材

创业与投融资

主　编　黄宝凤
副主编　杨小军　张昌兵

CHUANGYE YU
TOURONGZI

高等教育出版社·北京

内容提要

本书是高等学校创新创业课程系列教材之一。全书共10章，分别是导论、财务基础、创业投资、创业投资评价方法、创业投资决策、创业融资、创业与债务融资、创业与股权融资、创业与网络融资、创业投融资风险管理。本书体例完整，案例丰富，既可作为高等学校创新创业课程教材，也可作为创业人士的自学用书。

图书在版编目(CIP)数据

创业与投融资/黄宝凤主编.—北京：高等教育出版社，2019.1(2023.7重印)

ISBN 978-7-04-051223-6

Ⅰ.①创… Ⅱ.①黄… Ⅲ.①创业投资-高等学校-教材 ②企业融资-高等学校-教材 Ⅳ.①F830.59 ②F275.1

中国版本图书馆CIP数据核字(2019)第008341号

策划编辑 张正阳 张 伟　责任编辑 张正阳 刘自挥　封面设计 张文豪　责任印制 高忠富

出版发行	高等教育出版社	网　址	http://www.hep.edu.cn	
社　　址	北京市西城区德外大街4号		http://www.hep.com.cn	
邮政编码	100120	网上订购	http://www.hepmall.com.cn	
印　　刷	上海当纳利印刷有限公司		http://www.hepmall.com	
开　　本	787 mm×1092 mm　1/16		http://www.hepmall.cn	
印　　张	16.5			
字　　数	371千字	版　次	2019年1月第1版	
购书热线	010-58581118	印　次	2023年7月第3次印刷	
咨询电话	400-810-0598	定　价	35.00元	

本书如有缺页、倒页、脱页等质量问题，请到所购图书销售部门联系调换

版权所有　侵权必究

物　料　号　51223-00

前　言

继教育部 2010 年提出"双创"教育后，为进一步增强经济发展的内生动力，我国于 2014 年开始积极推动"大众创业，万众创新"的工作部署，并将其写入 2015 年政府工作报告之中，十九大报告中更是明确提出"鼓励更多社会主体投身创新创业"，并在全国掀起了"大众创业""草根创业"的新浪潮，这无疑对高等教育的人才培养规格和标准提出了新的要求。有鉴于此，在大众创业、万众创新的政策力度不断加大、社会期望不断提升的大背景下，南京邮电大学于 2017 年初适时启动并资助了教材《创业与投融资》的编撰工作，本教材于 2018 年被遴选为校级重点教材，并被推荐申报江苏省高等学校重点教材。

在当前"互联网＋"的时代背景下，本教材编写组以习近平新时代中国特色社会主义思想为指导，以创业者和创业企业的根本诉求为出发点和主线，通过创业励志名言、导入案例、概念解析、理论阐述、综合案例分析以及思考题等教学素材，对创业，尤其是大学生创业投融资的基本规律和基本过程进行较全面的阐释和分析，详细解析了创业投融资的方式、决策过程、运作流程、评价方法以及风险控制等内容，尤其注重结合"互联网＋"对创业投融资的特点、规律、方式、风险以及信息产业典型案例等进行剖析，以期为大学生、创业者、创业企业以及有志投身于创业的人士在创业过程中所遇到的投资和筹资问题提供理论指导和实践依据。

本教材由黄宝凤教授任主编，杨小军副教授、张昌兵教授担任副主编，李婵娟副教授、刘玉荣博士参编，共同完成编撰工作。

本教材在编撰过程中，参阅了许多教材和资料，并引用了部分案例和文献资料，谨向国内外同行研究者致以最真诚的谢意！

由于作者水平有限，难免有不妥和谬误之处，敬请读者、创业者、同行专家提出宝贵意见和建议。

黄宝凤
2018 年 12 月

目 录

第1章 导论 ·· 001
[学习目标] ·· 001
[创业励志名言] ·· 001
导入案例 ·· 001
第1节 创业概述 ·· 002
第2节 创业者的基本能力与创业者素质测评 ······················ 006
第3节 创业投融资 ··· 018
综合案例 ·· 029
[思考与讨论] ·· 030
复习思考题 ··· 031

第2章 财务基础 ·· 032
[学习目标] ·· 032
[创业励志名言] ·· 032
导入案例 ·· 032
第1节 财务管理概述 ··· 033
第2节 财务报表分析 ··· 043
第3节 货币的时间价值 ·· 054
综合案例 ·· 061
[思考与讨论] ·· 063
复习思考题 ··· 063

第3章 创业投资 ·· 064
[学习目标] ·· 064
[创业励志名言] ·· 064
导入案例 ·· 064
第1节 投资概述 ·· 065
第2节 创业投资项目 ··· 071
第3节 创业投资机会 ··· 078
综合案例 ·· 090
[思考与讨论] ·· 091
复习思考题 ··· 091

第4章 创业投资评价方法 ·· 092
[学习目标] ·· 092

目　录

　　[创业励志名言] ··· 092
　　导入案例 ··· 092
　　第1节　创业投资评价方法概述 ··· 093
　　第2节　非贴现评价方法 ··· 094
　　第3节　贴现评价方法 ··· 097
　　第4节　创业投资项目比较分析 ··· 104
　　综合案例 ··· 108
　　[思考与讨论] ··· 110
　　复习思考题 ··· 111

第5章　创业投资决策 ··· 112
　　[学习目标] ··· 112
　　[创业励志名言] ··· 112
　　导入案例 ··· 112
　　第1节　创业投资决策概述 ··· 113
　　第2节　决策的过程 ··· 117
　　第3节　决策的影响因素 ··· 120
　　第4节　创业投资决策的分析方法 ··· 123
　　综合案例 ··· 136
　　[思考与讨论] ··· 137
　　复习思考题 ··· 137

第6章　创业融资 ··· 139
　　[学习目标] ··· 139
　　[创业励志名言] ··· 139
　　导入案例 ··· 139
　　第1节　融资概述 ··· 140
　　第2节　创业融资的产生与发展 ··· 142
　　第3节　创业融资的主要方式 ··· 150
　　综合案例 ··· 155
　　[思考与讨论] ··· 156
　　复习思考题 ··· 157

第7章　创业与债务融资 ··· 158
　　[学习目标] ··· 158
　　[创业励志名言] ··· 158
　　导入案例 ··· 158
　　第1节　创业与债务融资概述 ··· 159
　　第2节　银行贷款 ··· 160
　　第3节　信托贷款 ··· 165
　　第4节　民间融资 ··· 168

  第 5 节 其他类型的债务融资 …………………………………………… 171
  综合案例 ……………………………………………………………………… 179
  [思考与讨论] ………………………………………………………………… 181
  复习思考题 …………………………………………………………………… 181

第 8 章 创业与股权融资 …………………………………………………… 182
  [学习目标] …………………………………………………………………… 182
  [创业励志名言] ……………………………………………………………… 182
  导入案例 ……………………………………………………………………… 182
  第 1 节 创业与股权融资概述 ……………………………………………… 183
  第 2 节 创业股权融资设计 ………………………………………………… 185
  第 3 节 创业与风险投资 …………………………………………………… 193
  第 4 节 私募股权 …………………………………………………………… 198
  综合案例 ……………………………………………………………………… 203
  [思考与讨论] ………………………………………………………………… 205
  复习思考题 …………………………………………………………………… 205

第 9 章 创业与网络融资 …………………………………………………… 206
  [学习目标] …………………………………………………………………… 206
  [创业励志名言] ……………………………………………………………… 206
  导入案例 ……………………………………………………………………… 206
  第 1 节 创业与网络融资概述 ……………………………………………… 207
  第 2 节 创业与众筹融资 …………………………………………………… 211
  第 3 节 创业与 P2P 融资 ………………………………………………… 219
  第 4 节 其他类型的网络融资 ……………………………………………… 230
  综合案例 ……………………………………………………………………… 235
  [思考与讨论] ………………………………………………………………… 237
  复习思考题 …………………………………………………………………… 237

第 10 章 创业投融资风险管理 ……………………………………………… 239
  [学习目标] …………………………………………………………………… 239
  [创业励志名言] ……………………………………………………………… 239
  导入案例 ……………………………………………………………………… 239
  第 1 节 创业投资风险 ……………………………………………………… 240
  第 2 节 创业融资风险 ……………………………………………………… 242
  第 3 节 创业投融资中的政策风险 …………………………………………… 243
  第 4 节 创业投融资中的法律风险 …………………………………………… 244
  综合案例 ……………………………………………………………………… 249
  [思考与讨论] ………………………………………………………………… 251
  复习思考题 …………………………………………………………………… 251

主要参考文献 ……………………………………………………………………… 252

第 1 章 导　　论

[学习目标]

通过本章学习，学生应理解创业、创业投资和创业融资的内涵，了解成功创业者应具备的能力素质及其测评方法、创业投融资的功能和意义，掌握创业投资的特点和创业融资的各种具体形式。

[创业励志名言]

创业要找最合适的人，不一定要找最成功的人！

——马云

导入案例

从放牛娃到上市公司 CEO 的创业故事

李斌，易车公司董事长兼 CEO。他小时候生活在安徽大别山区，是贩牛出身的农村商人外公的放牛娃和收钱记账员。在北京大学读书期间，他打过 50 多份工，成为连续创业者。后来他办了南极科技公司，业务是在美国租几台服务器，在国内帮人注册域名、租空间。2000 年初，他与其师兄一起创办易车电子商务有限公司。因受互联网泡沫破灭影响，2001 年底，易车电子商务公司大股东撤资，李斌虽因此拥有了公司的全部股权但欠债 400 万元。为了生存，他重操旧业，带着几个人编程序。2003 年在给一汽马自达做网络营销服务期间，李斌创建"新意互动"（国内领先的网络营销服务公司）。2004 年起，易车网定位于新车导购，新意互动主要做汽车互联网营销服务，后来的优卡网为二手车交易服务平台。易车三大核心业务由此形成。从 2006 年底到 2009 年，李斌围绕汽车行业做了很多跨媒体运营尝试，收购了中国最大的汽车节目制作商，在近 200 个电台开通汽车广播节目，还出版了杂志。2010 年 11 月 17 日，易车（BITA）在纽交所上市，市值 5 亿美元，这是中国第一家到海外上市的汽车互联网公司。那年，李斌37岁，持股18.94%。李斌，一个毫无家庭背景的人，为何能走到今天？

第1节 创业概述

一、创业的内涵

（一）创业的定义

什么是创业？有学者认为："创业是一个发现和捕捉机会并由此创造出新颖的产品或服务和实现其潜在价值的复杂过程。"创业必须要投入时间和付出努力，承担相应财务、精神和社会的风险，并获得金钱的回报、个人的满足和独立自主。霍华德·H.斯蒂芬（Howard H.Steven）认为："创业是一种管理方式，即对机会的追踪和捕获的过程，这一过程与其当时控制的资源无关。"并且进一步指出："创业可由以下七个方面的企业经营活动来理解：发现机会、战略导向、致力于机会、资源配置过程、资源控制的概念、管理的概念和回报政策。"杰弗里·A.蒂蒙斯（Jeffry A.Timmosns）则认为："创业是一种思考、推理和行为方式，这种行为方式是机会驱动、注重方法和领导相平衡。创业导致价值的产生、增加、实现和更新，不只是为所有者，也为所有参与者和利益相关者。"科尔（Cole）（1965）则把创业定义为"发起，维持和发展以利润为导向的企业的有目的性的行为"。美国学者帕尔特·蒂·维罗斯（Paud. D.Reynolds）教授把创业概念延伸到从人们创业意识产生之前到企业成长的全过程，他认为创业应该分为四个阶段：①未成年阶段。这一阶段是创业意识萌芽阶段，创业者心里有创业的冲动，只是还没有找到合适的机会。②创业行动开始之前。在这个阶段，创业机会出现，创业欲望加强，开始进行各种准备活动。③开始创办企业阶段。在这一阶段，创业者独自一人或者组建创业团队，开始进行市场调研，拟定创业方案、融资、注册登记、建厂生产、提高产品或者服务质量。④企业成长阶段。在这一阶段，企业进入发展期。哈佛商学院创业课程先锋人物霍华德·史蒂文森（Howard Stevenson）教授认为，创业是不拘泥于当前资源条件的限制而寻求机会，将不同的资源组合起来以利用和开发机会并创造价值的过程。

综上所述，创业是创业者对自己拥有的资源或通过努力能够拥有的资源进行优化整合，从而创造出更大经济或社会价值的过程。也即创业是一个人发现和捕捉机会并由此创造出新颖的产品或服务和实现其潜在价值的复杂过程。

创业的本质就是创造。可以从以下几个方面来理解：①创造新企业。创造一个前所未有的企业，或者开创新的事业。②创造新价值。一方面，是对已有生产式或者资源进行创新性整合并产生新价值；另一方面是找到新的市场机会，以创新性产品或者服务为顾客创造新的价值。③创造财富。创业成功必然要获取合理的利润，进而为社会创造财富。④创造就业机会。大量劳动力被雇用并接受企业的管理以及提供的个人成长支持。⑤创造增长。主要指市场规模、销售收入、公司资产、人力资源等方面的全面增长。⑥创造变革。伴随着高风险，创业能带来更多的创造性的变革，并推动社会进步，具体主要体现在技术、产品、服务、商业模式、管理等方面。

（二）创业的广义和狭义之分

从广义上看，创业是指创业者的各项创业实践活动，其功能指向是成就国家、集体和群体的大业。

从狭义上看，创业是指创业者通过发现和识别商业机会，成立活动组织，利用各种资源，提供产品和服务，以创造价值的过程。

（三）创业依据不同标准，可以进行不同分类

依创业主体的性质分：个人独立创业、公司附属创业、公司内部创业。依创业起点不同分：创建新企业、公司再创业；依创新层次不同分：基于产品创新而创建企业、基于市场营销模式的创新而创建企业（如直销）、基于企业组织管理体系创新而创建企业（如麦当劳）。

创业具有如下特征：创业的必然性；创业的层次性（初始式创业、发展式创业、高新式创业）；创业的艰巨性；创业的自主性和创业的自律性。

二、创业过程

创建新企业是一个充满挑战，甚至非常痛苦的过程。在未知的不确定的情况下投入自己的积累，面临的压力可想而知，付出的心智和汗水将不计其数。创业过程以商机的创造和识别为核心，其实就是以创新的思维解决现存的行业的痛点为核心。新创企业一般有以下一些阶段。

（一）创业构思阶段

创业构思阶段是创业者从产生创业冲动、创业热情到形成创业决策，是决定创业方向、创业产品或服务以及创业方式的过渡时期。

首先，创业者要有一个改变现状的愿景，这是准创业者创业的动机，是创业激情的源泉。这个愿景可以很远大，大到为国家为社会为人类谋福祉；也可以很小，小到可以是为了养家糊口，住大房子，过上小康生活，不受别人指使，自由支配自己的时间。其次，选择一个自己最喜爱的领域。开始创业之前，准创业者在市场分析（含行业分析、市场细分分析、竞争现状分析、顾客分析等）和机会评估（包括机会的价值、风险与回报等）的基础上，选择一个非常感兴趣、非常想从事的行业或者项目。分析自己在哪方面较有创意和潜力；分析自己哪些方面存在优势，具备天时、地利和人和，可以比别人做得更好；分析哪方面的事业最能吸引自己的注意力，让自己激情倍增，使自己有浓厚的兴趣，并能始终想办法克服困难让自己勇往直前等。再次，形成对行业未来发展的看法。选定准备创业的行业后，要对行业的未来发展和趋势有自己的假设和推断，藉此指导自己的创业创新活动。最后，形成新的创意。能够生存或能够成功的创意应是针对目前行业现状的痛点或还未被满足的需求。

（二）创业准备阶段

创业准备阶段是创业者在形成创业决策后，围绕创业决策进行的各种创业前准备工作的时期。创业准备主要包括创业心理准备、创业能力准备和创业基础知识学习。

在这一阶段，需要做的主要工作有：

(1) 组建团队创业。创业团队是新创企业成功的关键,没有建立出色的团队,初创企业很难成长。很多创业者过分迷信自己的能力,不屑于建立以自己为核心的知识、能力和技能互补型的团结合作的团队,最终不被累死也会阻碍企业的成长。实践证明,创业团队的知识、能力和技能,应当与初创企业在各个阶段所需的知识、能力和技能相匹配。

(2) 写商业计划书。撰写商业计划书是为了筹措资金,吸引创业伙伴,还可以厘清自己的创业思路。如果自有资金足够,好像有没有商业计划书差别不大,但作为自己创业的蓝图或者路线图,有胜过无。如果缺乏资金,一份伟大的商业计划书就可以作为说服风投、天使和亲朋好友的重要工具。甚至当你的创业设想还停留在笔记本上或脑海中时,风险投资很难眷顾它们,一份商业计划书的出台可能会得到天使的垂青。商业计划书具体包括项目概况、环境与行业市场分析、竞争性分析、创业公司内部现状分析、战略目标与规划、营销计划、研发与生产计划、经营管理计划、财务预测与融资计划、风险与机遇分析等。

(3) 筹集充足的第一笔创业资金。募集创业初期运营所需的足够的资金是成败的关键,资金不足往往是新创企业中途夭折的主要原因。在筹措资金时,应该以能够应付企业创业第一年内所有的运营开销为底线,当然还要做保守的打算,准备在遇到不可控的情况下如何应对的预案;资源确认、获取与整合。包括确认现有资金并加以充分利用(包括经营场所、资金、设备、技术、初期人力资源等);针对资源缺口,通过一定渠道获取补充;对资源进行有效整合。

(三) 创业启动阶段

创业启动期是企业形态的成型过程。在这一阶段,应重点做好的工作有:①决定企业的法律形式。根据对有关的法律和政策分析,通过比较企业的各种法律形式的利弊,选择适合的企业法律形式,如个体经营、私营有限责任公司、股份有限责任公司、中外合资、外商独资等。②制定企业的章程,制定公司的重大制度、组织架构。这些都没有规定的程式,只要适合自己的企业就可以。明确股东的股本、权利和义务,以免日后引起纠纷。③确定企业的品牌和公司名称。品牌或公司名称应能能够充分反映企业的产品或服务的最大特色,清晰明了,容易引起消费者联想;或能清晰表达创业者的理想、价值观和企业所处的行业特征。这种选择应具有前瞻性与远见,为企业的未来经营和业务发展预留一定的空间。④选址。不同行业考虑的重点不尽相同,但有两个因素是绝对不可忽视的,即自身承担租金的能力和具体的租赁条件。

(四) 创业经营阶段

创业经营阶段是创业管理水平要求最高的阶段。在此时期,重点要做好以下几方面工作:

(1) 建立产品和服务的原型。为自己的产品和服务建立原型,原型就是模拟产品和服务的首创的模型,作为日后生产、研发或服务提供的依据和标准。原型产生前要充分体现细分市场的需求并满足其需要。原型要经过市场测试,根据市场测试结果再进行调整。

(2) 确定产品和服务的定位、组合和定价。初创期要对产品进行正确的定位,产品组合不要太复杂，产品的关联性应相对集中。产品价格应以扩大市场占有率为目标。如果是破坏性创新的产品，产品的定位是破坏者，价格较主流产品低廉，以能迅速吸引猎奇者。

（3）依靠在手的客户建立销售渠道，建立供应商体系。依赖已有的或离自己最近的客户快速建立销售渠道，把产品或服务送达给客户，使企业开始运作，产生现金流。分销渠道的选择应以消费者满意原则和配合原则为主，不宜过长和过宽。对于中间商要明确其服务与责任。销售渠道的建立遵循先易后难、循序渐进、步步为营的原则，切忌求大求多，结果反而是欲速则不达。建立可靠的供应商体系，创造性地和供应商结成同盟关系或战略性合作伙伴关系。在合作过程中最重要的是遵守双赢和诚信的原则。

三、创业的要素

创业要素包括创业者、商业机会、技术、资源与资金、人力资本、组织、产品服务等几个方面。

创业者，是创业过程中处于核心地位的个人或团队，是创业的主体。创业者在创业过程中起着关键的推动和领导作用，包括识别商业机会、创建企业组织、负责融资、开发新产品、获取和有效配置资源、开拓新市场等。因而创业者的素质和能力是创业成功的第一要素。

商业机会，指没有被满足的市场需求，它是市场中现有企业留下的市场空缺。商业机会就是创业机会，它意味着顾客能得到比当前更好的产品和服务的潜力。商业机会是创业过程中的核心，创业者从发现和识别商业机会开始创业。

技术，是一定产品或服务的重要基础。产品与服务当中的技术含量及其所占比例，是企业满足社会和市场需求的支持保障，是企业的核心竞争力。

资源，是企业中的各种投入，包括各种人、财、物。资源不仅指有形资产，如厂房、机器设备，也包括无形资产，如专利、品牌；不仅包括个人资源，如个人技能、经营才能，也包括社会网络资源，如信息、权力影响、情感支持、金融资本。

资金，对于处在不同发展阶段的企业来说都是非常重要的。在企业快速发展时期，资金的缺口将直接限制企业的发展壮大。而在创业之初，主要是靠自筹资金，对于符合一定条件的创业者，将有可能获得一定的政府扶持资金。

人力资本，是创业的重要资源投入。创业成功的关键在于创业者的识人、留人、用人，并形成创业的核心团队，制定有利的政策制度和有效的组织结构。建立良好的企业文化是建立人力资本的核心。

组织，是协调创业活动的系统，是创业的载体，是资源整合的平台。创业型组织的显著特征是创业者的强有力领导和缺乏正式的结构和制度。从广义来说，创业型组织是以创业者为核心形成的关系网络，不仅包括新设组织内的人，也包括这个组织之外的人或组织，如顾客、供应商和投资人。

产品服务，是创业者为社会创造的价值，它既是创业者成功的必要条件，也是创业者对社会的贡献。正是通过为社会提供更多更好的产品服务，人类社会的财富日益增多，人们的生活变得丰富多彩，藉此一代代创业者成为世人追捧的亿万富豪。

第2节　创业者的基本能力与创业者素质测评

一、创业者应具备的基本能力

(一) 市场洞察能力

于创业者来说,市场敏锐感相当重要,创业者是否具有市场敏锐感,对他们能否抓住商机,不失时机地促进企业迅速发展壮大有着至关重要的影响。一个创业者只有对市场有敏锐感,才能够迅速嗅出商机,并抓住商机获得利润,实现企业的顺利崛起。市场敏锐感是由市场洞察能力决定的。

洞察力是每个人都有的认知能力。洞察力是指深入事物或问题的能力。要深入事物或问题,首先自己要积累很多必要的知识,否则将只能看到事物的表面而无法深入。丰富的阅历、集中的注意力、很多的生活经验,是提高洞察力的关键。市场洞察就是在瞬息万变的市场中捕捉所需信息,从一些端倪中及时发现消费者需求变化、经销商的异常举动、终端的陈列动向、竞争对手的市场动作等,并及时作出正确判断,随时作出反应。市场洞察的基础是客户数据管理,是在对客户数据的全面掌握后,建立统一客户视图对客户全面认知的能力。市场洞察的核心是客户分析,是确定可实施的业务目标,选择合适的模型方法进行动态分析的能力。市场洞察的关键是客户洞察应用,是由分析结果驱动,在企业内部广泛应用的能力。

真正的市场洞察具备以下四个特征:一是它代表模糊的发现。客户的想法在被察觉以前,其实没有那么显而易见。有时候,我们在发现客户想法之后很长一段时间内,还不能看清它们的真相。事后分析客户的想法,使洞察看上去异乎寻常地合乎逻辑。二是它提供独特而新鲜的视角。用不同的参照物来细致地观察问题,往往就能发现客户的想法。杜邦公司在开发新的市场机会时,会邀请三种不同的局外人参与:学术界专家(开发新的产品),顾问(提供最佳做法),行业专家(介绍业内状况)。三是它根植于不同寻常的事物中,要仔细观察才能揭示其真面目。通常从不同寻常的事物入手揭示洞察非常重要,因为它们会迫使你挑战甚至颠覆市场上的正统观念。四是它来自直接观察。为了解客户内心潜藏的需求,不仅听其言,还要观其行。

(二) 决策能力

决策能力是指领导者或经营管理者对某件事拿主意、作决断、定方向的领导管理效绩的综合性能力。决策能力主要由这样几个方面构成:一是开放的提炼能力,即以开放的态度,准确和迅速地提炼出解决问题的各种方案的能力;二是准确的预测能力,预测是决策的基础,决策是预测的延续,正确的决策必须要有准确的预测;三是准确的决断能力,即能从众多的决策方案中选取满意方案的能力,以及危机时刻或紧要关头当机立断的决断能力。培养决策能力应注意以下几点:一是克服从众心理;二是增强自信心;三是决策勿求十全十美,注意把握大局。

(三) 开拓创新能力

开拓创新能力其实质是一种综合能力,它是各种智力因素和能力品质在新的层面上融为一体、相互作用、有机结合所形成的一种合力。开拓创新是以智能为基础具有一定科学根据的标新立异。国外一些有名的大企业家聘用员工时要求其在受聘的一年时间内必须犯一次"合理错误",否则将被辞退。日本不少企业聘用员工时总要聘用部分与学历无关、与在校成绩无关而具有鲜明个性的学生,这些都是在寻求具有开拓创新能力人才的一种尝试。著名物理学家、诺贝尔奖获得者温柏格说过:"不要安于书本上给你的答案,要去尝试发现与书本上不同的东西,这种素质可能比智力更重要,往往是最好的学生和次好的学生的分水岭。"大学生的开拓创新能力培养路径:一是积累知识,增加才干。开拓创新需要胆识,也需要知识和才干。没有知识的积累,缺乏必要的才干,开拓创新就无从谈起。二是培养想象力。爱因斯坦在总结自身经验时指出:"想象力概括着世界上的一切,推动着进步,并且是知识进化的源泉。"三是培养发散性思维能力。发散思维又称创造性思维、求异思维,是沿着不同方向、不同角度、全方位、多层次地寻找解决问题答案的一种思维方式。具备这一思维能力,对培养自己的开拓创新能力无疑如虎添翼。四是多实践,多动手,多思考,多总结。俗话说,实践出真知。刚毕业的学生,一般经验不足,实践太少,很多专业方面的知识只是停留在理论上,只有通过多实践,才能慢慢提高开拓创新能力。

（四）筹资及理财能力

筹资能力反映在偿债能力上。偿债能力越好,说明企业的筹资能力也好。企业短期偿债能力的衡量指标主要有流动比率、速动比率和现金流动负债比率三项。现金流动负债比率越大,表明企业经营活动产生的现金净流量越多,越能保障企业按期偿还到期债务。但是,该指标也不是越大越好,指标过大表明企业流动资金利用不充分,获利能力不强。企业长期偿债能力的衡量指标主要有资产负债率、产权比率、或有负债比率、已获利息倍数和带息负债比率五项。理财即对于财产(包含有形财产和无形财产)的经营。

（五）组织管理能力

组织管理能力是一个人的知识、素质等基础条件的外在综合表现。现代社会是一个庞大的、错综复杂的系统,绝大多数工作往往需要多个人的协作才能完成,所以,从某种角度讲,每一个人都是组织管理者,承担着一定的组织管理任务。

二、成功创业者应具备的能力素质

我们通过对大量成功创业者的能力素质及其行为表现的分析,并结合国内外领导力胜任特征的研究成果及相关资料,发现对于创业者而言,有20项能力素质至关重要。其中有15项(在表1-1中用星号标注)为必要的能力要素,另外5项为补充性能力要素,或者说是可以加大创业者成功可能性的因素。例如,在一些高端技术或者特殊领域的创业,创业者的专业知识能力与经验技能都很重要,但是在其他领域,这方面的要求就未必是必要的能力素质了。详见成功创业者核心素质模型图(图1-1)及能力素质释义说明。

我们按照胜任素质理论模型,将此20项能力素质分为成就特征、服务与助人特征、管理特征、影响特征、认知特征、个人特征六类。

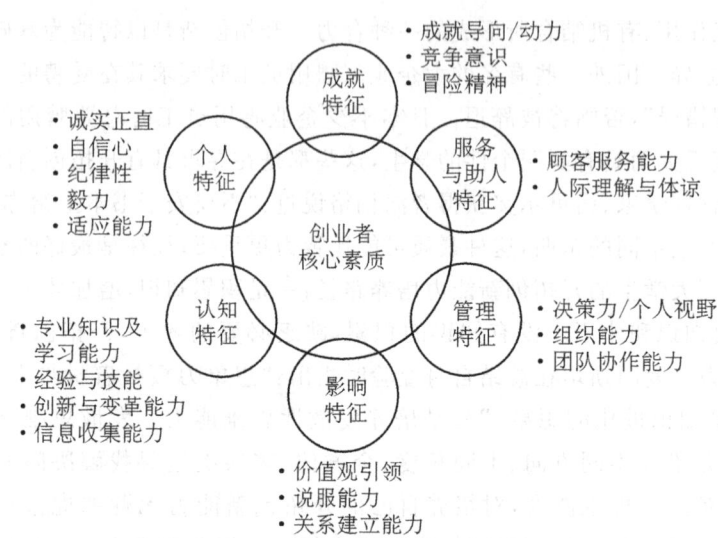

图1-1 成功创业者核心素质模型

资料来源：北京末名潮管理案例研究中心．

表1-1 成功创业者应具备的能力素质释义说明

素质特征	能力要素	素质释义
成就特征	★成就导向/动力	有努力工作实现个人目标的渴望，并且表现得积极主动
	★竞争意识	愿意参与竞争，主动接受挑战，并努力成为胜利者
	★冒险精神	敢于冒险，又有勇气面对风险与失败
服务与助人特征	顾客服务能力	能够与顾客发展稳定的相互信任的关系
	★人际理解与体谅	了解别人言行、态度的原因，善于倾听并帮助别人
管理特征	★决策力/个人视野	具有广阔的视野，能够在复杂的、不确定的或者极度危险的情况下及时做出决策，决策的结果从更深远或更长期的角度看有利于企业的成功
	★组织能力	有能力安排好自己的工作与生活，且使工作任务与信息条理化、逻辑清晰
	团队协作能力	对于团队的冲突和问题，能够采取有效的解决方法
影响特征	★价值观引领	通常以价值观来引导和影响团队，其行为方式也集中体现组织所倡导的价值观
	★说服能力	能够通过劝服别人，让他人明白自己的观点，并使对方对自己的观点感兴趣
	★关系建立能力	保持经常的社会性接触。在工作之外经常与同事或顾客发展友好的个人关系，甚至家庭接触，扩大关系网
认知特征	专业知识及学习能力	熟练掌握与运用自己的专业知识，且不断地主动更新知识
	经验与技能	在业内具有卓越的声望和极具权威的专业技术技能

续表

素质特征	能力要素	素质释义
认知特征	★创新与变革能力	能够预测五年甚至十年后的形势并创造机会或避开问题,并总是能够创造性地解决各种问题
	信息收集能力	通过比较独特的途径系统及时获取有用的信息或资料,并善于发现机会、抓住机会
个人特征	★诚信正直	诚实守信,并坚持实事求是、以诚待人,行为表现出高度的职业道德
	★自信心	相信自己能够完成计划中的任务,能够通过分析自己的行为来看不足,并在工作中予以弥补
	★纪律性	坚持自己的做事原则,严于律己,且表现出具有较强的自控能力
	★毅力	明确自己的目标,并为之坚持不懈,即使遇到各种困难也不退缩
	★适应能力	能够适应各种环境的变化,具备应对各种新情况的能力,且能够创造性地提出问题的解决方案

除了提炼成功因素,我们也对部分创业失败者的能力素质或者行为表现进行了研究与分析。他们通常会有以下表现:

(1) 缺乏创业者应具备的心理素质、基本常识、基本能力(包括职业化水平、行业或者岗位所需基本技能等);

(2) 不能自力更生,同时缺乏吃苦精神,缺乏足够的耐心与毅力;

(3) 胆小怕事,害怕挑战,缺乏自信,不愿意冒险;

(4) 优越感过强或者看问题过于片面、傲慢,喜欢进行非理性或者赌博式的决策;

(5) 不能凝聚一个创业团队,或不能融入某个创业团队,或不善于与人沟通、交往;

(6) 做事缺乏责任心,遇事爱逃避;

(7) 缺乏变通性与灵活性,过分按部就班甚至固执己见,思维僵化死板;

(8) 原则性不强,做事过于随意,且容易感情用事;

(9) 急于求成且过于追求快速致富;

(10) 患得患失却又容易自我满足或者喜欢上班族"小富即安"的状态。

如果某人有上述三项以上的表现,我们基本可以认定他不适合创业。当然"金无足赤,人无完人",并非所有成功者都一定不会有以上表现,只要你的优点能够远远胜过你的缺点,或者能够及时改正缺点,你同样具备成为成功创业者的潜力。因此,关于"不适合创业的人"的分析仅供读者参考,其目的是提醒读者尽量改正可能存在的缺点与不足,切忌对号入座。

三、创业者素质测评

(一) 基于创业者核心素质模型的创业者素质测评

基于上述创业者核心素质模型,我们选取了其中15个关键要素作为创业者能力素质评价指标项,并制定了创业者素质自我测评表(表1-2),以便创业者对自己的能力素质进行自我测评。需要说明的是,如果创业者对自己的能力素质认知感到有些不确定,也可以通过身边的朋友或者同事来给自己测评,再结合自评,以确定最终的测评结果。

表1-2 创业者素质自我测评表

能力要素	素质释义	评分					评价结果
成就导向/动力	有努力工作实现个人目标的渴望,并且表现得积极主动	5	4	3	2	1	
竞争意识	愿意参与竞争,主动接受挑战,并努力成为胜利者	5	4	3	2	1	
冒险精神	敢于冒险,又有勇气面对风险与失败	5	4	3	2	1	
人际理解与体谅	了解别人言行、态度的原因,善于倾听并帮助别人	5	4	3	2	1	
决策力/个人视野	具有广阔的视野,能够在复杂的、不确定的或者极度危险的情况下及时做出决策,决策的结果从更深远或更长期的角度看有利于企业的成功	5	4	3	2	1	
组织能力	有能力安排好自己的工作与生活,且使工作任务与信息条理化、逻辑清晰	5	4	3	2	1	
价值观引领	通常以价值观来引导和影响团队,其行为方式也集中体现组织所倡导的价值观	5	4	3	2	1	
说服能力	能够通过劝服别人,让他人明白自己的观点,并使对方对自己的观点感兴趣	5	4	3	2	1	
关系建立能力	保持经常的社会性接触。在工作之外经常与同事或顾客发展友好的个人关系,甚至家庭接触,扩大关系网	5	4	3	2	1	
创新与变革能力	能够预测五年甚至十年后的形势并创造机会或避开问题,并总是能够创造性地解决各种问题	5	4	3	2	1	
诚信正直	诚实守信,并坚持实事求是、以诚待人,行为表现出高度的职业道德	5	4	3	2	1	
自信心	相信自己能够完成计划中的任务,能够通过分析自己的行为来看不足,并在工作中予以弥补	5	4	3	2	1	
纪律性	坚持自己的做事原则,严于律己,且表现出具有较强的自控能力	5	4	3	2	1	
毅力	明确自己的目标,并为之坚持不懈,即使遇到各种困难也不退缩	5	4	3	2	1	
适应能力	能够适应各种环境的变化,具备应付各种新情况的能力,且能够创造性地提出问题的解决方案	5	4	3	2	1	
第一次测评结果总分							
第二次测评结果总分							
测评总结与改进方案							

我已经具备的素质:
1.
2.
3.
4.
5.

我还不具备的素质:
1.
2.
3.
4.
5.

我提高能力素质的方案:

说明:(1) 第一次测评,可以检测自己与成功创业者还有多大的差距。
(2) 第二次测评通常在第一次测评后经历一定的创业实践之后再进行,例如创业半年后测评一次,从而检验自己是否有进步。

（二）基于 RISKING 素质模型的创业者素质测评

1. 关于成功创业者的 RISKING 素质模型

具体内容如图 1-2 和表 1-3 所示。

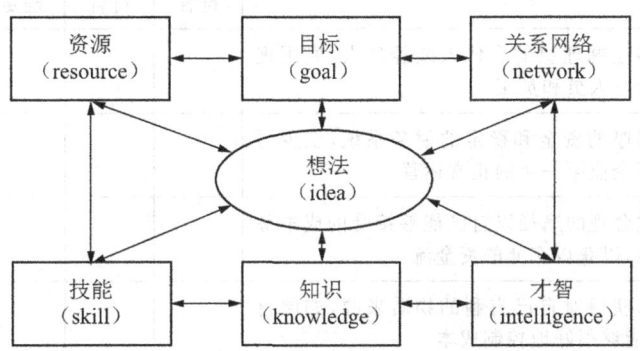

图 1-2　RISKING 素质模型框架图

表 1-3　RISKING 素质模型要素及释义

要素	首字母	释　　义
资源	R	主要指创业所必需的人力资源、物力资源以及财力资源等，包括好的项目资源
想法	I	主要指具有市场价值的创业想法，能在一定时期产生利润。应具有一定的创新性、可行性和持续开发与拓展性
技能	S	主要指创业者所需的专业技能、管理技能和行动能力等，如果个人不完全具备，但是团队之间能够形成技能互补，也是不错的技能组合
知识	K	主要指创业者所必需的行业知识、专业知识以及创业相关知识，例如商业、法律、财务等知识。良好的知识结构对创业者的视野开拓、才智发挥具有很高的价值
才智	I	主要指创业者的智商与情商，具体表现为观察世界、分析问题、思考问题和解决问题的能力
关系网络	N	创业者需要良好的人际亲和力和关系网络，包括合作者、服务对象、新闻媒体甚至竞争对手。善用资源者，通常都能够较强地调动资源的深度和广度
目标	G	明确的创业方向和目标、精准的市场定位对于创业而言至关重要

2. 基于 RISKING 素质模型的创业者素质测评表

本测评表（表 1-4）基于成功创业者 RISKING 素质模型设计而成，专门用来测量创业者是否拥有充足的能力与素质去进行创业。其中的测试题由系列陈述语句组成，主要从 RISKING 素质模型中七要素，即资源、想法、技能、知识、才智、关系网络和目标七个方面进行设计。

测试过程中，创业者只需要根据自己的实际状况，选择最符合自己特征的描述即可。应当注意的是，选择时请根据自己的第一印象，不要思虑太多；虽然没有速度上的硬性要求，但是最好在 5 分钟内完成所有答题。

答题共 30 项，请全部答完。每个题目只有一个正确答案，请选择最符合自己实际状况的答案，具体可在对应的选项中画"√"。答案选项分别为：

A. 很不符合；B. 不太符合；C. 不确定；D. 比较符合；E. 非常符合。

表 1-4　基于 RISKING 素质模型的创业者素质测评表

要素	评价题目	评价				
		A. 很不符合	B. 不太符合	C. 不确定	D. 比较符合	E. 非常符合
资源	(1) 我能够挖掘理想的合伙人或经理人,雇用理想的专业人员和员工					
	(2) 我有雄厚的资金和稳定的财务系统,至少可以保证企业第一年的正常运营					
	(3) 我通过合理的途径以自己能够接受的成本募集资金,以获得充沛的资金流					
	(4) 我可以获得对自己有利的物质来源,如原材料等,能够很好地控制成本					
想法	(5) 具有丰富的想象力,并能把这些想法准确而生动地表达出来					
	(6) 我的想法通常比别人有价值,更具有创造性					
	(7) 我的想法通常并不是天马行空、泛泛而谈,而是切实可行的					
知识与技能	(8) 对即将涉及的领域,我有很好的专业背景和技术					
	(9) 我了解该行业目前的市场运作和竞争水平,并熟悉相关的法律政策条文,做好了充分准备					
	(10) 我具备管理经验,并擅长组织活动					
	(11) 我眼光长远,更加看重持续发展而不是短期盈利					
才智	(12) 每天早晨我都是怀着积极的态度醒来,感觉今天又是崭新的一天					
	(13) 我知道如何控制自己的生活、性情和脾气,并做到自律					
	(14) 当我开始创业时,我的家人能够理解我的不自由状态并支持和鼓励我					
	(15) 当我失望时,我能够处理问题而不是逃避放弃,并能以积极的状态重新投入工作中去					
	(16) 我留心观察周围的事物,注意细节性问题,把握身边的契机,并善于把不利局面转化为机会					
	(17) 我更倾向于主动地去把握和解决问题。而不是被迫陷入被动					
	(18) 我不是一个风险规避者					

第2节 创业者的基本能力与创业者素质测评

续 表

要素	评价题目	评价				
		A. 很不符合	B. 不太符合	C. 不确定	D. 比较符合	E. 非常符合
关系网络	(19) 我喜欢合作胜于凭一己之力完成工作					
	(20) 别人认为我是一个值得信赖的人,并且充满活力、积极向上					
	(21) 我善于和陌生人打交道,而不是仅局限于熟人圈内					
	(22) 我具有影响他人的能力,并使人信服					
	(23) 我善于向媒体公众推销自己的公司,吸引别人的注意力					
	(24) 我能够和上下游行业保持紧密的合作关系,相互扶持,共同发展					
	(25) 我能够同利益相关团体(如民间及政府机构、金融机构)形成良好的关系					
	(26) 我同行业内的竞争者更容易实现竞合而非竞争					
目标	(27) 与为别人工作相比,我更渴望有份属于自己的事业					
	(28) 我有一个很明确的创业目标,并可以为实现这个目标而奋斗,即使需要付出一定的代价					
	(29) 我有勇气和耐心去实现这个目标,即使需要承担风险					
	(30) 我有信心最终完成这个目标					

3. 测评结果统计方法与说明

测试完毕后,按照所选答案分别统计出 A、B、C、D、E 五类选项的数目,其中选项个数最多的那类就是创业者所属的类型。各类型的特征及创业建议如下:

A:你不适合创业或根本就没想过创业。你倾向于规避风险,喜欢安定的生活,并且不善利用自己的网络去开拓事业。你的生活圈子只局限于所熟悉的那个圈子,因此更适合做一个普通的上班族。

B:你有创业的意识但是不愿意创业,在风险和安稳之间你更倾向于后者。

C:你具备一定的创业素质,但是由于缺乏信心致使你未能认清自己的这种能力。或许也可以说,外界的影响力经常会左右你的选择。

D:你适合创业且比较符合创业的要求,你所需要的是一种守业的能力,来保证公司的长期发展和完善。同时,你仍然还需要不断地完善自己,使别人更加信赖你,增强你的个人魅力。

E：你非常适合创业和守业。如果你能全身心地投入一项激动人心的创业事业中,效果会更好,收益也会更多。但是,并非所有人都适合做企业家,即使恰好具备这些素质,你仍然不能忽略他人的帮助、忽略团队的力量,并应不断拓宽自己的视野,坚持学习,持续提升自己的能力与素质。

资料来源:何建湘.创业者实战手册[M].北京:中国人民大学出版社,2017.

四、创业者素质其他方面自我诊断

(一)创业素质测评之一:创业素质小测试

"创业"是一个充满成就感、诱惑力的词语,但并非每一个人都适合走创业、当老板的道路。有人设计了一份问卷,可使你在做出决策前对自己有初步的了解。

下列各题均有四个选择,答案:A. 是;B. 多数;C. 很少;D. 从不。请在符合你实际情况的括号内填上 A、B、C、D。

1. 测试题

(1) 在急需作出决策的时候,你是否在想:"再让我考虑一下吧?"

(2) 你是否为自己的优柔寡断找借口说:"是得好好慎重考虑,怎能轻易下结论呢?"

(3) 你是否为避免冒犯某个或某几个有相当实力的客户而有意回避一些关键性的问题甚至表现得曲意逢迎呢?

(4) 你已经有了很多写报告用的参考资料,但是否仍责令下属部门继续提供?

(5) 你处理往来函件时,是否读完就扔进文件框,不采取任何措施?

(6) 你是否无论遇到什么紧急任务,都先处理琐碎的日常事务?

(7) 你非得在巨大的压力下才肯承担重任吗?

(8) 你是否无力抵御或预防妨碍你完成重要任务的干扰与危机?

(9) 你在决定重要的行动计划时常忽视其后果吗?

(10) 当你需要做出可能不得人心的决策时,是否找借口逃避而不敢面对?

(11) 你是否总是在快下班时才发现有要紧事没办,只好晚上回家加班?

(12) 你是否因不愿承担艰苦的任务而寻找各种借口?

(13) 你是否常来不及躲避或预防困难情形的发生?

(14) 你总是拐弯抹角地宣布可能得罪他人的决定?

(15) 你喜欢让别人替你做自己不愿做的事吗?

2. 评分标准

选择"A"记4分,选择"B"记3分,选择"C"记2分,选择"D"记1分。

3. 诊断结果

50~60 分:你的个人素质与创业者相差甚远。

40~49 分:你不算勤勉,应彻底改变拖沓、效率低的缺点,否则创业只是一句空话。

30~39 分:大多数情况下充满自信,但有时犹豫不决,不过没关系,有时候犹豫是成熟、稳重和深思熟虑的表现。

15~29 分:你是一个高效率的决策者和管理者,更是一个成功的创业者,具有良好的心理素质和坚忍不拔的毅力。

第 2 节　创业者的基本能力与创业者素质测评

（二）创业素质测评之二：你适合在哪种行业创业

假设有一天，你有机会搭船到金银岛去寻宝，请运用你的想象力，回答表1-5所列问题。

表1-5　行业性格契合度测试表

序号	问题	你的选择
1	你觉得你搭的是什么船	A. 海盗船 B. 渔船 C. 独木舟
2	随行的人数有多少	A. 10个人以上 B. 10个人以下 C. 只有你一个人
3	如果有一只动物在你身旁陪伴，你觉得是哪一种	A. 黄金猎犬 B. 巡逻猫 C. 九宫鸟（陪着独眼船长的鹦鹉）
4	在这次旅行中，什么东西会一直陪在你身边，而且守护着你	A. 父亲交给你的匕首 B. 母亲给你的护身符 C. 一个空酒瓶
5	船会往什么方向出发呢	A. 日本 B. 澳大利亚 C. 美洲 D. 北极
6	这次寻宝之旅，你希望获得什么东西	A. 藏在无人岛的一个洞穴里的宝藏 B. 沉到海底的宝藏箱 C. 留在荒芜古堡的神秘古物
7	当你的船前进时，前方出现一个大黑影，你认为会是什么	A. 另一艘更大的船 B. 远方飘过来的一大片乌云 C. 大水怪出现了
8	船破了一个洞，一直在漏水，你被迫必须丢掉个东西，你会丢掉什么	A. 望远镜 B. 水壶 C. 用来取暖的木材 D. 仅剩的一条面包
9	经过一番波折，终于到达藏宝的地点，突然出现了一个巨人，他还跟你说了一句话，你觉得他说的是什么	A. 根本没有宝藏，你被骗了 B. 想要得到宝藏就要付出代价 C. 宝藏早被拿走了
10	如果你最后终于找到了宝藏，当你打开宝藏箱的那一刻，你觉得你看到的会是什么	A. 能实现你一个愿望的仙女 B. 珠宝钻石 C. 能带你飞到未来的机器

1. 评分标准

10~14分为A型，15~19分为B型，20~27分为C型，28~32分为D型，32分以上为E型。选A得1分，选B得2分，选C得3分，选D得4分。

2. 诊断结果

A 型:应该做一些活动性比较强的行业。

适应能力和行动力都很强,无论是身处多大的逆境之中,都能过关斩将,并开创出一番新的局面。这种类型的人,不适合做静态的行业,应该做一些活动性较强的行业,如采访记者、运动选手、外务员、推销员等。

B 型:能够与人接触的行业最适合。

擅长观察人心,非常喜欢与他人互动,不论是当听众或是说话的人,对于处理复杂的人际关系都非常拿手。拥有这项才能,非常适合做与人接触的行业,如服务员或自己开店当老板等。

C 型:能充分运用你智慧的行业。

有敏锐的判断力和一双观察入微的眼睛。非常冷静细心,就算碰到再困难的事情也能迎刃而解,所以这种类型的人应该找一个能运用你聪明才智的行业,如老师、秘书、工程师、侦探、广告公司、作者、研究方面的行业等。

D 型:适合从事能够激发灵感的行业

对美的事物非常敏感,是一个非常感性的人,非常喜欢动用自己的创造力做出与众不同的东西。绘画、音乐等都表现得很杰出。所以,此种类型的人最好是从事能激发出创作灵感的行业,如雕塑家、珠宝设计、室内设计等。

E 型:在大众面前表演的行业最适合。

天生就有一种不可思议的魅力,全身散发出一股迷人的吸引力。善于隐藏真正的自己,所以,此类人具有演艺人员的天分,在大众面前表演的行业最适合,如演员、模特等。

(三)创业素质测评之三:测试你的创业资源

1. 知识技能

(1)你所在的学校对学生的评价常以分数为主要参考吗?( )

(2)以年龄来看,周围的人对你的专业知识(能力)的评价如何?( )

(3)你曾经参与过成功的计划吗?你有亲自执行的经验吗?( )

(4)你曾为班级/院系/学校提过好的建议,或针对难题提出解决方案而在学校受到瞩目吗?( )

(5)你认为同学对你专业知识的信度如何?( )

(6)你的朋友对你的信赖度如何?( )

(7)你曾将专业知识或技能以演讲、报刊文章等形式发表过吗?( )

2. 人脉关系

(1)以你的年龄来看,朋友们对你在学习上的交往与人缘有何评价?( )

(2)每年你要寄出多少贺年卡?( )

(3)你每年新增的朋友数是多少?( )

(4)拿起电话马上就可以谈心的朋友有多少?( )

3. 评测标准

测试过程中你可以将答案按照非常多、多、一般、较少、非常少、无六个等级,分别赋予 5、4、3、2、1、0 的不同分值。总分在 20 分以上才有创业资格。

第2节　创业者的基本能力与创业者素质测评

(四) 创业素质测评之四：看看自己是否为创业做好了准备

(1) 你对创业的法律形式是否明确？
　　是☐　　不确定☐　　否☐

(2) 你有把握筹集到创建自己企业的启动资金吗？
　　是☐　　不确定☐　　否☐

(3) 你确定了将要出售的商品或提供的服务吗？
　　是☐　　不确定☐　　否☐

(4) 你是否做了市场细分并确定了你的销售对象？
　　是☐　　不确定☐　　否☐

(5) 你是否访问过10位以上的潜在顾客，并向他们了解对你的产品或服务的意见？
　　是☐　　不确定☐　　否☐

(6) 你是否知道谁是你的现实或潜在的竞争对手？
　　是☐　　不确定☐　　否☐

(7) 你对主要竞争对手做过优势和劣势的比较吗？
　　是☐　　不确定☐　　否☐

(8) 你的开业地址确定了吗？
　　是☐　　不确定☐　　否☐

(9) 你对销售的商品或提供的服务制定出价目表了吗？
　　是☐　　不确定☐　　否☐

(10) 你是否决定花一部分钱做广告宣传？
　　是☐　　不确定☐　　否☐

(11) 你对企业的促销做了预算了吗？
　　是☐　　不确定☐　　否☐

(12) 你是否已经做了一年的销售预算？
　　是☐　　不确定☐　　否☐

(13) 你是否已经根据预算做出了盈亏平衡分析？
　　是☐　　不确定☐　　否☐

(14) 你对开业一年的损益状况作出预测分析吗？
　　是☐　　不确定☐　　否☐

(15) 你第一年的经营状况能保证不亏吗？
　　是☐　　不确定☐　　否☐

(16) 你制订了第一年的现金流量计划吗？
　　是☐　　不确定☐　　否☐

(17) 你和开业有关的政府各部门都接洽过吗？
　　是☐　　不确定☐　　否☐

(18) 如果向银行借款，你是否有担保的资产？
　　是☐　　不确定☐　　否☐

(19) 你知道需要怎样的员工和员工的数量吗？

(20) 你知道雇用员工所必须了解的法律知识吗?
是□ 不确定□ 否□

(21) 你知道对员工必须承担的责任和义务吗?
是□ 不确定□ 否□

(22) 你知道什么是为职工缴纳的"三金"吗?
是□ 不确定□ 否□

(23) 你知道你的企业必须投保哪些险种吗?
是□ 不确定□ 否□

(24) 你是否知道你的企业需要办理"特种行业"的申办手续吗?
是□ 不确定□ 否□

(25) 你对申办企业的手续做过详尽的咨询和调查吗?
是□ 不确定□ 否□

(26) 你清楚你的企业必须申办哪些许可证吗?
是□ 不确定□ 否□

(27) 你是否为申办你的企业制定了申办流程和期限表?
是□ 不确定□ 否□

(28) 你对将涉足的行业了解吗?
是□ 不确定□ 否□

(29) 你办企业是否获得家人的支持并已经安排好了家庭开支?
是□ 不确定□ 否□

(30) 你是否坚信一定能把自己的企业办好?
是□ 不确定□ 否□

评分标准:

选择"是"得3分,选择"不确定"得1分,选择"否"得0分。打钩选择。

满分为90分。如果你的得分为60分或以下,建议你再做努力,等准备较为充分时再进入创业实施阶段。

资料来源:施让龙.创业实务[M].北京:北京大学出版社,2016.

第3节 创业投融资

一、创业投资

创业投资是从"venture capital"翻译过来的,现代意义上的创业投资起源于美国。我国的创业投资兴起较晚,它始于我国20世纪80年代。

(一) 创业投资的定义

对于创业投资的概念,国内外并无统一的定义,经济学家和各国政府各有不同解释,对其界定的标准也不尽相同,对其内涵的理解和定义也就有较大差异。例如,全美创业投资协会(NVCA)的定义:创业投资是由专业投资者投入新兴的、迅速发展的、有巨大竞争潜力的企业中的一种股权性资本;英国创业投资协会(British Venture Capital Association,BCCA)的定义:协会并没有公布创业投资的正式定义,但规定其成员为"积极活跃地管理资金,用于对英国未上市公司进行长期股权投资的机构";欧洲投资银行的定义:创业投资是为形成和建立专门从事某种新思想或新技术生产的小型公司而进行的股份形式承诺的投资;经济合作与发展组织(OECD)的定义,有过三种不同的表述:创业投资是投资于以高科技和知识为基础,生产与经营技术密集型的创新产品或服务的投资;创业投资是专门购买在新思想和新技术方面独具特色的中小企业的股份,并促进这些中小企业的形成和创立的投资;创业投资是一种向极具发展潜力的新建企业或中小企业提供股权资本的投资行为;美国《企业管理百科全书》的定义:对不能从股票市场、银行或与银行相似的传统融资渠道获得资本的工商企业的投资行为;国家发展改革委等十部委《创业投资企业管理暂行办法》中的定义:创业投资系指向创业企业进行股权投资,以期所投资创业企业发育成熟或相对成熟后主要通过股权转让获得资本增值收益的投资方式。

综上所述,创业投资是指通过向不成熟的、具有高成长性和巨大市场竞争力的创业企业提供股权资本,并为其提供管理和经营服务,期望在企业发展到相对成熟后,通过股权转让收取高额中长期收益的投资行为。简单地说,创业投资是一个推动技术、资金、产业相互结合和转换的创业过程。

(二)创业投资的基本特征

创业投资不同于传统投资,它是一种将创新与金融结合起来的新型现代投资。具有如下特征:

1. 高风险性

创业投资具有很高的投资风险,因为它的投资对象在技术和市场方面都具有很大的不确定性,因而投资失败的可能性很大。新生的、难度大的事物总是带有许多未知因素。由于创业企业或项目具有高成长性,如果投资成功,则可获得极高的投资回报,这正是创业投资的吸引力所在。创业投资的高风险性主要由创业投资对象的性质所决定。由于创业资本所投资的对象常常是某种设计思想和尚未起步或刚刚起步的创新小企业,没有抵押和担保,投资目标常常是高新技术中的"种子"技术成创新思想,处于起步设计阶段,不够成熟,尚未经历市场检验,不确定因素很多,风险较大。一项新的科技成果转化为一种新产品,中间要经过工艺技术研究、产品试制、中间试验和扩大生产、上市销售等多环节,每一个环节都有失败的风险。如美国"硅谷",70%~80%的创业企业因为管理不善、资本不足、经济形势的影响等各种问题而中途夭折。

2. 高收益性

创业投资是一种着眼于未来的战略性投资。创业投资家并非对于所投资项目的高风险性视而不见,而是因为在风险背后蕴含着获取巨额利润的机会。依靠创业资本建立起来的高技术企业生产的产品,成本低、效益高、性能好、附加值高、市场竞争能力强,企业一旦成功,其投资利润率远远高于传统产业和产品。预期企业的高成长、高增值是创业投资的内在动因。创业投资作为一种经济机制之所以经受住长时间的考验和检验,并没有因为高风险而衰败没落,反而愈显蓬勃发展之势,关键是其利润所带来的补偿甚至超额激励。

3. 高度专业化

由于创业投资主要投向高新技术产业,加上投资风险较大,要求创业资本管理者具有很高的专业水准,在项目选择上要求高度专业化和程序化,精心组织、安排和挑选,尽可能降低投资风险。创业投资项目一般须经过专家咨询委员会严格评选、充分论证后才加以确定,目标项目属于潜在市场规模巨大、高成长的新创事业。通常一家公司为获取创业资本投资,必须先向创业投资公司提交业务计划书、本公司基本情况和发展规划,以此进行初步接触。如果创业投资家对业务计划感兴趣,双方则进一步协商,一旦达成协议,创业企业则向创业投资公司出售部分股权,同时获得发展资金。但创业资本通常并非一次性投入,而是根据创业投资企业不同发展阶段的资金需求进行分段提供。在此过程中,创业投资家将直接参与公司的经营管理,提供咨询,参与重大问题决策。另外,创业投资的目的不是获得股权,而是最终将股权变现所获的资本增值。只有通过一定途径退出创业企业,创业投资才算真正完成,从而进行新一轮创业投资程序。这些复杂的运作程序,对创业投资家和创业者本身都提出了很高的要求。为了使创业投资取得成功,他们只有具备了很高的专业运作水平才能顺利完成创业投资的整个过程。

4. 低流动性

创业投资是一项长期投资,其投资周期要经历研究开发、产品试制、正式生产、扩大生产到盈利规模进一步扩大、生产销售进一步增加等阶段。直到企业股票上市、股价上升时,投资者才能回收创业资本获得投资利润。这一过程少则3~5年,多则7~10年,是一种中长期投资,所以流动性很低。创业资本投入企业以后,长期无收益无回报。即使企业在前期可能略有收入,也需要立即再投入运作中去,红利和利息都无法得到。在风险企业早期,企业的资产负债表上常常是负债,在损益平衡表上主要表现为亏损。创业资本往往在创业投资企业创立之初时就投入,直至公司股票上市之后才能撤出。

由此可见,创业投资是在高风险中追求高回报,特别强调创业企业的高成长性。其投资对象是那些不具备上市资格的处于起步和发展阶段的企业,甚至是仅仅处在构思之中的企业。它的投资目的不是要控股,而是希望取得少部分股权,通过资金和管理等方面的援助,促进创业公司的发展,使资本增值。一旦公司发展起来,股票可以上市,创业资本家便通过在股票市场出售股票,获取高额回报。这种投资方式不再是单纯的投资或者融资,而是投资与融资的结合。

由于高新技术企业与传统企业相比,更具备高成长性,所以创业投资往往把高新技术企业作为主要投资对象。在美国,70%以上的创业资本投资于高新技术领域,从而对高新技术产业化起到了极大的推动作用。

(三)国内创业投资发展的主要历程

1. 萌芽孕育阶段

20世纪80年代初期,中国的企业技术落后和资金短缺现象极为严重,要求中国必须采取切实措施来克服企业面临的资金和技术困境。此时西方的各种投资理念和工具引入中国,这其中就包括创业投资。在此背景下,1985年,中共中央颁布了《关于科学技术体制改革的决定》,明确提出允许以创业投资的方式支持具有较高风险的高新技术企业发展,从此拉开了中国创业投资发展的序幕。进入20世纪90年代后,创业投资已经在国家层面受到了高度重视。1997年,国务院组织七部委成立了"国家创业投资机制研究"小组,从此将创业投资发展正式提升到国家战略层面。在美国经济强劲发展的影响下,创业投资这一概念也逐步渗透到社会各层面并频频见于各种媒体。中国创业投资公司是在政府的强力推动下诞生的,从一开始它就带有浓厚的行政色彩,这就意味着中国创业投资公司的早期发展更多的是体现政府意志。

2. 迅速成长阶段

鉴于创业投资对中国高新技术产业发展的重大支持和推动作用,从中央政府到地方政府再到全社会,都对创业投资业的发展给予了高度重视。与之相对应的是,各级政府开始积极探索吸引各类资本进入创业投资的路径。据统计,1997年中国创业投资机构仅有51家,而到了2000年,这一数额就达到223家,增幅达396.08%;相应的,创业投资管理资本总额也从1997年的101.2亿元增加到2000年的512亿元,增幅约405.93%。同时,参与中国创业投资的资本属性,也呈现多元化,具体表现为不仅有政府资本,民间资本与国际资本也积极参与其中。例如,1999年至2000年间,北京创业投资协会、深圳创业投资同业公会以及上海市创业投资企业协会的相继成立,标志着社会创业投资资本与政府创业投资资本之间的沟通平台已基本搭建成型。总体来看,这一阶段中国创业投资的迅速成长,主要得益于1997年亚洲金融危机之后,中国政府为改善宏观经济所导致的对发展高新技术产业的迫切需求。当然,也正是中央政府及各职能部门所给予的高度重视,社会各界对创业投资的发展也充满信心,从而呈现出前所未有的良好发展趋势。

3. 行业调整阶段

2001年美国互联网泡沫的破裂,导致中国资本市场的各类股指指数拦腰折半。相应的,中国创业投资在2001年之后也陷入了发展的低谷阶段,其间大量创业投资公司因资本无法收回而纷纷倒闭破产。据统计,从2001年至2004年期间,中国创业投资公司的数量从323家减少到304家,管理的创业投资资本也从619.3亿元下降至617.5亿元。当然,政府在这一阶段也进行了一些制度创新,其中最大的亮点就是2004年深交所中小企业板市场的推出。中小企业板主要服务于高成长性、高技术型中小企业,这就为创业企业获取和整合资源提供平台,也为创业投资公司实现资本增值退出开辟了新渠道,这促进了中国创业投资的发展。

4. 快速膨胀阶段

2005年是中国创业投资发展史上的分水岭,也是中国创业投资步入快速膨胀阶段的元年,主要表现为一系列制度建设为中国创业投资发展形成有效支撑。值得一提的是,2009年,孕育十年的创业板市场在深交所正式推出,为创业企业发展和创业投资资本增值退出开辟了新路径。应该说,这是中国创业投资发展史上的里程碑,对激励中国创业投资公司和创业企业发展具有重大意义。2005年之后的中国创业投资呈现三大特点:第一,创业投资公司数量及其管理资本总额规模不断扩大。据统计,从2005年到2011年,中国创业投资公司的数量由319家上升至882家,所管理的投资资本总额由631.6亿元扩大至3 198亿元。第二,创业投资资本的来源趋于多元化。这一时期,创业投资资本来源由政府和国有独资公司所垄断的格局被打破,一些非国有企业、银行、外资以及个人资本逐步进入创业投资行业。第三，科技园区创业投资发展资金与创业投资资本相结合。

5. 深度调整阶段

中国创业投资公司在经历了2005—2010年的迅速发展，特别是经过2010年的非理性发展与过度膨胀之后，自2011年开始，受国内经济增长放缓以及资本市场低迷的拖累，再次陷入深度调整阶段。据统计，2010年的中国创业投资公司的平均退出回报率为10.77倍，2011年就下降为9.16倍，截至2012年，中国创业投资公司的退出回报率已经下滑至6.93倍，3年间下滑30%；不仅如此，在整体投资回报率方面，2012年的整体投资回报水平处于低位，其中50倍以上回报倍数仅有3笔，其余每笔投资的账面回报水平大多在30倍以下。尽管这一阶段的中国创业投资公司再次陷入发展困境，但在总体规模方面，一直保持着较高速度的增长。同时，为了规范创业投资的发展，国家也出台了一系列的政策文件，如国家发展和改革委员会分别于2011年1月和11月，出台了《关于进一步规范试点地区股权投资企业发展和备案管理工作的通知》和《关于促进股权投资企业规范发展的通知》。应该说，这些文件的颁布，对规范创业投资公司的市场行为，发挥了很大的作用。

（四）创业投资的特点

1. 以高科技和创新为投资对象

创业投资不仅是高科技投资，突出高科技，而且是创新投资，突出创新。对投资对象，不仅要求科技含量高，而且要求创新性强，能够创造新产品或新服务，开辟新市场。创业投资机制涵盖金融创新、技术创新和管理创新，是个完整的创新资本化的过程。

2. 高收益和高风险并存

创业投资多年来屡向世人展示奇迹，平均回报率高于30%，一旦投资成功，其回报率有时高达10倍以上，远远超过了金融市场平均回报率。但高收益总是与一定的高风险相对应。任何一项高新技术产品开拓性的构思、设计、投产、商业化过程都存在诸多不确定性因素，从而产生技术风险、市场风险、管理风险和环境风险。环境与市场等因素的变化是不可预测的，也是无法控制的，因此，创业投资失败率极高。在创业投资行业中，成功率一般不到20%，完全失败的比率在20%以上，另外60%左右不超过市场平均回报率，如美国"硅谷"就有许多企业因为管理不善，资金不足，经济形势的影响等问题而半途夭折。尽管如此，投资者能够通过组合投资来分散风险，尽管单个投资有可能损失惨重，但组合收益却由于某些投资高额回报而达到丰厚的投资回报率。

3. 长期投资

企业产品开发是项系统工程，从研究开发、产品试制、正式生产到盈利，规模进一步扩大，生产销售进一步增加等多个阶段，从创业投资投入到企业盈利直至风险企业上市，再经过一段股权持有期，投资者才可以变现投资，收回资本，获得资本增值收益。一般从投资一个项目到收回投资需要3~7年甚至10年，在这段时期内，由于投入资金变现退出困难，因而资本流动性较差。

4. 权益投资

创业投资者看重的是高科技企业的成长性和潜在高收益性，一般并不要求风险企业在足够长的期限之前分发股利或偿还，而是追求新兴企业成长期的高额利润。同时，风险企业拥有的宝贵财产通常为智慧与技术，难以以传统方式进行融资。创业投资正好弥补了这一资金缺口。通常以权益资本或准权益资本的方式注入资金，从而使企业得以安心长期发展。

5. 阶段性和循环性

创业投资者通常根据风险企业成长过程的不同阶段相应地把总投资资金分几次投入，上一发展阶段目标的实现成为下一阶段资金投入的前提。由于创业企业需要进行较长时间的奋斗，才能被市场认同而获得成功。创业投资家根据项目（企业）的发展情况，将资金分期投入，最初投资额较少，随着企业逐步走上正轨，创业资本不断地跟进投入。在这个过程中一旦发现问题，立即中止投资，通过这种策略把投资风险降到最低。因此，创业投资事先并没有确定的投资总量和期限，而传统投资往往是一次性支付或时间确定的分期支付。创业投资采取的"投入—增值—退出—再投入"的循环运作方式，一旦创业投资成功，在企业上市或成长时以出售股权的方式撤出变现，收回资本获取高额利润。将增值后的资本再投入其他风险项目，如此循环往复，实现投资资本的快速扩张。

6. 增值服务

创业投资不仅对风险企业投入资金，而且还向企业提供包括发展战略、市场营销、企业管理、资本运作等各方面的策划、咨询、中介等服务，使被投企业得以快速发展和壮大，从而提升其价值，为创业投资成功地增值撤出创造条件，这就是创业投资的增值服务。这种投资方式与传统金融信贷只提供资金求得投资收益而不干涉企业经营管理的方式是很不相同的，这是由于创业投资没有任何抵押为担保，同时风险企业管理运作也并没有达到制度化，因此，投资者必须积极介入风险企业的运作管理，对投资进行监管。

二、创业融资

融资，从狭义上讲，是指一个企业的资金筹集的行为与过程。企业筹集资金的目的，要么是为了实现企业扩张，要么是企业需要还债，或者二者兼而有之。但从广义上讲，融资也称金融，是指货币资金的融通，即当事人通过各种方式到金融市场上筹措或贷放资金的行为。就创业融资来说，主要是指狭义上的含义，即资金筹措。

（一）传统的融资形式

对初次创业者来说，传统的融资常见形式，主要有：银行贷款、合伙入股、特许加盟、租赁融资、典当贷款等。

（1）银行贷款。这是人们在资金筹措不足情况下首先想到的融资方式。目前，银行也在不断扩大对个人创业的信贷支持力度，贷款种类越来越多，条件也不断放松，创业者可视情况选择适合自己的贷款种类。

个人创业贷款。具有一定生产经营能力或已经从事生产经营活动的个人，因创业或再创业的资金需求，可以向银行提出申请，符合条件的借款人，根据个人的资源状况和偿还能力，最高可获得单笔50万元的贷款支持；对创业达一定规模或成为再就业明星的人员，还可提出更高额度的贷款申请。创业贷款的期限一般为一年，最长不超过三年。

商业抵押贷款。目前，银行对外办理的许多个人贷款，只要抵押手续符合要求，银行就会不问贷款用途。需要创业的人，可以灵活地将个人消费贷款用于创业。抵押贷款金额一般不超过抵押物评估价的70％,贷款最高限额为30万元。如果创业需要购置沿街商业房,可以用拟购房子作抵押,向银行申请商用房贷款,贷款金额一般不超过拟购商业用房评估价值的60％,贷款期限最长不超过10年。

保证贷款。如果你没有存单、国债,也没有保单,但你的家人或亲朋好友有一份稳定的收入,那么这也能成为绝好的信贷资源。当前银行对高收入阶层情有独钟,律师、医生、公务员、事业单位员工以及金融行业人员均被列为信用贷款的优待对象,这些行业的从业人员只需找一到两个同事担保,就可以在金融机构获得10万元左右的保证贷款。而且,这种贷款不用办理任何抵押、评估手续。如果你有这样的亲属,可以以他的名义办理贷款,在准备好各种材料的情况下,当天即能获得创业资金。

（2）合伙入股。合伙创业不但可以有效筹集到资金,还可以充分发挥人才的作用,并且有利于对各种资源的利用与整合。合伙投资要特别注意以下问题:一是要明晰投资份额。没有合适的股份额度,将导致权利和义务的相等,结果使所有的事情大家都有同样多的权利,都有同样多的义务,经营意图难以实现。二是要加强信息沟通。以免产生误解和分歧,不利于合伙基础稳定。三是要事先确立章程。没有章程是合作的大忌。

（3）租赁融资是指出租方根据承租方对供货商、租赁物的选择,向供货商购买租赁物,提供给承租方使用,承租方在契约或者合同规定的期限内分期支付租金的融资方式。租赁融资,是通过融资与融物的结合,兼具金融与贸易的双重职能,对提高企业的筹资融资效益,推动与促进企业的技术进步,有着十分明显的作用。

（4）特许加盟。特许经营是指特许者将自己所拥有的专利、专有技术、经营模式、产品、商标、商号等以合同的形式授予被特许者使用,被特许者按合同规定,在特许者统一的业务模式下从事经营活动,并向特许经营者支付相应的费用。特许加盟,在餐饮行业比较常见,如麦当劳的特许加盟和连锁经营制度就比较典型。

（5）典当贷款。典当是以实物为抵押,以实物所有权转移的形式取得临时性贷款的一种融资方式。典当行一般按照抵押商品现时市场零售价的50％～80％估价,到期不能办理赎回的可以办理续当手续。典当行对客户的信用要求几乎为零;到典当行典当物品的起点低,千元、百元的物品都可以当;典当贷款手续十分简便,大多立等可取;典当行则不问贷款的用途,借款使用起来十分自由。典当贷款是一条简便、快捷、安全、可靠的融资渠道。典当物品的范围包括:金银珠宝、古玩字画、有价证券、家用电器、汽车、服装等私人财物。

（二）创业融资的新形式

进入21世纪以来,随着互联网技术的发展和成熟,网络借贷平台、网络投资平台、第三方支付平台以及手机理财APP等的兴起,互联网金融蓬勃发展,创业融资的新形式不断涌现。主要形式有:众筹、P2P网贷、P2C借贷、微金融等。

（1）众筹,是指用团购预购的形式,向网友募集项目资金的模式。其本意是利用互联网和SNS传播的特性,让创业企业、艺术家或个人对公众展示他们的创意及项目,争取大家的关注和支持,进而获得所需要的资金援助。

（2）P2P网贷（peer to peer lending）,即个人对个人的融资模式,是指通过第三方互联网平台进行资金借、贷双方的匹配,需要借贷的人群可以通过网站平台寻找到有出借能力并且愿意基于一定条件出借的人群,帮助贷款人通过和其他贷款人一起分担一笔借款额度来分散风险,也帮助借款人在充分比较的信息中选择有吸引力的利率条件。P2P 网贷运营模式有两种,一是纯线上模式。其特点是资金借贷活动都通过线上进行,不结合线下的审核。这些企业审核借款人资质的措施,通常有视频认证、查看银行流水账单、身份认证等。二是线上线下结合的模式,借款人在线上提交借款申请后,平台通过所在城市的代理商,采用入户调查的方式来审核借款人的资信、还款能力等情况。

（3）P2C(person to company)借贷,即个人对企业的融资模式,资金供给方是个人,资金需求方是中小企业。由于企业信息及企业运营相对固定,有稳定的现金流及还款来源,信息容易核实,并且企业的违约成本远高于个人,要求必须有担保、有抵押,安全性相对更好。投资者可以受益于众筹理财的高年化收益,借款企业可以实现低融资成本和灵活的借款期限,借款周期和项目周期更加匹配。

（4）微金融,是指借助微信等典型的社交媒体平台,为用户提供理财、投资、贷款等规模较小的金融行为环境。一般情况下,微金融仅为中小微企业、创业者、个体工商户、小额投资者等提供金融服务。如"闪电借款"平台在 2015 年 7、8、9 三个月撮合交易额分别有 1.95 亿元、2.28 亿元、2.67 亿元。微金融的特点是小额度、时间短、可持续循环。

（三）创业企业发展阶段的融资形式

在创业企业发展到一定程度,并具备良好社会声誉,需要资金扩大发展规模时,符合条件的创业企业,可以考虑通过发行有价证券、海外融资等形式筹集资金。主要形式有:股票筹资、债券融资和海外融资等。

（1）股票筹资,亦即股权筹资,是指企业以发行股票的方式出让部分企业所有权,引进新的股东来进行筹资,是企业成长中一个非常重要的筹资手段。股票作为持有人对企业拥有相应权利的一种股权凭证,一方面代表着股东对企业净资产的要求权;另一方面,普通股股东有权行使与其股权份额相应的、对企业生产经营管理极其决策进行控制或参与的权利。股票具有永久性、无到期日、无需归还、没有还本付息压力等特点,因而筹资风险较小。但企业的资本成本、信息沟通与披露成本会加大,还会导致企业的控制权分散。

（2）债券融资,是指企业通过发行企业债券形式筹集资金。企业债券,也称公司债券,是企业依照法定程序发行、约定在一定期限内还本付息的有价证券。企业债券体现了发债企业和投资人之间是一种债权债务关系。债券持有人不参与企业的经营管理,但有权按期收回约定的本息。

（3）海外融资,亦称境外融资,是指有实力的企业到境外资本市场和货币市场筹集资金。企业可利用的海外融资方式包括国际商业银行贷款、国际金融机构贷款和企业在海外各主要资本市场上发行债券、股票。

三、创业投融资的地位、功能与意义

（一）创业投融资的地位

从创业投资（含融资）在全社会所产生的效应来看,创业投资（含融资）可以称得上是高新技术产业的发动机。在半个多世纪的发展进程中,创业投资（含融资）形成了一套比较规范、科学的运行机制,对经济发展产生了重大影响,效应显著。

1. 创业投资(含融资)是高新技术产业化的重要"孵化器"

高新技术产业化是科技成果转化为现实生产力的关键。高新技术产业化需要巨额投资,但是,新建高科技企业所面临的高市场风险和高技术风险,却令一般投资者望而却步。而创业投资弥补了这个"投资缺口",肩负起了促进高新技术产业化的使命,向高科技企业注入了大量的资金。创业资本推动了电脑软件、通信、半导体和电子技术、生物等技术等向生产力转化,使大批高科技企业成为全球驰名的跨国公司。由创业资本组成的创业基金在培植高新技术企业中发挥了重要作用,大约有50%的高新技术中小企业在其发展过程中得到了创业投资的帮助。而数据设备公司(DEC)、英特尔(Intel)、康柏(Compaq)、戴尔(Dell)、太阳(Sun)、微软(Microsoft)、苹果(Apple)等当今世界著名高科技企业的发展,无不与创业基金的支持有关。

2. 创业投资(含融资)是经济增长方式集约化的重要推进器

创业资本使大批高新技术企业脱颖而出,为维持技术优势,企业必须不断增加研究与开发投入,参与激烈的技术竞争,全社会科技投入水平大幅度上升,促使技术因素在经济发展中的贡献不断提高。例如,创业投资带动了美国全社会的研究与开发(R&D)投入水平的上升,1994年美国研发投入总量达1 690亿美元,占国内生产总值(GDP)的比重为2.54%,大大地提高了美国经济增长的科技含量和集约化程度。美国创业投资协会的一项调查表明,受创业资本支持的企业的人均投入的研究与开发资金是《幸福》杂志排名前500家大企业的2倍,其新产品开发和技术突破能力明显高于大企业。

3. 创业投资是经济增长的发动机

在传统资本市场上,资金主要流向大企业。大量的中小企业,特别是风险高而发展潜力大的中小企业筹资渠道狭窄,难以发展壮大。大企业固然风险小,但其增长潜力是有限的。经济增长真正活跃的部分来自中小企业,一个小企业成长为一个大型企业,可以带来几倍乃至几十倍的增长。创业资本是连接资本市场与中小企业的一座桥梁。创业资本通过提供资金和管理技术,支持那些具有很大发展潜力的高新技术企业,使创业投资企业的增长明显快于非创业投资企业,维持了较高的经济增长率。

4. 创业投资极大地提高了一个国家的国际竞争力

20世纪80年代末,日本经济快速发展,日元急剧升值,日本企业大举进军美国,许多人惊呼日本的时代开始了,一些专家甚至"准确"地预测,20世纪90年代日本国家竞争力将超过美国,但时至20世纪90年代末,日本不仅未能超过美国,在相当程度上两国竞争力的差距反倒拉大了。一位日本企业家在对比美日两国后得出结论,日本和美国的差距,在于高科技领域,日本不仅缺乏领先世界的高科技,更缺乏高科技的成果转化机制,即缺乏创业投资。美国高科技的成果转化得益于美国发达的创业投资市场。作为市场经济体制下支持科技成果转化的一种主要手段,创业投资是高科技企业生产和发展的"孵化器",英特尔、康柏公司都是靠创业投资的支持才发展起来的。英国前首相撒切尔夫人在总结欧洲的教训时说:"欧洲在高科技方面落后于美国,并不是由于欧洲的科学技术方面落后,而是由于欧洲在创业投资方面落后于美国十年。"

创业企业投资于R&D,增强了美国的全球竞争力。美国的技术领先地位,在一定程度上取决于美国公司具有创造突破性产品和服务并供应市场的能力。致力于研究和开发、受风险资金支持的公司在稳固美国技术的领先地位上起了主要作用。创业资本对高新技术产业化的这种支持，增强了企业实现技术突破和开发新产品的能力。美国在电脑软件技术、生物技术、半导体和电子技术等领域都处于相对领先的地位，高科技产品出口和技术出口已成为美国最大的出口收入来源之一，也是维持美国国际收支平衡的重要保证。

此外，创业投资为维持低失业率，特别是技术阶层的低失业作出了重大贡献。创业投资使数以千计的创业企业得以建立和营运，创造了大量就业机会，对就业率的贡献非常突出。

（二）创业投融资的主要功能

从创业投资产生的机理和其独特的运作方式上进行考察，创业投资作为市场内生性的创新投融资工具，创业投资（含融资）具备如下几个方面的主要功能：

1. 制度功能

创业投资作为一种新兴的从事直接融资的金融中介，其运作本质在于提供了一个事后筛选机制，也即提供了一个硬预算约束，从而形成新项目和新兴企业大量的产生、大量的消亡的机制。事实上，适当的中断虽然痛苦但却是必要的。这种淘汰机制才能保证存活下来是最好的和最有活力的项目。

在创业投资的融资方面，资本提供者对于创业投资家的能力和资本运用情况存在不对称信息。创业投资家（普通合伙人）扮演着创业资本提供者（有限合伙人）的代理人的角色。创业投资家通常将介入被投资企业的经营管理活动，而且创业投资的专业性很强，外部股东不可能也没有能力严密地监视每一个投资项目，因此，在创业投资家与外部股东之间存在着高度的信息不对称。而有限合伙契约机制较好地实现了这个平衡，解决了融资方面的激励和监督问题。因此，创业投资通过其特有的运作方式，创造了促进分工、减少信息不对称、降低交易费用、提高交易效率的制度安排，从而为高新技术或高成长性的企业提供了一个新的制度保障。

2. 要素功能

创业资本必须与创业活动中的其他生产要素组合，才能完成其"资本经营"的经济使命。创业资本与普通生产活动中的资本是有区别的，从创业投资的定义中不难归纳出其本质特征：①以股权方式投向未上市的具有高成长潜力的创业企业；②通过提供创业管理服务参与所投企业的创业过程；③以整个创业企业为经营对象，并在适当时机转让所持股权，获得资本增值收益。因此，创业投资家集三种职能于一身：对融资企业的事前监督（筛选项目与克服逆向选择问题）、事中监督以及事后监督（验收项目成果和决定选择何种退出策略）。事前和事中监督需要有特定领域的工程技能，而事后监督则需要融资技能。

这些本质特征决定了创业资本这种特定新生产要素的功能：①发现价值，即通过严格筛选创业项目，发现具有高成长潜力价值的创业企业；②创造价值，即通过提供创业管理服务参与所投企业的创业过程，一方面，创业投资家贡献自身丰富的管理知识及广泛的商务关系为所投企业提供增值服务；另一方面，以特别的股权安排及分段投资方式所赋予的特权及时控制创业过程出现的高风险,减少代理成本,使创业企业有效地增值;③实现价值,即在适当时机转让所持股权,以退出方式获得资本增值收益。

3. 市场定价与嬗变功能

新增长理论认为,专业化的知识和人力资本积累可以产生递增的收益,并使其他要素投入收益增加,从而总的规模收益递增。无形性是高新技术产业区别于传统产业的一个显著特点,表现为知识、技术、人力资本、产品、服务乃至市场的无形性,这种无形性带来了市场定价的难以计量化的复杂性。创业投资的介入,通过退出方式在资本市场实现价值,从而给上述无形性以确定的现实市场定价。完成了技术创意向财富的嬗变。

正是具备了上述独特的功能,创业投资才能够在短短的几十年发展成为一种重要的投资方式,并得到各国政府的大力扶持。这种独特的功能,集中一点就是对高新技术产业的发展具有强大的促进作用。

(三) 发展创业投融资的意义

1. 发展创业投资是提高我国综合国力、角逐世界经济舞台的需要

从世界范围看,创业投资已经成为许多国家经济增长的发动机和推进器。高科技产业的兴旺会极大地推动一国的科学进步,许多国家把依靠科学技术发展经济作为一项基本国策。美国政府把科技进步视为"经济增长的火车头"。日本1980年提出技术立国,经济由贸易型战略转变为技术型战略;欧盟把积极推进科技产业化作为科学政策的重要内容。20世纪70年代以后创业投资在美国培育出了信息领域的环球巨子,如英特尔、DEC、苹果、微软、雅虎等大企业。现在,创业投资已开始在全球范围内蔓延、普及。由于创业投资对高新科技产业与经济的巨大作用,一些有发展眼光的国家都在引进创业投资机制,创业投资正逐步演变成为一种全球性的金融与科技运作行为。经过40年的改革开放和高速发展,我国已有对技术创新的紧迫要求,也有了比较充足的资本供应能力,还有着相当强的高新技术开发能力。但是,缺乏创业投资将这些积极因素有机结合,推动我国经济整体素质提高。因此,尽快发展创业投资已成当务之急。我国若想在21世纪获得经济强国地位,提高国民经济整体素质和综合国力,就必须加快高科技的产业化步伐。创业投资是达到这一目标的必由之路。

2. 发展创业投资是调整经济结构、转变增长方式的需要

为保障经济的健康发展和金融安全,需要进行实体经济部门和金融体系的结构性调整,培育创业投资是一项行之有效的举措。目前我国已由短缺经济步入剩余经济,其发展在于经济结构的调整西方国家的一些政策值得我们借鉴,如美国奥巴马政府的"再工业化政策"等,其政策的核心是产业结构调整,其主题就是产业的升级化和技术化。正面经验和反面教训,都使我们认识到提高企业的技术含量,实现产业结构调整对我国目前经济发展具有重要作用。而经济理论和实践证明,没有创业投资很难做到这一点。

3. 创业投资是供给侧改革和培育新的经济增长点的需要

通过发展创业投资可以有效促进投资适度增长,加大对高新技术产业的投入,可以直接增加对投资品的需求和培育新的经济增长点,提高经济增长的集约化水平,促进国内消费。目前,国内虽然存在产能过剩,但计算机、生物保健等高科技产品的市场潜力很大,因此,积极发展创业投资,把高科技产业培育成为新的经济增长点有其必要性与可能性。发

展高科技企业有利于满足人民更高层次的物质和精神需求,有利于国内产业结构的调整,有利于提高经济增长的集约化水平。从促进经济增长的动力来看,传统产业的生产受限于边际递减规律,而高科技产业则不受此限制,高新技术产品的不断创新将推动这一产业在良性循环中持续发展。事实证明,技术进步才是经济增长的最根本因素,一国综合竞争力及经济与金融的稳定发展,高度依赖于该国的经济增长方式和增长的相对效率。

4. 发展创业投资有利于完善我国资本市场功能,切实防范与化解金融风险

我国资本市场经过不断成长,为我国实现企业经营机制转换,引导间接投资转向直接投资,分散化解金融风险,实现资源优化配置发挥了重要作用。但我国资本市场品种单一、供求结构失衡等问题,不利于利用资本市场促进产业结构升级。建立创业投资机制,发展创业投资,引导一定的资金投向高风险、高效率的高新技术产业,对产业结构的升级将发挥决定性作用。同时对完善资本市场的功能,使其不仅仅局限于为国有企业服务也大有益处。创业投资具有资本经营优势,发展有中国特色的创业投资,可以促进资产重组和经济结构调整。

综上所述,创业投资为我国开辟科技融资的新出路,创业投资业的发展将对我国科技成果的转化起到极大的推动作用,在我国建立创业投资机制的时机已趋成熟。作为支持科技成果转化的有效手段,创业投资既能促进高新技术产业的发展,又可为民间资金提供新的投资工具,有利于将民间投资用于发展国民经济。我国已经在资金、技术、人才等方面具备了支持科技产业发展的创业投资的条件,国家应该加快金融体制改革,尽快制定鼓励创业投资的政策,发展创业投资。

综合案例

SM 集团施至成:千亿富豪的制胜秘诀

2017年最新发布的《福布斯》全球富豪榜显示,93岁的SM集团创始人施至成位列第94位,以127亿美元(约合870多亿人民币)连续第十年蝉联菲律宾首富席位。他说,不管做什么,他都要做到最好,要争第一。在全球10大购物中心榜单上,SM集团已占到将近1/3。他的取胜秘诀是什么?关键就在于如何把经营和管理做到最好。

一、立足现实,顺时而为;博采众长,大胆创新

施至成年幼时,家里经营了一家卖菜种、蔬菜、干货和日用品的杂货店,他一边学习一边帮父母打理生意,逐渐对零售生意有所了解。没过多久,二战爆发,日本侵占了菲律宾,一切都化为乌有。施至成被迫休学谋生。二战结束后,菲律宾光复,施至成凭着对零售业的了解,慢慢恢复了家里的生意,靠出售美国军人剩余的廉价鞋,赚取了人生第一桶金。他说,别人都认为鞋业是个小生意,他不这样想。适逢菲律宾战后重建,人民生活物资需求旺盛,施至成一方面扩大经营,另一方面深入欧美,考察当地市场经济,购买销量最大的货品放在自己的店里销售。从鞋店到大商场,施至成善于借鉴别人的经营方式,还改良美

国商城的经营模式"为己所用",生意做得越来越好,1960年,他创办了SM百货商场,创下销量上亿的记录。

施至成喜欢去世界各地逛商城,看到好的地方,他会用心观察,思考怎么用在自己的商场里,不好的地方,他也会思考SM要如何避免。每次去一个地方,他必看海鲜、熟食和厕所。他说,海鲜和熟食的新鲜程度,反映了一家商场的经营状况和客流量。厕所干不干净,则直接反映了商场管理如何。与欧美商场不同的是,SM商场限制同类商户入驻商场,并不为收取佣金而引发同行竞争,为此积累了许多忠诚客户。

二、高瞻远瞩,行为果敢

在菲律宾政局动荡的1985和1991年,施至成不顾众人反对,开设商场,他认为零售业前景很大。即便是在1997年的金融风暴,他也坚持开了两家。菲律宾《利润》杂志发行人克雷杰评论说:"施至成的确疯了,疯得像只狐狸。对于购物中心的投资,他从未犯过错,一次也没有。"这种果敢的结果是巨大的成功,让各行惊呼,无比艳美。此外,施至成计划在亚洲金融风暴后筹建亚洲商城,打造集吃喝玩乐于一体的综合商圈。菲律宾SM购物中心内设滑冰场,让原本属于寒冷地带的运动也能成为热带菲律宾人民的娱乐活动。SM很多方面都改变了当地人的生活方式,受到菲律宾总统阿罗约的高度评价。

三、故乡情深,投资报恩;进军大陆,商机无限

施至成虽在菲律宾大展宏图,但他始终感怀自己的出生之地——中国福建。20世纪90年代初,施至成经过一番考察,在晋江福埔投资兴建SM城市广场。施至成7岁时,便离开中国跟随父母去菲律宾,但他一直对家乡怀有深厚的感情。"我在中国大陆的投资,一半是基于乡情,另一半才是商业考虑。热爱故里是海外游子的本性,为祖国的富强做一点贡献,是每一位华夏儿女应该做的。"晋江是他在中国大陆的第一个项目,那时中国还未对外资零售业开放,中国零售市场发展相对缓慢,SM城市广场因文化等种种原因迟迟无法开业。对此,施至成选择耐心等待时机,并为晋江市领导传授鞋业经验,免费提供场地,帮助晋江办起了国际鞋业博览会。2005年11月,晋江SM城市广场正式开业,但施至成仍在购物中心外搭建了2万平方米的场地,继续提供给政府办展览。在施至成的心里,没有所谓市场饱和的担忧。在他看来,菲律宾差不多才等于一个福建,更何况中国那么大的市场,开一百家也不会多。他说:"SM商城建在哪里,都会提升周围环境,增加政府税收,解决就业问题,对当地政府和集团来说,都是一件双赢的好事。这是我们的秘诀。"如果有机会,那为什么不做呢?他争的,是要在数量上、在经营总面积上做老大。

[思考与讨论]

1. 结合本案例,谈谈成功创业者应具备哪些素质?
2. 施至诚的创业成功能给我们什么样启示?

 ## 复习思考题

1. 结合所学知识,谈谈自己对创业的理解。
2. 创业的要素有哪些?
3. 创业者应具备哪些基本素质?
4. 创业融资的主要方式有哪些?
5. 谈谈对发展创业投资意义的理解。

第 2 章 财 务 基 础

[学习目标]

通过本章学习,学生应理解财务管理的内涵和基本环节,三大财务报表及其分析方法,终值与复利、现值与贴现的概念及其计算,年金与永续年金的计算。

[创业励志名言]

在这个"账目的时代",懂得一些会计学是很有必要的。

——保罗·A.萨穆尔森

导入案例

财务管理在创业过程中的重要性

一个公司的成立,一个团队的运营,一项产品的开发,都不是一朝一夕就可以完成的。高顿财经 ACCA 研究中心 Allen 称,作为成立一家公司的创业者们,除了个人领导能力、产品运营能力等,财务管理能力也应该是不可缺少的。

在创业初期,创业者们应该在财务管理上关注这些方面:金钱进出完全自己控制;让客户严格地按照合同约定的付款方式支付,从而建立有效的现金流入预期,也为你以后让团队去控制应收款打下基础;每天或者每周(定期)制作现金余额和应收款项余额报告,让自己脑袋中,一直都有这个数字和警告,这样你才能知道,公司什么时候会断粮,能做多大的业务;开始梳理自己的业务报表。

在基本商业模型定位以后,就应该聘用专业的财务管理人员,但是创业者还是不能全权放手。因为如果你想在市场找到一个懂财务内控,执行财务内控,还能做会计,还能指挥和领导出纳,还能给你提点管理意见的财务经理,你需要准备好接近一年 20 万人民币的预算才行。

许多创业团队不重视财务环节,创业过程中却常被财务问题困扰,创业成员间因财务不明晰而产生相互间不信任,成本失控,创业者头脑中没有清晰的收支账,甚至出现税务查出问题创业者疲于应付而使创业进程受阻失去创业信心的不在少数。

第1节 财务管理概述

一、财务管理的内涵

"财务",在英文中用"finance"表示,该单词是指所有管理货币资金的活动,尤其是指政府部门或商业组织对货币这一资源的获取和管理活动。由此,无论是国家财政,还是企业财务,甚或个人理财都属于 finance 的范畴。从而,财务管理(financial management)便是对实实在在的货币进行处理或管理的一系列活动的统称。具体到本教材,财务管理是在特定的目标下,以企业的"生产"为出发点,研究企业如何获取货币资源并加以运用和管理,具体而言即是研究企业对资金的筹集、投资、使用和成果分配等活动,以及与以上财务活动有关的企业财务关系。

(一) 企业财务活动

根据"财务"的含义,企业财务活动是指所有与货币收付有关的企业资金收支活动的统称。在市场经济条件下,任何企业的创立以及有效运转,在很大程度上都需要借助金融市场筹集一定规模的资金,并将之用于厂房、机器以及设备等有形资产和商标、专利以及管理者素质等无形资产,或将之用于企业正常运营中那些延续时间较短的存货等流动资产,甚或将之用于对外投资,如购买其他企业的股票、债券等。当企业获取利润之后,需要将之在利益相关者之间进行分配,以保证企业生产的顺利进行。我们可将上述企业财务活动分解为四个组成部分:筹资活动、投资活动、营运资金活动以及收益分配活动。

1. 筹资活动

筹资活动,是指企业基于自身的生产经营、对外投资等需要以及调整、优化资本结构等目的,通过各种合法渠道,经济而有效地筹集、集中以及管理资本的相关活动。企业从创立到正常运营,再到扩大再生产,都必须筹集一定规模的资金,这是企业生存和发展的前提和保证。从资金属性的角度出发,可将企业通过各种渠道筹集的资金分为两大类:权益资金和债务资金。

权益资金,又称之为自有资金、主权资本或所有者权益,是指企业依法筹集并长期拥有、自主支配的资金,主要通过吸收各种投资者的直接投资、发行股票,以及企业生产经营过程中形成的资本公积金、盈余公积金和未分配利润等方式筹集形成的资金。权益资金属于企业长期占有的"永久性资金",无须偿还,对于企业来说没有还本付息的压力,从而筹资风险较低。但是,由于资金的所有者不能像债务类工具那样获得固定的利息收入(非参与优先股除外),从而此类资金的出资者要求的回报较高,因而资金的筹资成本相对较高。

债务资金,又称之为借入资金,是指企业在金融市场上通过负债的方式从资金的提供者那里取得的资金,主要通过银行借款、发行债券和商业票据、融资租赁以及商业信用等方式筹集形成的资金。债务资金属于企业的负债,有明确而固定的还本付息额及其期限,对于企业来说存在固定的还本付息负担。但是,由于资金的所有者能够按期获得固定的利息收入,其面临的风险较低,从而此类资金的出资者要求的回报较低;而且债务利息支出在税前列支,具有抵税作用,从而可以减少企业的财务负担。所以,债务资金的筹资成本相对较低,而且在一定限度内合理地提高债务融资比例(最优资本结构),可以有效地降低企业的综合资本成本。

2. 投资活动

投资活动,是指企业基于自身生存、规模扩张、扩大再生产、产品创新或降低成本等目的,将筹资活动获得的资金用于长期资产的购建和除现金等价物之外的投资及其处置而进行的活动。可以说,没有投资,就没有筹资,筹资活动是为投资活动服务的,筹资活动的出发点和落脚点皆为投资活动。根据投资的方向不同,可以将企业的投资活动分为对内投资活动和对外投资活动两种类型。

对内投资活动,是指将筹集的资金投资于企业内部形成经济资源的各项活动,这是企业最基础、最重要的投资活动。对内投资活动形成的经济资源主要有:包括定期存款(不可提前变现)、应收款项(主要包括应收票据、应收账款和预付账款等各种债权)以及存货(如商品、产成品、半成品以及原材料等)等在内的流动资产,包括房屋、建筑物、机械、运输工具以及其他与生产经营活动相关的设备、工具等在内的固定资产,以及包括专利、商标、商誉、非专利技术等在内的无形资产。

对外投资活动,是相对于对内投资活动而言的,即指企业在其自身经营的业务之外,以现金、实物或无形资产等形式,通过购买股票、债券等有价证券的方式向其他单位进行的投资活动。在市场经济条件下,尤其是在兼并收购的大背景下,对外投资活动已成为企业财务活动的重要内容。对外投资有多种分类方式,按照对外投资权益不同,可分为股权投资和债权投资,前者包括购买上市公司的股票、兼并收购、联营投资等活动,后者包括购买各种债券和租赁投资等活动;按照对外投资方式不同,可分为实物投资和证券投资,前者是直接投资的一种,且能直接形成被投资单位生产经营活动的能力,后者是指取得其他单位有价证券(如股票、债券等)的活动;按照对外投资期限不同,可分为短缺投资和长期投资,前者指投资期限不超过一年,后者指超过一年的对外投资。

3. 营运资金活动

营运资金活动,是指企业在日常生产经营活动中发生的一系列资金收付行为。企业在正常的生产经营活动中,需要采购原材料或其他商品,以从事生产和销售活动,为此还需要支付员工工资和其他经营性费用。当企业把产品或商品销售出去之后,便可以取得相应的收入而收回资金,进而又可将销售所得运用于下一个再生产过程当中,并一直如此循环进行。与此同时,在上述过程中,如果企业所拥有的资金不能满足经营的需要,还要通过短期借款、票据贴现等方式来筹集所需资金;反之,如果除了满足正常的生产经营所需之外,企业还存在部分闲置资金,那么为了最大化企业资金的使用效率,需要将之加以运用来获得相应的收益,如通过短期持有有价证券的方式。

营运资金有广义和狭义之分。狭义上的营运资金就是一种资金运用,是一个企业投放在全部流动资产上的资金,主要包括现金及现金等价物、有价证券、应收账款、存货、预付费用等占用的资金;广义上的营运资金是流动资产和流动负债关系的总和,这里的"总和"是对所涉及关系的反映,而不是数额的简单加总,从而体现了企业上述营运资金活动的方方面面,是企业财务管理的重要组成部分。除此之外,从会计的角度来看,营运资金是流动资产与流动负债的差额部分,又称为净营运资金,此种意义上的营运资金强调了流动资产和流动负债之间的数量关系,其大小着重反映了企业偿还短期债务的能力;其数额越大,短期偿债能力越高,反之越低,若为负值,在一定程度上意味着企业的日常运营可能随时因周转不灵而中断,这对未来决策具有重要作用。

4. 收益分配活动

收益分配活动,是指企业根据自身的发展战略、资金状况等因素将一定时期内生产要素所带来的收益总额在企业资金的提供者和再投资这两个方面进行分割的行为,主要是将企业的息税前利润(即利息、所得税和净利润)在各利益相关主体之间进行分配的过程。广义上的收益分配活动是企业对收入的分配活动,而狭义上的收益活动是企业对税后利润的分配活动。

息税前利润是企业收益分配的主要对象,且分配活动主要包括税前、税中和税后利润分配三个方面的过程和内容。首先,税前利润分配,是指对税息前的利润进行分配,即企业在获得收入之后,应对债务资本利息进行支付,并对营业利润和利润总额进行计算;其次,税中利润分配,是对利润总额的分配,主要是根据《中华人民共和国企业所得税法》计交企业所得税(个人独资企业和合伙制企业除外,这两类企业只缴纳个人所得税),并计算税后利润;最后,税后利润分配,是对税后净利润的分配,主要包括弥补以前年度亏损、提取法定盈余公积金、提取任意公积金(优先股鼓励支付之后)以及股利的分配等内容。

收益分配活动是企业一项十分重要的财务活动,它不仅影响企业其他财务活动,尤其是企业的筹资和投资决策的制定,而且还涉及国家、企业自身、投资者、被投资者以及内部单位和职工等多方面的利益关系,进而影响企业长远利益和近期利益、整体利益和局部利益等关系的处理与协调,从而合理制定收益政策并有效组织收益分配活动对于维护企业与各利益相关主体之间的关系、并提升企业价值具有重要意义。

(二)企业财务关系

企业财务关系,是指企业在组织财务活动过程中与有关各方面发生的经济利益关系。企业的筹资活动、投资活动、营运资金活动和收益分配活动无不与企业内外发生着广泛的联系,其间钱与物的增减变动体现的就是企业内外部各种经济利益关系,即企业财务关系。从而,企业财务活动影响并体现着财务关系,与此同时,财务关系也体现了财务活动的本质特征,并影响着其规模与速度。从上述企业财务活动的四个组成部分来看,企业财务关系主要包括以下几个方面的内容。

1. 企业与投资者之间的财务关系

此财务关系主要指企业的投资者向企业投入资金,企业向其支付投资报酬所形成的经济利益关系,这种经济利益关系是企业所有财务关系中最根本的财务关系。企业的投资者主要有四类主体:国家、法人单位、个人以及外商。

企业的投资者要按照投资合同、协议、章程的约定履行出资义务，进而形成企业的资本金，投资者也据此获得企业相应的经营管理权和剩余收益分配权，同时承担与权力相称的责任和风险。企业在利用资本金进行经营，并实现利润之后，应按出资比例或合同、章程的规定，向投资者支付报酬。从而，企业同其投资者之间的财务关系是风险与共和以资本保值、增值为核心的剩余收益分配关系，体现的是所有权性质的受资—投资关系。

2. 企业与被投资单位之间的财务关系

此财务关系主要是指企业以购买股票或直接投资的形式向其他企业投资所形成的经济利益关系。随着经济体制改革的深化以及兼并、收购浪潮的加快推进，这种财务关系将会越来越广泛。企业在向其他单位进行投资时，也应按相关约定履行出资义务，同时参与被投资单位的经营管理和利润分配。企业与被投资单位之间的关系同样体现着所有权的性质，反映着投资—受资关系。

3. 企业与债权人之间的财务关系

此财务关系主要指企业向债权人借入资金，并按借款合同的规定按期支付利息和归还本金所形成的经济利益关系。在激烈的市场竞争中，企业完全依赖资本金进行经营活动是不够的，而且考虑到权益资金相对高昂的融资成本，企业通过借入一定数量的债务资金，不仅可以降低企业综合资本成本，而且还可以满足企业扩大经营规模的资金需求。

企业的债权人主要有：贷款机构、企业债券持有人、商业信用提供者以及其他出资单位或个人。企业在借入债权人的资金后，要按照约定的利息率，按时向债权人支付利息，并且在债务到期时，要合理调度资金，按期向债权人归还本金。企业同其债权人的关系体现的是债务—债权关系。

4. 企业与债务人之间的财务关系

此财务关系主要是指企业通过购买债券、提供借款或商业信用等形式将资金出借给其他单位所形成的经济利益关系。企业将资金借出后，有权按照约定的条件要求债务人按期还本付息。企业同其债务人的关系体现的是债权—债务关系。

5. 企业内部各单位之间的财务关系

此财务关系主要是指企业内部各单位之间在生产经营各环节中相互提供产品或劳务所形成的经济利益关系。企业在实行内部经济核算制的条件下，企业供、产、销各部门以及各生产单位之间，相互提供产品和劳务要进行计价结算。这种在企业内部形成的权责关系、利益分配关系以及资金结算关系，都体现了企业内部各单位之间的经济利益关系。

6. 企业与职工之间的财务关系

此财务关系主要是指企业向职工支付劳动报酬的过程中所形成的经济利益关系。职工是企业的劳动者，他们以自身的劳动作为参与企业分配的依据，而企业根据职工的职级、能力和业绩，用自身的产品销售收入，向职工支付工资、津贴、奖金等，并按相关规定提取公益金。这种企业与职工之间以权、责、劳、绩为依据产生的财务关系，体现了职工和企业在劳动成果上的分配关系。

7. 企业与政府之间的财务关系

此财务关系主要是指企业要按税法的规定依法纳税而与国家税务机关所形成的经济

利益关系。政府作为社会的管理者，为企业的生产经营活动提供了公平竞争的市场环境和公共设施等条件，为此，任何企业都须按照国家税法的规定缴纳各种税款，以支付政府在担负社会管理职责时所产生的"社会费用"。及时、足额地纳税是企业对国家的贡献，也是对社会应尽的义务。因此，企业与税务机关的财务关系反映的是依法纳税和依法征税的强制性分配关系。

（三）财务管理的具体内容

财务管理主要是对企业的相关财务活动进行管理，包括筹资管理、投资管理、营运资金管理以及收益分配管理等四个方面的内容。

1. 筹资管理

筹资管理主要是对企业的筹资活动进行管理。在成长的不同阶段和时期，企业面临着各种不同的筹资需求。在创立时期，企业需要取得资本金为开展生产经营活动提供基本条件，进而产生创立性筹资需求；在日常运营过程中，企业为应对由经营活动的正常波动所引起的支付要求，进而产生支付性筹资需求；随着企业的稳步发展，扩大经营规模或对外投资成为必然趋势，进而会产生扩张性筹资需求；一般地，为使企业价值最大化，企业都会对资本结构进行动态调整，进而产生调整性筹资需求。为对这些筹资需求进行管理，要求企业在科学预测资金需要量的前提下，通过合理安排筹资渠道、选择筹资方式，进而不断降低筹资成本和筹资风险。

2. 投资管理

投资管理主要是对企业的投资活动进行管理。根据前文的介绍，按照投资方向的不同，可将企业的投资分为对内投资和对外投资两种。对内投资涉及企业内部长期资产的投资计划和管理过程，一旦投入资金付诸实施，在短期内便难以改变。该投资不仅在企业总资产中所占的比重较大，而且一般都属于企业战略性投资决策，在很大程度上决定着企业的发展前景，甚或决定着企业的生死存亡，从而是企业财务管理中最重要的内容。对外投资主要是企业出于资金调度、规模扩张以及满足特定用途等目的，通过多种方式对其他单位进行的投资，以期在未来获得相应的投资收益。在市场经济特别是横向经济联合发展的现实背景下，对外投资越来越成为企业财务管理的重要内容。对投资活动进行管理，要求企业能够识别收益超过成本的投资机会，并对其未来现金流量的规模、时机和风险进行准确的评价。

3. 营运资金管理

营运资金管理主要是对企业的流动资产和流动负债进行管理。从投融资的角度来看，营运资金管理包括营运资金投资管理和营运资金筹资管理两个方面，分别涉及如何确定营运资金持有量和如何筹集营运资金。具体而言，营运资金管理包括最佳现金持有量的确定、应收账款管理政策的制定、最优存货规模的确定、多元化短期筹资方式的运用等。一个企业的正常运转，都会持有一定量的营运资金，而且作为企业资金当中最具活力的部分，营运资金在很大程度上影响着企业的生存和发展，从而营运资金管理是企业财务管理的一项重要内容。为此，要求企业能够加快流动资产的周转速度、尽量减少资金占用，并通过流动负债来调整财务杠杆，以提高权益资本报酬率，进而实现提高营运资金管理效率的目的。

4. 收益分配管理

收益分配管理主要是对企业经营成果的分配活动进行管理。企业通过经营活动取得收入后，要按照还本付息、缴纳所得税、弥补亏损、提取公积金、向所有者分配利润等顺序进行分配。对于企业来说，收益分配不仅关系到企业的长期盈利能力、资本结构的合理性，还影响着企业各个相关经济主体的信心、积极性和主动性；收益分配不仅是企业资产保值、增值重要体现，也是保证企业实现扩大再生产、处理各方面物质利益关系的基本手段。为此，要求企业制定合理的收入分配政策，对企业的收入、成本费用和利润分配进行有效管理，以确保各个相关经济主体的合法权益得到保障，进而实现企业长期稳定的发展。

二、财务管理的目标

对应任何一个企业，如果笼统地来看，其财务管理的目标就是盈利，但分析如何实现盈利的这一问题，需要与企业所处的社会政治、经济文化、自然环境结合起来具体考察。为此，需要对财务管理的目标进行更加确切的阐述，以便能够得到一个更为准确的界定，从而为企业制定和评价相关财务决策提供可观依据。目前，学术界关于企业财务管理的目标主要存在以下几种观点。

（一）利润最大化

利润最大化的目标产生于 19 世纪初，当时的企业类型主要是个人或独资企业，由于利润能够直接反映经营者的业绩，代表着企业财富的增加量，从而利润越多则企业增加的财富就越多，进而利润的最大化能够满足企业经营者的要求。利润最大化作为古典微观经济学的理论基础，即厂商从事生产不仅要获取利润，而且要获取最大利润，这一观点（或假定）曾被人们广泛地接受，并作为分析和评价企业行为和业绩的依据。确实，利润作为社会扩大再生产的基础，其数量的多少在一定程度上能够反映企业对资源利用的合理性及其对社会的贡献。

以利润最大化作为财务管理的目标可能是我们最先想到的，因为此目标存在以下几个显而易见的优点。首先，利润是当期经营活动中投入与产出对比的结果，在实际应用过程中简单明了、容易计算，而且在一定程度上体现了企业经济效益的高低。其次，为实现最大化的利润，企业必然会采取加强生产经营管理、积极参与技术革新、主动降低产品成本等措施，这些都有利于企业资源的合理配置和整体经济效益的提高。最后，利润作为企业新创造的价值，是其生存和发展的基础，也是社会经济发展的重要动力。

然而，以利润最大化作为财务管理的目标，存在一些致命的缺陷。首先，没有考虑货币的时间价值，及不考虑利润取得的时间，从而与现代企业"时间就是金钱"的理财理念不相符。其次，没有考虑风险问题，从而忽略了利润获取与其风险承担之间的关系，容易造成财务人员不顾风险的大小去追逐或有利润，从而加剧企业经营风险和财务风险。第三，没有体现利润创造与资本投入之间的关系，从而作为企业最终经营成果的净产出，利润若不与投入的资本进行比较，难以得出经营效益优劣的结论。第四，利润是基于历史角度的会计度量，从而不能反映企业真实的盈利情况和未来的盈利能力。第五，若片面地追求利润最大化，可能会导致企业的短期行为，从而与企业发展的战略目标相违背。

第1节 财务管理概述

（二）股东财富最大化

股东财富最大化的目标起源于资本市场比较发达、证券业蓬勃发展的美国，也曾是西方财务管理比较流行的观点。此观点认为，股东即所有者，作为企业的创立者，其目的就是实现自身财富的增长，从而其财务管理的目标无疑便是最大化股东的财富。在上市公司中，股东的财富由其持有的股票数量和股票市场价格决定，在股票数量一定的前提下，股票的价格越高，股东的财富也越大，从而股东财富最大化目标也可表述为股票市场价格最大化。

以股东财富最大化作为财务管理的目标主要有以下几个优点。首先，用股票价格来计量股东财富，使该目标概念清晰、容易量化，从而便于对相关人员进行考核和奖惩。其次，考虑了货币的时间价值和风险因素，股票价格是市场参与人对企业整体价值的客观判断和综合评价，从而时间和风险都会对股票价格产生重要影响。最后，因为当前已实现的利润和对未来利润的预期都会对股票价格产生影响，从而股东财富最大化可以一定程度上避免企业追求当前利润的短期行为。

同样地，以股东财富最大化作为财务管理的目标也存在一些缺陷。首先，该目标在概念上的不完整性，即只强调股东的利益，而缺乏对其他相关利益主体的重视，可能导致股东与其他相关主体之间的矛盾，从而不利于企业长期稳定的发展。其次，影响股票价格的因素众多，不仅包括企业的经营业绩，还包括其他很多不可控因素，如投资者预期、经济政策、政治形势等，从而股票价格并不能准确反映企业的经营业绩。再次，以股票价格计量的股东财富，只适用于上市公司，非上市公司难于应用，且非股份制公司更是无法适从。最后，在实行股权激励的公司中，可能会诱使管理层弄虚作假，千方百计抬高股价来获利。

（三）企业价值最大化

企业价值最大化的目标得益于管理思想的演进，特别是21世纪信息技术、网络技术的快速发展所催生的管理思想的革命性变化——价值管理。此观点认为，要通过合法经营，采取有效的经营和财务策略，充分考虑货币的时间价值和风险与报酬的联系，在保证企业长期稳定发展的基础上使企业价值达到最大。企业价值可用未来现金流的折现或长期债务价值和股票市场价值之和来衡量，且充分体现了相关主体的利益，从而企业价值最大化的目标被广泛接受。

企业价值最大化的基本思想是将企业的长期稳定发展摆在首位，并强调在企业价值增长中满足各方利益，该目标具有以下优点。首先，考虑了取得报酬的时间，并用货币时间价值的原理进行计量，从而考虑了货币的时间价值和风险因素。其次，基本思想是长期稳定的发展，因为不仅当前利润会影响企业价值，对未来利润的预期影响更大，从而企业价值最大化能避免企业在追求利润上的短期行为。再次，企业价值兼顾了各方利益，不仅强调股东的利益，还考虑了债权人、管理层、企业职工等对利益的诉求。最后，考虑了风险与报酬之间的联系，将风险控制在企业可以承受的范围之内，从而能有效克服企业不顾风险的大小，片面地追求利润的错误倾向。

当然，企业价值最大化也存在不足。首先，同利润指标一样，企业价值也是一个绝对指标，从而没有考虑利润创造与资本投入之间的关系。其次，过于理论化，不易操作，无论是以未来现金流的折现来测算,还是用债权和股权价值来计量,都存在难以克服的缺陷。

综上所述,每一种观点都有其各自的优缺点,企业应根据自身制度的完善程度以及所处环境,选择合适的财务管理目标。就我国企业财务管理的实践来看,目标已从改革开放之初的利润最大化,到后来的股东财富最大化,再演变发展到当前的企业价值最大化。综合而言,企业价值最大化的目标最全面、最合理。

三、财务管理的基本原则

财务管理的基本原则是从企业财务管理实践经验中总结出来并已得到广泛的检验,用以指导企业财务活动和处理企业财务关系的一系列财务管理应遵循的指导性准则和规范。财务管理的基本原则主要包括以下几个方面的内容。

(一)资源合理配置原则

资源合理配置是指企业为保证其生产经营活动的正常进行,对其所掌握的各种经济资源,在质和量上进行合理的分配,从财务管理的角度来看,就是企业在组织和使用有限的货币资金时,在结构和比例上进行相互配套与协调,使得有限的资金得到充分有效的运用,并从整体上获得最大的经济效益。具体而言,基于筹资的角度,资源合理配置主要就是对负债资金与所有者权益资金之间、长期负债和流动负债之间的比例进行调整和优化;基于投资的角度,主要是对对内投资与对外投资之间、流动资产与固定资产之间、有形资产与无形资产之间、货币资产与非货币资产之间、债权投资与股权投资之间以及长期投资与短期投资之间的比例进行合理配置。根据前述财务管理的内涵可知,货币资源的获取、运用与管理的根本内容,其企业的生产经营活动都是围绕其所拥有的资源展开的,然而资源对于任何企业总是有限的,企业要想实现其财务管理目标,就必须对其有限的资源在生产经营的各个环节进行合理规划,通过资源的最优配置实现其使用效率的最大化。

(二)货币时间价值原则

货币时间价值,也称之为资金时间价值,是指货币经历一段时间的投资和再投资所增加的价值,也就是资金在投资和再投资的循环和周转过程中,因为时间因素的作用,使得现在一定数量的资金价值高于未来某个时期同等数量资金的价值,即实现了增值,前述"时间就是金钱"的理财理念即在于此。而从量的规定性来看,货币的时间价值与在不考虑风险和通货膨胀时的社会平均的资金利润率相等。财务管理坚持货币时间价值原则,就是在进行财务计量时,要充分考虑货币的时间价值因素,因为财务管理就是关于货币资源的收付活动。企业财务管理实践中,货币时间价值的应用主要有两个:现值的概念和早收晚付的观念,两者在投融资决策中起着重要作用,有时甚至关乎相关决策的成败。投资决策中使用的净现值法、内含报酬率法、现值指数法等方法,筹资决策中资本成本的计量,营运资金决策中的存货周转期的管理,分配决策中利润分配方案的制订,都充分体现着货币时间价值原则在财务管理中的具体运用。

(三)成本效益原则

成本效益原则就是在财务管理实践中,任何财务决策都要从投入和产出的对比分析来对投入(成本)的必要性和合理性进行评估,即财务决策的依据是产出(收入)与投入(成本)之比,比值越大则效益越高,相对成本越低;考察一项经济活动是否可行,取决于其产出(收入)是否大于为此发生的一切成本支出,若大于,则该项投入(成本)就是有效益的,即该经济活动就是可接受和可实施的。可见,成本效益原则不是成本的绝对数越低越好,其核心是企业通过一定的投入(成本)能够取得尽可能大的产出(收入),或者在效益一定的条件下最大限度地降低投入(成本)。该原则是财务管理的最基本原则,并贯穿于企业的全部财务活动之中。为此,现代市场经济条件下,企业为追求最大的经济效益,应在各项财务活动中,时时刻刻讲求成本效益原则。

(四) 风险报酬权衡原则

风险报酬权衡原则是指在进行财务决策时,决策者对风险和报酬作出科学的权衡,使所冒的风险与所取得的报酬相匹配,达到趋利避害的目的。风险与报酬之间存在一个对等关系,即"高风险高收益、低风险低收益",要想获得较高的报酬,就必然要冒较大的风险,而如果只承担较低的风险,那就必须放弃更高的收益。然而高风险并不必然带来高收益,有时甚至产生高损失。从而财务管理实践中,风险与报酬之间又总是相互矛盾的,企业为追求较高回报,往往要冒较大的风险,但是风险过大反过来会减弱企业未来的获利能力,而回报过小也会增加企业未来风险。可见,风险与报酬之间的权衡很重要但也很困难,而各项经济活动都存在一定的风险是一个客观现实,为此,企业在各项财务决策中,必须在客观分析自身承受风险能力的前提下,正确权衡风险与报酬,做出与企业现实情况相适应的决策,即努力做到在风险一定的情况下,使报酬达到较高的水平;在回报一定的情况下,将风险维持在较低的水平。

四、财务管理的基本环节

财务管理的基本环节包括:财务预测、财务决策、财务计划、财务控制、财务分析。

从财务管理实践来看,财务管理工作的整个过程包括一系列步骤,而且各个步骤之间紧密相连,需要根据财务管理工作的程序及各部分间的内在关系进行划分,并分别采取有针对性的技术和方法,以使财务管理工作能够有条不紊地高效开展。基于此,财务管理的基本环节可概括为财务预测、财务决策、财务计划、财务控制以及财务分析等。

(一) 财务预测

财务预测是财务人员根据现代企业财务活动的历史资料和其他相关信息,结合现实的要求和条件,运用专门的技术和方法,对企业未来财务活动的发展趋势和未来可能的财务成果作出科学的预计和测算。作为现代财务管理的首要环节,财务预测通过测算各项生产经营方案的经济效益,并结合对财务收支发展变化情况的预计,为企业经营决策提供可靠的依据,从而进一步为编制计划、分解计划指标提供依据。财务预测是进行财务决策的基础,是提高企业管理水平的重要手段,贯穿于各项财务活动之中,如筹资预测、投资预测、成本预测、收入预测以及利润预测等。

财务预测环节主要包括明确预测目标、搜集相关资料、建立预测模型、确定财务预测结果等步骤,其常用的方法包括定性预测方法和定量预测方法。定性的财务预测就是建立在经验判断、逻辑思维和推理的基础上,通过判断各项财务活动及其财务关系的属性,对生产经营方案的经济效益进行预测,常用的方法有专家会议法、综合意见法、德尔菲法、访问、现场观察法以及座谈等。定量的财务预测就是建立在历史数据的内在规律之上，通过分析企业生产经营活动的各项影响因素及其属性的数量关系，并借助数学运算进行预测，常用的方法有时间序列预测法（如算术平均法、加权平均法、移动平均法、指数平均法等）、相关因素预测法（如一元线性回归法、多元线性回归法等）以及概率分析预测法（主要指马尔可夫预测法）等。

（二）财务决策

财务决策是在财务管理的总体目标下，运用相应的技术和方法，对财务预测所提出的各种备选财务方案进行可行性研究，并从中甄别与选择出最佳方案的过程。市场经济条件下，财务决策是整个财务管理的核心，既以财务预测为基础和前提，又是对财务预测结果的分析与选择，是一种多标准的综合决策和复杂过程。财务决策涉及企业经营决策中的资金筹集、投放、营运、分配的时间以及方向、数量等方方面面问题，其科学性直接决定着后续财务计划的合理性、财务控制的有效性和财务分析的有用性，从而影响着企业价值最大化目标的实现。

按照决策所处的条件，财务决策分为确定型、风险型和不确定型三种类型，确定型财务决策是指对未来情况完全掌握、每种方案只有一种结果的事件的决策，常用的方法有优选对比法、数学微分法、线性规划法等。风险型财务决策是指对未来情况不完全掌握、每种方案会出现几种结果，但其概率确定的事件的决策，常用的方法有期望值法、最大可能法、决策树法等；不确定型财务决策指对未来情况完全不掌握，每种方案会出现几种结果，且其概率不能确定的事件的决策，常用的方法有最大最大收益值法、最大最小收益值法、最小最大后悔值法等。

（三）财务计划

财务计划是指运用科学的技术手段与方法，对企业计划期内资金的取得与运用、各项经营收支、财务成果及其分配的规划与安排。作为企业经营计划的重要组成部分，财务计划是财务决策的具体化和数量化，是后续财务控制和财务分析的主要依据和基础，其目的就是形成决策方案及其目标的计划指标，在协调各项计划指标之间相互关系的基础上，在企业内部实行经济责任制，以确保财务管理目标的实现。

财务计划涉及生产、销售、物资供应、劳动工资、设备维修、技术组织等各个方面，其内容主要包括现金流量计划、资本支出计划、利润计划、资产负债计划等。财务计划的编制方式包括固定计划法、弹性计划法、滚动计划法以及零基计划法等。

（四）财务控制

财务控制是指在生产经营活动过程中，运用特定的方法、措施和程序，对企业的资金投入、支出、收益过程和结果进行衡量与校正，在确保企业及其内部机构和人员全面落实和实现财务计划的基础上，达到财务计划的规定与安排，并最终实现企业价值最大化的目标。可见，财务控制是对财务活动中各种价值形式的现金流量进行控制的活动，是落实财务计划的有效措施，并为后续财务分析提供重要依据。

财务控制有多种类型，按功能可以分为预防性控制、纠正性控制、指导性控制和补偿性控制等；按时序可分为事前控制、事中控制和事后控制。而其方式主要包括组织规划控制、授权批准控制、预算控制、实物资产控制、成本控制、风险控制和审计控制等。

(五) 财务分析

财务分析是以企业财务报告信息和其他相关资料为依据,采用一系列专门的分析技术和方法,对企业过去和现在相关财务活动的过程及其成果进行分析与评价,以便为其他管理环节反馈信息的一项工作。借助财务分析,不仅企业自身可以掌握各项财务计划指标的完成情况,并通过总结相关经验来不断改进财务管理工作,还可以为其他相关经济利益主体了解企业过去、评价企业现状、预测企业未来做出正确决策提供准确的信息。

财务分析的基本内容主要有:财务状况分析,如资产配置状况、资产运用效果以及偿债能力等方面的分析;成本费用分析,主要对成本费用的支出水平和构成进行分析;财务成果分析,主要分析企业的获利能力。财务分析的常用方法包括比较分析法(如重要财务指标、会计报表、项目构成等方面的比较)、比率分析法(主要包括构成比率、效率比率和相关比率)、因素分析法(包括连环替代法、差额分析法、指标分解法等)、趋势分析法(包括环比指数法和定基指数法)和逻辑分析法等。

第 2 节　财务报表分析

一、资产负债表

资产负债表是基于会计平衡原则,将合乎会计原则的财务活动的各个交易科目分为"资产"和"负债及所有者权益"两大类,在经过分录、转账、分类账、试算、调整等会计程序后,以特定日期的静态企业情况为基准,编制而成的会计报表,用以表示企业在一个给定时点(一般为会计期末)的财务状况。作为会计上特别重要的财务报表,资产负债表不仅是对企业整体经营状况的展示,还体现了在给定的时点,企业所有者拥有或控制的经济资源、承担的义务以及对净资产的要求权。

资产负债表编制的基础和描述的内容在会计上的准确表述为:

$$资产 \equiv 负债 + 所有者权益$$

上式中用了三横的等号,表示该等式是恒成立的,因为所有者权益被定义为资产与负债之差。图 2-1 展示了资产负债表的基本构成,左边表示企业的资产总价值,右边表示负债和所有者权益总价值。

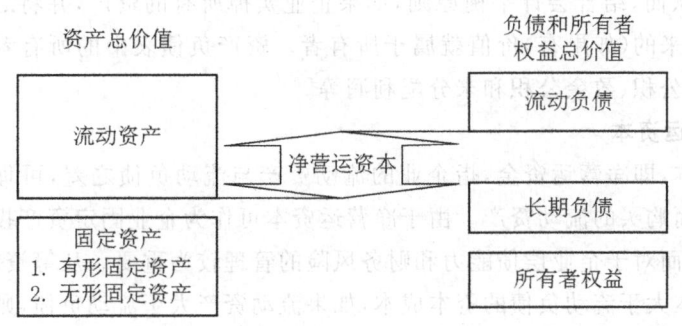

图 2-1　资产负债表的基本构成

（一）资产

资产负债表中的资产体现的是由过去财务活动形成并由企业在某一特定日期所拥有或控制的、预期会给企业带来经济利益的资源。资产的形式很大程度上取决于企业的行业特征和管理行为，管理层会经常对各种经营活动作出决策，比如是持有现金还是购买有价证券、是赊销还是现金销售、是自产还是外包、是租赁还是购买以及业务联系的选择等，都会影响企业资产的构成，但总体上可分为流动资产和固定资产两类。

流动资产是预计在一个正常营业周期内变现、出售或耗用，或者主要为交易目的而持有，或者预计在资产负债表编制之日起一年内（含一年）变现的资产，或者自资产负债表编制之日起一年内交换其他资产或清偿负债的能力不受限制的现金或现金等价物。流动资产主要包括现金、短期有价证券、商业信用、应收账款、存货等。其中，应收账款是指销售商品或提供劳务后应向客户收取而尚未收取的款项（扣除可能发生的坏账），存货包括生产用的原材料、半成品及产成品。

固定资产是指流动资产以外的资产，又可进一步分为有形的固定资产和无形的固定资产两类。有形的固定资产指实物形态的固定资产，主要包括厂房、设备及房产等，这些资产不随企业日常经营活动而转化为现金，也不用于诸如支付工资之类的费用。无形的固定资产指没有实物形态的固定资产，但具有较大的内在价值，如商标、专利、商誉等。

（二）负债

资产负债表中的负债体现的是在某一特定日期企业所承担的、预期会引起经济利益流出企业的现时义务。从而负债通常伴随着固定的现金支付负担，即债务清偿义务，若不能按期支付，则为违约。负债可分为流动负债和长期负债两类。

流动负债与流动资产类似，是预计在一个正常营业周期内清偿，或者主要为交易目的而持有，或者自资产负债表编制之日起一年内（含一年）到期应予以清偿，或者企业无权自主地将清偿推迟至资产负债表编制之日后一年以上的负债。流动负债通常包括短期借款、应付账款、应付票据、预收款项、应付费用、其他应付款等。

长期负债是流动负债以外的负债，通常包括长期借款、应付债券和递延税款等。

（三）所有者权益

资产负债表中的所有者权益是企业（流动与固定）资产总价值扣除（流动与长期）负债总价值之后的剩余总价值，反映所有者（投资者）在某一特定日期对企业拥有的净资产总额的索取权。从而，结合会计平衡原则，如果企业卖掉所有的资产，并将之用于偿还其债务，那么剩余下来的（如果有）价值就属于所有者。资产负债表中的所有者权益一般包括实收资本、资本公积、盈余公积和未分配利润等。

（四）净营运资本

净营运资本，即净营运资金，指企业的流动资产与流动负债之差，可理解为企业通过长期负债融资而购买的流动资产。由于净营运资本可作为企业固定资产投资和债务清偿的资金来源，从而对于企业偿债能力和财务风险的管理较为重要。从筹资的角度来看，由于长期负债成本大于流动负债的资本成本，如果流动资产大于流动负债，则净营运资本为正，此时企业的净营运资本增大将加大企业的总资本成本，从而会减少企业的利润。但与此同时,正的净营运资本表明企业在未来一年内可用的现金超过同期必须支付的现金,从而净营运资本的加大可使企业用长期负债来支持流动资产,以及时清偿流动负债,减少企业无力支付债务的可能性,进而降低了企业的风险,增加了企业的流动性。因此,一个正常运转的企业,其净营运资本一般是正值。

表 2-1 是 A 公司 2017 年简化的资产负债表,表中资产按持续经营的企业的资产正常变现所需时间长短的顺序列示,负债和所有者权益按偿付的先后顺序列示。

表 2-1　2016 年和 2017 年 A 公司资产负债表　　　　　单位:百万元

资产	2017	2016	负债和所有者权益	2017	2016
流动资产			流动负债		
现金及其等价物	145	115	应付账款	217	193
应收账款	290	268	应付票据	48	52
存货	271	286	应计费用	230	225
其他	58	52	流动负债合计	495	470
流动资产合计	764	721			
			长期负债		
固定资产			递延税款	118	110
财产、厂房及设备	1 432	1 282	长期债务	475	462
减:累积折旧	552	471	长期负债合计	593	572
财产、厂房及设备净值	880	811			
无形资产及其他资产	250	226	所有者权益		
固定资产合计	1 130	1 037	优先股	35	35
			普通股(面值 1 元)	58	38
			股本溢价	351	347
			累积留存收益	390	318
			减:库藏股票	28	22
			所有者权益合计	806	716
资产总计	1 894	1 758	负债与所有者权益总计	1 894	1 758

注:库藏股票增加 600 万元,表明公司回购了 600 万元的股票。

正如前文所指出的,资产负债表中的资产结构体现了企业所处的行业、持有现金和存款、信贷政策以及其他管理决策,负债反映了企业有关资本结构和利用短期债务方的管理决策。如,2017 年 A 公司的流动资产总额为 764(单位均为百万元,下同),固定资产总额为 1 130,从而固定资产在总资产中的比重为 1 130/(764+1 130)=59.66%,该百分比反映了 A 公司管理层过去的投资决策。与此同时,长期负债(593)在长期融资(593+806=1 399)的占比 42.39%,体现了 A 公司的融资决策,而流动资产(764)与流动负债(495)之间的差额 269,体现了该公司的营运资本决策。

(五)流动性

流动性是指资产在不发生损失或损失很小的情况下,转变为现金的速度和难易程度。从定义来看,流动性有两个层面的含义:转变的难易程度和损失的价值大小。其实,任何资产都可以迅速地转变为现金,只要价格足够低,但通过把价格降到足够低以变现的资产,其流动性无疑是不高的。因此,那些能很快变现且基本没有发生价值损失的资产,才能称之为高流动性,而那些不通过大幅度降价就无法迅速变现的资产,其流动性肯定是低的。从而,流动性是反映资产变现能力的指标。

对于企业而言,资产的流动性越大,应对清偿短期债务的能力就越强,陷入财务困境的可能性就越小,从而流动性具有价值。不过,流动性管理一直是现代企业面临的重大挑战,因为虽然流动资产的流动性最高,但其盈利能力一般较低,如现金是企业所有资产中流动性最高的,但其有时根本不能赚取报酬。因此,流动性管理对于企业而言,就是要在流动性的优点与因此而丧失的潜在报酬之间进行权衡。

二、利润表

利润表是计量企业在某一会计期间(通常是一个季度或一年)经营成果(利润或亏损)的财务报表,即根据"收入－费用＝利润"的基本关系进行编制,全面记录了企业在特定会计期间实现的收入、产生的费用、成本或支出,以及企业实现的利润或发生的亏损情况,用以评价一个企业的经营成果和投资效率、分析企业的盈利能力以及未来一定时期的盈利趋势。由于企业在某一会计期间的经营成果既可能是盈利,也可能是亏损,所以利润表也称为损益表。

资产负债表反映的是企业某一时点的静态信息,而利润表则记录了某一会计期间企业资源的流动状况,属于动态报表。表 2-2 是 A 公司 2017 年简化的利润表。

利润表通常包括四个部分。首先是经营活动部分,此部分报告了企业主营业务的收入和费用,其中最为关键的指标是息税前利润(EBIT),此指标显示扣除所得税和财务费用之前的利润。其次是非经营活动部分,此部分列示了财务费用,如利息费用。第三是所得税部分,用以计量税务部门对企业利润征收的应纳税额。最后是净利润,净利润是企业所有者可以索取的最大报酬,一般用每股盈余(EPS)表示加以衡量。

表 2-2　A 公司 2017 年度利润表　　　　　　　　　单位:百万元

销售收入	2 246	利息费用	52
销售成本	1 646	税前利润	179
销售费用、一般费用及管理费用	320	所得税(34%)	61
折旧	81	净利润	118
营业利润	199	股利	46
其他利润	32	留存收益	72
息税前利润(EBIT)	231		

如表 2-2 所示,A 公司支付了 0.2 亿元的现金股利,净利润与现金股利之间的差额 0.72 亿元是该年新增的留存收益,并被加到资产负债表的累积留存收益项目之中。结合表 2-1,A 公司 2016 年的累积留存收益应为:3.9－0.72＝3.18(亿元)。

(一)权责发生制

根据"收入－费用＝利润"的基本关系,会计利润的计量包括会计期间收入的确认和成本的核算。其中,收入的确认,不同于收到的现金。根据公认会计原则(GAAP)的权责发生制,收入在实际发生时就记载,而无须现金流入,也就是说,企业为获取收入而必须提供的货物或服务已经实质上完成、并且该货物或服务的价值已知或能够被可靠的确定,收入就应在利润表中确认。从而在利润表的编制实务中,何时收到现金并不那么重要,重要的是何时完成销售,即收入在销售时便已实现了,无须客户的实际付款。从而同样价值的货物或商品,无论是采用赊销的方式,还是采用钱货两清的方式,对于企业利润表中收入的确认是没有区别的。

类似地,成本费用的确认在利润表中按照配比原则进行。其基本思想是,利润的计量,首先确定前述的收入额,然后将收入与相关的成本费用相配比。从而,企业在完成货物或商品销售,收入当即实现,而与销售此货物或商品相关的成本费用也同时进行确认,即实际的现金流出(成本费用支出)可能发生在其他时间。

从而,利润表中关于收入和费用的确认方法,使得表中所列示的数据可能并不完全表明实际的现金流入和流出发生在利润表给定的会计期间。

(二)非现金项目

在权责发生制和配比原则下,利润表的编制并不考虑现金流量,而且利润表中还包含不影响现金流量的非现金项目,最重要的非现金项目当属"折旧"。假设某企业新购置了1 000万元的设备,以现金支付,预计该设备的使用寿命为5年。很显然,在购买时企业有1 000万元的现金流出,如果会计师将此成本全部确认为当年费用,会导致企业当年的利润因此成本而大幅减少,而在随后的4年里,该设备的使用会产生收入,但无须确认成本,其后的盈利又会大幅度提升。从而,若将一项长期资产的全部成本确认为当年的费用,会明显地歪曲企业相应年份的会计利润。由此,会计师并不把这1 000万元全部记为当年费用,而是可能在此设备预计的寿命期5年内,以折旧的方式对其进行摊销。

一般而言,对资产成本在其使用寿命期内进行分摊有两种方法:直线折旧法和加速折旧法。直线折旧法就是每年都提取等额的折旧,直至为0(或扣除残值之后),那么每年提取1 000/5=200万元作为每年的成本费用。对于此成本的确认,重要的是提取的这200万元并不是现金,而只是一个会计数字,其实际的现金流出均发生在以现金的形式购买该资产的时候。类似地,加速折旧法是在长期资产的使用早期多提取折旧、使用后期少提取折旧。这意味着,此方法并不改变折旧的提取总额,只是改变了确认成本的时间,但一般会低估企业当前的利润。

可见,计提折旧只是配比原则在会计上的一个应用,即如果一项资产的收入发生在较长的时间内,会计师一般会将该资产的支出与其带来的收入相配比,从而可以实现润滑企业利润的目的。

三、现金流量表

现金流量表是记录一定时期(如月度、季度或年度)内,企业的现金及其等价物增减变动的财务报表,并将每一个现金来源和现金运用分归于三大项:来自经营活动的现金流量、来自投资活动的现金流量和来自筹资活动的现金流量。现金流量表刻画了资产负债表中各个项目对现金流入流出的影响,可用于分析企业在短期内有没有足够的现金去应付开销,从而体现企业的经营是否健康及其短期生存能力。现金流量表同资产负债表、利润表一起,被称为三大财务报表。

由表2-1可知,A公司2016年的现金为1.15亿元,2017年为1.45亿元,净增加额为300万元。接下来我们根据经营活动、投资活动和筹资活动产生的现金流量,来分析这一变化,并最终编制完整的现金流量表。

(一)来自经营活动的现金流量

我们首先从净利润开始分析经营活动产生的现金流量。由表2-2可知,2017年A公司的净利润是1.18亿元,在此基础上,加上非现金项目,并根据流动资产(不包括现金)和流动负债(不包括应付票据)的变化进行调整,就可以得到来自经营活动的现金流量,如表2-3所示。

表2-3　A公司经营活动产生的现金流量2017　　　　单位:百万元

净利润	118	存货	15
折旧	81	应付账款	24
递延税款	8	应计费用	5
资产和负债的变动		其他	-6
应收账款	-22	经营活动产生的现金流量	223

(二)来自投资活动的现金流量

来自投资活动的现金流量产生于资本性资产的变化,即固定资产的获得和固定资产的出售。A公司于2017年为配合新项目的开展与运行,建造厂房及购买相应专用设备,花费2.02亿元现金,同时出售一仓库获得0.28亿元现金。从而,A公司有关投资活动的现金流量如表2-4所示。

表2-4　A公司投资活动产生的现金流量2017　　　　单位:百万元

固定资产的获得	-202	投资活动产生的现金流量	-174
固定资产的出售	28		

(三)来自筹资活动的现金流量

来自筹资活动的现金流量涉及债权人和所有者。其中到期债务的清偿和新发行长期债券来自资产负债表的附注,其他项目的现金流量来自资产负债表和利润表。A公司有关筹资活动的现金流量如表2-5所示。

表2-5　A公司筹资活动产生的现金流量2017　　　　单位:百万元

到期债务(包括票据)的本金	-70	股票回购	-6
发行长期债券	83	新股发行	24
应付票据的变动	-4	筹资活动产生的现金流量	-19
股利	-46		

至此,将上述三项活动产生的现金流量进行归集,就得到A公司资产负债表中现金

的变动额 3 000 万元，同时完整的现金流量表如表 2-6 所示。

表 2-6　A 公司 2017 年度现金流量表　　　　　　　单位：百万元

年初现金		115	固定资产的获得	−202
经营活动			固定资产的出售	28
净利润		118	来自投资活动的现金流量	−174
折旧		81	筹资活动	
递延税款		8	到期债务（包括票据）的本金	−70
资产和负债的变动			发行长期债券	83
应收账款		−22	应付票据的变动	−4
存货		15	股利	−46
应付账款		24	股票回购	−6
应计费用		5	新股发行	24
其他		−6	来自筹资活动的现金流量	−19
来自经营活动的现金流量		223	现金流量净增额	30
投资活动			年末现金	145

四、分析方法

之所以要对财务报表进行分析，就是因为报表中的项目及其数字可以向企业内部和外部相关经济主体提供重要的财务信息，从而为其相关决策提供依据。不过报表本身只显示了最为基本的原始财务信息，并没有给报表使用者进行决策提供更为有效、更深层次的财务信息，从而需要采取一定的方法加以进一步分析。

（一）报表的标准化

当看到某一公司的财务报表时，我们需要利用报表中的财务信息进行横纵向比较，如果没有掌握下文介绍的相关财务比率，有一种相对而言比较简单的方法，那就是用百分比来标准化财务报表——同比报表，如用资产的百分比来表示资产负债表中的所有项目——同比资产负债表，用销售收入的百分比来表示利润表中的所有项目——同比利润表。

就同比资产负债表而言，用资产总额的百分比表示各个项目来编制，只是同比报表的方式之一，还可以采用其他指标作为百分比的标准。接下来，我们按照资产的百分比来编制 A 公司 2016 年和 2017 年的同比资产负债表，如表 2-7 所示。

表 2-7　A 公司 2016 年和 2017 年的同比资产负债表　　　　　　单位：%

资产	2017	2016	负债和所有者权益	2017	2016
流动资产			流动负债		
现金及其等价物	7.7	6.5	应付账款	11.5	11.0
应收账款	15.3	15.2	应付票据	2.5	3.0
存货	14.3	16.3	应计费用	12.1	12.8
其他	3.1	3.0	流动负债合计	26.1	26.7
流动资产合计	40.3	41.0			

资产	2017	2016	负债和所有者权益	2017	2016
			长期负债		
固定资产			递延税款	6.2	6.3
财产、厂房及设备	75.6	72.9	长期债务	25.1	26.3
减：累积折旧	29.1	26.8	长期负债合计	31.3	32.5
财产、厂房及设备净值	46.5	46.1			
无形资产及其他资产	13.2	12.9	所有者权益		
固定资产合计	59.7	59.0	优先股	1.8	2.0
			普通股(面值1元)	3.1	2.2
			股本溢价	18.5	19.7
			累积留存收益	20.6	18.1
			减：库藏股票	1.5	1.3
			所有者权益合计	42.6	40.7
资产总计	100	100	负债与所有者权益总计	100	100

以同比报表的方式来呈现原始财务报表,使得相关财务信息显现得更为直观,从而容易阅读和比较。从表 2-7 中,我们很容易就知道流动资产占资产总额的比重从 2016 年的 41% 降低到 2017 年的 40.3%,流动负债占负债与所有者权益总额的比重在同期则由 26.7% 下降到 26.1%,而权益总额占负债与所有者权益总额的比重则由 40.7% 上升到 42.6%。

总体而言,根据流动资产和流动负债的对比来看,A 公司的流动性在 2017 年相对稳定,从负债占总资产的比重来看,负债程度有所降低。这些表明 A 公司的资产负债表在 2017 年"稳中有升"。

类似地,用销售收入的百分比来编制 A 公司的同比利润表,如表 2-8 所示。

该表表明了销售收入中的每一元所代表的含义。对 A 公司而言,每 1 元的销售收入中,有 0.023 元用于利息费用的支出,交税要花费 0.027 元,最后只有 0.053 元的净利润,这个金额被分割成两部分,其中 0.032 元留存企业,而另外的 0.021 元作为股利支付给股东。

表 2-8 A 公司 2017 年度同比利润表　　　　　　　　　　　单位:%

销售收入	100	利息费用	2.3
销售成本	73.3	税前利润	8.0
销售费用、一般费用及管理费用	14.2	所得税(34%)	2.7
折旧	3.6	净利润	5.3
营业利润	8.9	股利	2.1
其他利润	1.4	留存收益	3.2
息税前利润(EBIT)	10.3		

这个同比利润表在对比中非常有用,如其中的成本百分比表明,A 公司每 1 元的销售收入中的 0.733 元用于销货成本的支出,若能获悉主要竞争对手的该项指标,便能看出 A

公司在成本方面的控制能力,这将使得该指标更具有应用价值。

(二) 比率分析

报表的标准化方法为我们分析原始财务报表提供了一种既简单又实用的工具,但深层次地挖掘相关财务信息,同比报表还远远不够,我们需要构造相应财务比率指标来刻画企业的经营状况或业绩。

按照传统的分类方法,财务比率主要从短期偿债能力、长期偿债能力、营运能力、盈利能力以及市场价值等方面进行构造。

1. 短期偿债能力

短期偿债能力指标,也称为流动性指标,主要是一组反映企业流动性信息的财务比率,用以衡量企业偿还短期债务的能力,尤其是流动资产变现能力的重要标志。短期偿债能力不足,不仅会影响企业的资信,从而增加今后筹资的成本与难度,还可能使企业陷入财务危机,甚至破产。一般来说,企业应该以流动资产偿还流动负债,而不应靠变卖长期资产,所以用流动资产与流动负债的数量关系来衡量短期偿债能力,衡量指标主要包括流动比率、速动比率和现金比率。

(1) 流动比率,又称营运资金比率或流动资金比率,是指流动资产与流动负债之间的比率,即企业每元流动负债有多少流动资产作为偿还的保证。流动比率是衡量短期偿债能力最通用的比率,它表明流动资产在短期债务到期前,可以变为现金用于偿还流动负债的能力。其计算公式为:

$$流动比率 = 流动资产 \div 流动负债$$

A 公司 2017 年的流动比率为:

$$流动比率 = 764 \div 495 = 1.54(倍)$$

A 公司的流动比率表明,相对于每 1 元的流动负债,A 公司有 1.54 元的流动资产作为偿还的保证,或者 A 公司的流动负债覆盖率为 1.54 倍。

一般而言,流动比率越高,反映企业短期偿债能力越强,从而债权人的风险越小,但过高的流动比率也并不一定就是好现象,因为这可能是公司流动资产的运用效率低下所致,如库存材料积压或产成品滞销。理论上,流动比率维持在 2 倍关系是比较合理的。但是,由于行业性质不同,流动比率的实际标准也不同。

(2) 速动比率,又称酸性测试比率,是指速动资产与流动负债之间的比率。其中速动资产,是指最具流动性的那部分流动资产,一般指除存货之外的流动资产。速动比率是对流动比率的补充,反映了企业的短期清算能力。其计算公式为:

$$速动比率 = 速动资产 \div 流动负债$$

A 公司 2017 年的速动比率为:

$$速动比率 = (764 - 271) \div 495 \approx 0.99(倍)$$

A 公司的速动比率表明,相对于每 1 元的流动负债,A 公司有 0.99 元易于变现的流动资产来抵偿。由于 A 公司的存货占流动资产的比重超过 1/3,从而其速动比率与流动比率所提供的信息存在明显的差异。

一般而言,速动比率越高,说明企业的清算能力越强,从而偿还债务越有保障;反之,则越弱。当然,速动比率也不是越高越好,因为速动比率过高,意味着企业在速动资产上占用资金过多,从而会增加企业投资的机会成本。传统经验认为,速动比率维持在1倍的关系较为正常,即短期偿债能力有可靠的保证。

(3) 现金比率,是指现金与流动负债之间的比率。现金比率是从流动性最高的流动资产角度来反映企业当期偿还短期负债的能力。其计算公式为:

$$现金比率 = 现金 \div 流动负债$$

A公司2017年的现金比率为:

$$现金比率 = 145 \div 495 \approx 0.29(倍)$$

该指标是从现金的角度对企业的实际偿债能力进行考察。该指标越大,表明企业持有的现金越多,越能够保障企业按时偿还到期债务,同样也不是越大越好,太大则表示企业流动资金利用不充分,收益能力不强。

2. 长期偿债能力

长期偿债能力指标主要是一组反映企业财务状况稳定状态及安全程度的财务比率,用以衡量企业偿还长期负债的能力。一般而言,企业的长期负债主要是用于长期投资,因而最好是用投资产生的收益偿还利息与本金。衡量指标以负债比率和利息保障倍数两项为主。

(1) 负债比率,又称财务杠杆,是指企业的负债总额与资产总额的比率,衡量了债权人提供的资金在企业资产总额中所占的比重,以及企业资产对债权人权益的保障程度。其计算公式为:

$$负债比率 = 负债总额 \div 资产总额$$

结合表2-1,A公司2017年的负债比率为0.57倍,即A公司每1元的资产中有0.57元来自负债,也即有0.43元来自权益。至于该比率到底处于什么水平,或者有没有什么影响,取决于资本结构是否影响企业价值的论断。

一般而言,负债比率越高,债权人所受的保障就越低。但这并不意味着负债比率越低越好,因为一定的负债表明企业的管理者能够有效地运用股东的资金。无论如何,企业的负债比率应控制在一个合理的水平,保持与企业的实际运营和需要相一致。

(2) 利息保障倍数,又称为利息保障率,是指企业息税前利润(EBIT)与利息费用之间的比率,用以衡量企业偿付负债利息能力的指标。其计算公式为:

$$利息保障倍数 = 息税前利润 \div 利息费用$$

结合表2-2,A公司2017年的利息保障倍数为4.44倍,表明A公司对利息的覆盖率为4.44倍。

一般地,利息保障倍数越高,企业支付利息费用的能力越强,而越低,说明企业及时足额地支付负债利息的能力也越低。关于利息保障倍数的合理范围,需要结合企业所处的行业、同业的比较等方面综合考虑,一般情况下,利息保障倍数不能低于1。

3. 营运能力

营运能力指标是一组反映企业各项资产周转速度的财务比率,用以衡量企业资产利用的效率,从而可以用以分析企业管理层管理水平和资产的运用能力。总体而言,周转速度越快,企业的各项资产进入生产、销售等经营环节的速度就越快,从而形成收入和利润的周期就越短,经营效率自然就越高。衡量指标主要包括存款、应收账款和总资产等资产周转速度。

(1) 存货周转率,又称存货周转次数,是企业一定时期内的主营业务成本与存货平均余额的比率,它是反映企业的存货周转速度和销货能力的一项指标,也是衡量企业生产经营中存货营运效率的一项综合性指标。其计算公式为:

$$存货周转率=销售成本\div 存货$$

根据前述报表,A公司2017年的存货周转率为6.1(=1 646÷271),即公司的每年出售存货6.1次或存货周转6.1次。一般而言,存货周转率越高,表明其变现的速度越快,资金占用水平越低,从而企业的变现能力以及资金使用效率就越好。

相似地,我们也可将存货周转率转换成平均的存货周转天数:

$$存货周转天数=365\div 存货周转率$$

根据A公司2017年的存货周转率,其存货在出售之前平均存在了60天,或者A公司要花费60天才能把目前的存货销售出去。

(2) 应收账款周转率,又称应收款项周转次数,是企业一定时期内商品或产品销售收入与应收账款的比率,反映了企业收回销售收入的快慢程度。其计算公式为:

$$应收账款周转率=销售收入\div 应收账款$$

从而,A公司在2017年共计7.7次收回赊账货款之后又重新将之赊借出去。一般而言,应收账款周转率越高,企业的资产流动性越强,并可减少收账费用和坏账损失,从而经营效率越高。

同样地,可将应收账款周转率转换成应收账款周转天数:

$$应收账款周转率=365\div 应收账款周转率$$

根据2017年的应收账款周转率,A公司收回赊账账款的平均时间为48天,也表明目前还有相当于48天的销售收入未收回。

(3) 总资产周转率是企业销售收入与资产总额的比率,用来反映企业全部资产的利用效率。其计算公式为:

$$总资产周转率=销售收入\div 资产总额$$

A公司2017年的总资产周转率1.19次,表明其每1元的资产产生了1.19元的销售收入。一般而言,总资产周转率越高,全部资产的经营效率越高,取得的收入越多,反之则反是。企业应采取各项措施来提高企业的资产利用效率,如提高销售收入或处理多余的资产。

4. 盈利能力

盈利能力指标是一组反映企业收益数额大小和水平高低的财务比率，其焦点是企业的净利润，用以衡量企业利用资产的效率和管理经营业务的效率。此类指标是各方面关心的核心，也是企业成败的关键，只有长期盈利，企业才能真正做到持续经营。在实际分析过程中，应将连续几年的指标加以比较，并对其盈利能力的趋势作出评价。衡量指标主要包括营业利润率、净利润率、资产报酬率以及权益报酬率等。

（1）营业利润率是企业的营业利润与销售收入的比率。通过考察营业利润占整个利润总额比重的升降，可以反映企业经营理财状况的稳定性、面临的危险或可能出现的转机迹象等。其计算公式为：

$$营业利润率 = 营业利润 \div 销售收入$$

A公司2017年的营业利润率为8.86%，即公司从每1元的销售收入中获得了近9分的营业利润。一般而言，该指标越大，说明企业经营活动的盈利水平越高。

（2）净利润率是企业净利润与销售收入的比率，反映了企业综合的获利能力。其计算公式为：

$$净利润率 = 净利润 \div 销售收入$$

A公司2017年的净利润率为5.25%，即公司从每1元的销售收入中获得了超过5分的净利润。一般而言，该指标越大，说明企业获利能力越强。

（3）资产报酬率是企业净利润与平均资产总额的比率，反映了股东和债权人共同投入资金的盈利能力。其计算公式为：

$$资产报酬率 = 净利润 \div 资产总额$$

A公司2017年的资产报酬率为6.23%，即公司每1元的资产所带来的净利润超过6分。一般而言，该指标越大，说明企业资产综合利用的效果越好。

（4）权益报酬率，又称净资产收益率，是企业一定时期内的净利润与所有者权益的比率，反映了企业自有资本获取净利润的能力，是评价企业资本经营效率的核心指标。其计算公式为：

$$权益报酬率 = 净利润 \div 所有者权益$$

A公司2017年的权益报酬率为14.64%，即公司每1元权益能够产生近1角5分的盈利。一般而言，该指标越大，说明企业自由资金的盈利能力越高。

第3节 货币的时间价值

货币的时间价值，是前述财务管理目标确定的重要依据，同时也是财务管理的基本原则之一。这一客观事实，使得我们不仅不能将不同日期的现金流量进行加总，也不能对不同日期的现金流量进行比较。而企业或投资者的每一项投融资决策都会涉及不同时间现金流量价值的比较，从而我们必须利用现值、复利、终值以及贴现的概念。

第3节 货币的时间价值

一、终值与复利

终值(future value,FV)是指在利率已知的前提下,一笔货币资金经过一段时间的投资能够增长到的数额或价值,即一项投资在未来某个时点的价值。我们从易到难对此概念进行介绍,即先介绍单期投资,再介绍多期投资的情形。

(一) 单期情形

为方便起见,此处的单期特指1年。假设你有100元闲置资金,预计1年后才需要使用,此刻你会思考如何运用这100元资金。很明显,持有现金是不明智的,因为持有现金,其数量在1年后并不会发生变化,而最简单地方式——存入银行,1年后至少还可以获得一些利息收入。因此,你决定把这笔资金以1年期定期存款的方式存入银行,年利率为10%,其中这100元就称为本金(principal)。1年到期后,你除了将从银行获得本金100元之外,还将获得10元的利息,即你银行账户余额将是110元。从而,这110元就是在利率为10%的情况下,当前100元投资1年的终值。该过程可用下式来表示:

$$100+0.1\times100=100\times(1+0.1)=110(元)$$
本金 利息   终值

在此基础上,假设年利率为i,每增加1元投资,期限为1期(或1年),那么到期将收回$1*(1+i)$元。在本例中,i为10%,因此你每1元的投资,在1年后都将增长到1.1元,从而当前100元的投资在1年后将收回110元。

(二) 多期情形

实际生活中,多期情形更为常见,我们以最简单的多期——两期来承接上文。假设在年利率为10%始终不变的情况下,你原先100元的闲置资金要等到2年后才会使用,为简单起见,你仍然以1年期定期存款的方式存入银行,那么2年后,你银行账户余额将是多少呢?根据单期情形的介绍,100元的闲置资金在第1年年末将收回110元,此时这笔资金仍将闲置1年,从而你会继续将这110元以1年期定期存款的方式存入银行,从而1年后你将得到110元的本金和$110*0.1=11$元的利息,总共$110+11=121$元的资金,也即$110*1.1=121$元。类似地,这121元就是在利率为10%的情况下,当前100元投资2年的终值。该过程可表示为:

第一年末:$100\times(1+0.1)=100+10=110(元)$

第二年末:$110\times(1+0.1)=(100+10)\times(1+0.1)$
$=100+10+10+1$
$=121(元)$

两年期:$100\times(1+0.1)\times(1+0.1)=100\times(1+0.1)^2=121(元)$

可见,上述投资所得121元分为4个部分:100元的本金、第1年的利息10元、第2年的利息10元、第1年的利息10元在第2年产生的利息1元。其中对利息再投资的过程称为复利过程,也就是通常所说的"利滚利",利息的投资所得即为复利。因而,这里的终值又称为复利值。与此对应,如果多期投资中,不对利息进行再投资,每一期只获得最初本金的利息,称为单利。

更为一般地,对两年期的投资过程进行扩展,即如果年利率为 i,1 元的投资,n 期后,终值可表示为:

$$FV_n = 1 \times (1+i)^n$$

其中,$(1+i)^n$ 称为终值系数,可简写为 $FVIF(i, n)$。

从而,

$$\begin{aligned} FV_n &= 1 \times (1+i)^n \\ &= 1 \times FVIF(i, n) \end{aligned}$$

从而,100 元投资 5 年,年利率为 10%,那么期满价值是多少呢?首先我们需要计算出相应的终值系数 $FVIF(10\%, 5)$:

$$FVIF(10\%, 5) = (1 + 0.1)^5 = 1.6105$$

那么,100 元 5 年的终值为:

$$100 \times FVIF(10\%, 5) = 100 \times 1.6105 = 161.05(元)$$

具体地,我们可以将 100 元 5 年的终值计算过程如表 2-9 所示。

表 2-9　100 元 5 年期的复利过程　　　　　　　　　　单位:元

年份	年初金额	单利	复利	复利利息	年末金额
1	100.00	10	0.00	10.00	110.00
2	110.00	10	1.00	11.00	121.00
3	121.00	10	2.10	12.10	133.10
4	133.10	10	3.31	13.31	146.41
5	146.41	10	4.64	14.64	161.05
总计		50	11.05	61.05	

表 2-9 显示,按照单利计算 100 元 5 年期的投资利息所得为 50 元,而按照复利计算其投资利息所得为 61.05 元,两者的差额 11.05 元即为复利。此外,单利是固定的,而复利是逐年增加的,因为随着时间的推移,有越来越多的利息参与计息。

二、现值与贴现

与终值对应的一个概念是现值(present value,PV),即终值的逆过程,就是未来一笔资金现在的价值。在给定的利率水平下,求出未来资金在现在价值的过程,称为贴现(discount)。类似地,我们先介绍单期情形,再介绍多期情形。

(一) 单期现值

单期终值过程中,如果年利率为 10%,那么现在 100 元的闲置资金投资 1 年的终值是 110 元。其逆过程即是:在 10% 的年利率下,1 年后的 100 元在当前的价值是多少?或者说,要想 1 年后获得 100 元资金,现在该投资多少?此问题中,我们知道终值是 100 元,需要知道其现在的价值——现值。终值过程告诉我们,现在的投资,在 10% 的年利率下,1

年后将变成 1.1 倍,即:

$$现值 \times 1.1 = 100(元)$$
$$现值 = 100/1.1 = 100/(1+0.1) \approx 90.909(元)$$

可见,为使 1 年后我们银行账户的余额为 100 元,我们现在就要进行 90.909 元的 1 年期定期存款,这就是通过贴现求现值。

在此基础上,假设年利率为 i,1 年后的 1 元现值为:

$$PV = 1/(1+i) = 1 \times [1/(1+i)]$$

其中,i 在现值的求解过程中称为贴现率。

(二) 多期现值

我们可以单期情形进行扩展。假定 2 年后你需要 100 元,在年利率为 10% 的情况下,你必须投资多少资金才能保证当你需要这 100 元的时候有足够的资金?或者,2 年后的 100 元,其现值是多少?根据多期终值的计算过程:

$$100 = PV \times (1+0.1)^2 = PV \times 1.21$$

进而,现值为:

$$PV = 100/(1+0.1)^2 = 100/1.21 = 82.64(元)$$

从而,为使 2 年后获得 100 元,现在必须投入 82.64 元的资金方可满足需要。

通过上面的分析,现值的计算过程与终值相似,两者互为逆过程。所以,在贴现率为 i,n 期后收到 1 元的现值是:

$$PV = 1 \times [1/(1+i)^n] = 1/(1+i)^n$$

其中,$1/(1+i)^n$ 称为现值系数,可简写为 $PVIF(i, n)$,从而,

$$PV = 1 \times [1/(1+i)^n]$$
$$= 1 \times PVIF(i, n)$$

从而,5 年后你需要 100 元,年利率为 10%,那么你今天必须投资多少呢?首先我们需要计算出相应的现值系数 $PVIF(10\%, 5)$:

$$PVIF(10\%, 5) = 1/(1+0.1)^5 \approx 0.6209$$

那么,你必须投资:

$$100 \times PVIF(10\%, 5) = 100 \times 0.6209 = 62.09(元)$$

上述 62.09 元就是在贴现率为 10% 的前提下,5 年后 100 元的现值或贴现值。

三、多期现金流量的终值与现值

上述终值和现值都是关于单一现金流量的问题,即一个现金流量在未来的终值或一个未来的现金流量在当前的现值,接下来我们将之拓展至多期现金流量,并仍然从终值的介绍开始。

(一)终值

我们以简单的 2 期现金流量开始分析。假设在年利率为 10% 的情形下,现在你在银行存入 100 元,1 年后利率不变,你再存入 100 元,那么 2 年后你的账户余额将是多少?有两种方法可以运用:累积年初余额向前复利 1 年和每期现金流量的终值加总。

首先看第一种方法。当前存入 100 元的现金流量,那么第 1 年年末,你的账户余额为 110 元,加上第 2 年年初 100 元现金流量的新存款,第 2 年年初的账户余额为 210 元,并继续一起再存 1 年,那么第 2 年年末的账户余额或终值为:

$$210 \times 1.1 = 231 (元)$$

从而,这 231 元表示未来两年内,每年年初投资 100 元,第 2 年年末的终值。

其次看第二种方法。现在 100 元的存款第 2 年年末的终值为:

$$100 \times 1.1^2 = 100 \times 1.21 = 121 (元)$$

第 2 年年初 100 元的新存款在第 2 年年末的终值为:

$$100 \times 1.1 = 110 (元)$$

两项之和为:

$$121 + 110 = 231 (元)$$

可见,两种方法得到的结果完全相同,而且第二种方法的计算相对更加便捷。所以,下面仅以第二种方法,并结合图例介绍 5 期的情形。假设在年利率为 10% 的情形下,未来 5 年每年年初投资 100 元的终值。投资与终值计算过程如图 2-2 所示。

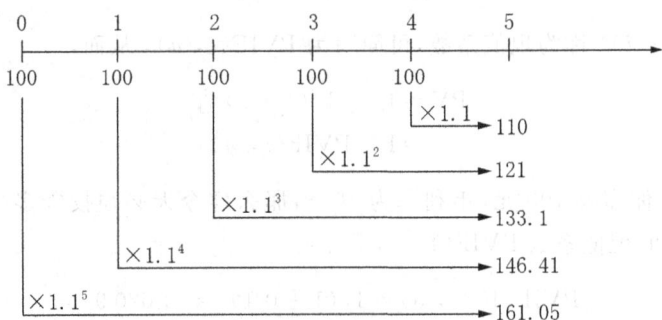

图 2-2 投资与终值计算过程

图 2-2 显示,0 时刻即第 1 年年初的 100 元投资,可以赚取此后 5 年的利息,1 时刻即第 2 年年初的 100 元投资,可以赚取此后 4 年的利息,以此类推,直到 4 时刻即第 5 年年初的 100 元投资,可以赚取最后 1 年的利息。最终将 5 笔投资在第 5 年年末的终值价值加总,即得该 5 年期每年年初投资 100 元的终值为 671.56 元。

(二)现值

我们遇到更多的情形是,要将未来一系列现金流量换算成现值,这同上述求终值的过程类似,只要将每一期现金流量的现值加总起来即可。

假设1年后你需要100元,2年后需要200元,在年利率为10%的前提下,你现在需要存入银行多少资金?解答这一问题,就是确定这两笔现金流量的现值。从而,在贴现率为10%的条件下,1年后100元的现值为:

$$100/1.1 \approx 90.909(元)$$

2年后200元的现值为:

$$200/1.1^2 \approx 165.289(元)$$

从而现在必须存入256.198元才可满足未来2年现金流出的要求。为验证该答案,我们首先将256.198元存入银行,1年后其账户余额为:

$$256.198 \times 1.1 = 281.818(元)$$

将其中的100元取出使用后,还剩181.818,这笔资金继续存1年,第2年末账户余额为:

$$181.818 \times 1.1 = 200(元)$$

这笔资金刚好满足第2年关于资金的需求。

下面继续运用此种方法,并结合图例介绍5年期的情形。假设在贴现率为10%的情形下,未来5年每年年末都需要100元用于开支的现值。现值计算过程如图2-3所示。

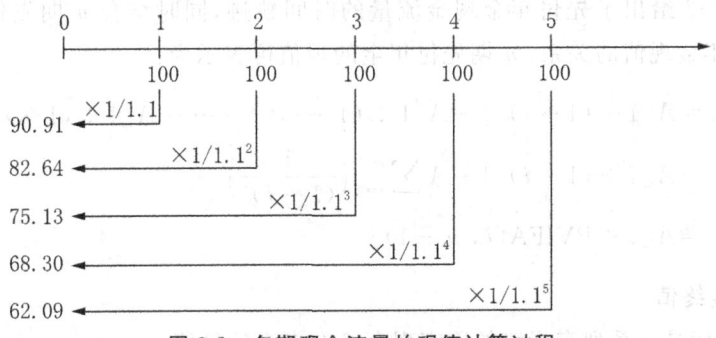

图2-3 多期现金流量的现值计算过程

图2-3显示,将未来5笔现金流出的现值加总,即得该5年期每年年末支出100元的现值为379.07元。

四、年金与永续年金

正如上述情况,生活中普遍的情形是多期现金流量,而且每一期金额都一样的情形更为常见。这种稳定的、有规律的、持续多期的现金流量收付活动称为年金。年金是一种最为常见的资金收付活动,如养老金、消费信贷、按揭贷款以及租赁等,都在确定的某段时期内,以每期固定的金额进行收或付,它是多期现金流量的一个特例,而且在财务安排上也非常普遍。从而,我们借助上文的思路,介绍年金价值的确定。

(一) 年金现值

从付款方式来看,年金可分为后付年金和先付年金,其中后付年金最为常见,是现金流量发生在每期期末,又称为普通年金;先付年金是现金流量发生在每期期初。

首先看后付年金现值的计算。假设有一笔 400 元的贷款额,银行要求借款者为之在未来 5 年,每年年末偿还 100 元,那么在利率为 10% 的前提下,你是否愿意接受此贷款? 这就是一个年金问题,而回答这一问题,只要求出未来 5 年支出额的现值即可,也就是求出年金现值。该问题已由图 2-3 解答了,其年金现值就是 379.07 元。这意味着,为此刻获得 400 元,未来支出在现值的价值为 379.07 元,收入大于支出,何乐而不为呢?! 从而,如果你清楚这一过程,你必然会接受这笔贷款。

根据以上内容,假设 A 表示每期期末现金流量额度,i 为年利率,n 为持续期数,那么后付年金现值 PVA_n 可表示为:

$$PVA_n = A[1 \div (1+i)^1] + A[1 \div (1+i)^2] + \cdots + A[1 \div (1+i)^n]$$
$$= A \sum_{t=1}^{n} \left(\frac{1}{(1+i)^t} \right)$$

其中,$\sum_{t=1}^{n} \left(\frac{1}{(1+i)^t} \right)$ 称为年金现值系数,并简写为 $PVIFA(i, n)$,从而后付年金现值可表示为:

$$PVA_n = A \times PVIFA(i, n)$$

其次,图 2-2 给出了先付年金现金流量的时间轨迹,同时结合 n 期先付年金现值与 $n-1$ 期后付年金现值的关系,n 期先付年金的现值可表示为:

$$PVA_n = A[1 \div (1+i)^0] + A[1 \div (1+i)^1] + \cdots + A[1 \div (1+i)^{n-1}]$$
$$= A[1 \div (1+i)^0] + A \sum_{t=1}^{n-1} \left(\frac{1}{(1+i)^t} \right)$$
$$= A[1 + PVIFA(i, n-1)]$$

(二) 年金终值

年金终值就是一系列有规律的固定现金流在未来的价值。

首先,关于后付年金的现金流时间轴由图 2-3 给出,同时结合多期现金流量的终值计算过程,后付年金终值 FVA_n 可表示为:

$$FVA_n = A(1+i)^{n-1} + A(1+i)^{n-2} + \cdots + A(1+i)^0$$
$$= A \sum_{t=1}^{n} [(1+i)^{t-1}]$$

其中,$\sum_{t=1}^{n} [(1+i)^{t-1}]$ 称为年金终值系数,并简写为 $FVIFA(i, n)$,从而后付年金终值也可表示为:

$$FVA_n = A \times FVIFA(i, n)$$

其次,关于先付年金的现金流时间轴由图 2-2 给出,同时结合 n 期先付年金终值与 $n+1$ 期后付年金终值的关系,n 期先付年金的终值可表示为:

$$FVA_n = A(1+i)^n + A(1+i)^{n-1} + \cdots + A(1+i)^1$$
$$= A(1+i)^n + A(1+i)^{n-1} + \cdots + A(1+i)^0 - A(1+i)^0$$
$$= A \times \text{FVIFA}(i, n+1) - A(1+i)^0$$
$$= A[\text{FVIFA}(i, n+1) - 1]$$

(三) 永续年金

从上面的介绍可知，年金就是指一系列一定期限内有规律、固定的现金流量，而且还有可能无限期地持续下去，这称为永续年金。永续年金的一个例子就是由英国政府在18世纪发行的统一公债或永续公债，即没有到期日，但定期发放固定利息的一种特殊债券。由于没有到期日，从而永续年金不存在终值，且现金流量都发生在各期期末，从而永续年金的现值 V_0 可表示为：

$$V_0 = A[1 \div (1+i)^1] + A[1 \div (1+i)^2] + \cdots$$
$$= A \sum_{t=1}^{\infty} \left(\frac{1}{(1+i)^t}\right)$$
$$= A/i$$

比如一支统一公债，年末付息，其面值为 1 000 元，票面利率为 10%，即每期利息为 100 元，那么其投资价值是多少呢？这就可以运用永续年金的现值来确定：

$$V_0 = 100/0.1 = 1\ 000 (元)$$

综合案例 ▶ 步步高财务管理体系转型决策的选择

一、步步高集团之财务困境

步步高商业连锁股份有限公司于 1995 年 3 月正式创立于湖南湘潭，以湖南为核心区域，以百货类购物中心业态与超市业态相结合，重点开拓湖南省内的中小城市以及周边三、四线城市。2008 年 6 月 19 日，步步高商业连锁股份有限公司登陆深交所，成为首家中国民营连锁超市企业上市公司。步步高的发展历程从立足于实体零售到引入电商平台，以密集式开店、多业态、跨区域以及基于智慧零售的全渠道零售服务为发展战略，已然成为湖湘及周边一带的龙头零售企业。

步步高的财务管理体系是"双层式金字塔型"。步步高现有的组织将财务管理中心设在公司总部，根据公司的要求，财务管理体系的职能划分为核算管理、预算管理、费用控制和资金管理四大模块。

就步步高的现有的财务管理体系而言，大多数的财务人员所从事的工作都是琐碎的核算工作，从事管理和战略支持工作的财务人员较少。财务管理体系的重心仍停留在核算层面,其工作不仅内容重复性较大且效率低下。

同时,由于步步高管理层级较多,加之核算效率低下,与控制层、决策层沟通不畅,以致管控和决策效率低下,核算层消耗资源多,对战略知之甚少,对公司战略的反应迟钝。

随着步步高战略向智慧零售转型,财务人员应当对战略深刻了解并重视,现有财务管理体系中核算的效率、流程的标准化面临着很大的挑战,财务管理体系转型势在必行。

二、财务共享中心:财务管理体系转型的推动者

随着步步高在区域、业态等方面的不断扩张,财务处理量骤增。为此,步步高设立了财务共享中心。现阶段步步高财务共享中心的主要成果是:

(1) 完成了费用、应收、资产与总账三阶段建设。目前财务共享中心设立了费用组、结算组、收发档案组、总账资产组、应收组、支付组、客服组、优化组等八个组,完成了各个业态和事业部各项核算业务的上收、统一支付。

(2) 划分了业务处理和运营管理两大职能,实现了横向业务一体化和纵向业务区域一体化。

(3) 实现了四个方面的全面赋能。步步高财务共享中心的建设实现了多业态核算标准化、全渠道信息数据化、跨区域办公移动化、全方位管理高效化四个方面切合公司发展战略,为步步高全面赋能。

(4) 在两方面推动财务管理体系的转型。财务共享中心主要通过财务人员向综合型转变、管控决策向高效率转变两个方面助推财务管理体系转型。

三、财务管理体系的转型:小步慢走 or 大步快行

(一) 小步慢走:双层倒锥,重心转移

为了不给现有体系造成巨大冲击,影响财务管理职能的发挥,有人建议应该进行平稳的转型,采用"双层倒锥"式的财务管理体系,逐步迭代。

"双层倒锥"式财务管理体系并未对原有的财务管理体系进行彻底颠覆,而是将原财务管理体系的重心进行了转移。"双层倒锥"式财务管理体系在保证核算职能能够正常实现的基础上,减少了核算层财务人员和资源的配置,将资源的重心转移到了控制层,从而为公司的发展提供助力。虽然新体系的层级并未发生改变,但对原体系财务资源的配置进行了颠覆,为双层级的职能实现提供了保证。

在"双层倒锥"式财务管理体系中,核算层的职责为根据会计制度和会计准则的要求,在企业既定的财务流程下,完整、准确、及时地为企业决策提供信息。控制层的职责为在核算结算层提供的信息基础上进行预算管理、费用控制以及资金管理。

(二) 大步快行:三核两翼,桴鼓相应

也有人提出"三核两翼"式财务管理体系进行转型。

"三核两翼",顾名思义,即指以三大"核心"驱动财务管理体系高效运转,以两大"侧翼"为财务管理体系运行保驾护航。具体而言,三大"核心"由战略财务、业务财务和专业财务组成,两大"侧翼"是指财务共享中心和专家团队。

三核为鼓,两翼为桴,桴鼓相应,共同促进财务管理体系的转型。该方案完全颠覆了步步高原有的财务管理体系,为财务管理体系转型提供了一条崭新的思路。

虽然"三核两翼"财务管理体系将财务管理职能分离为三大模块和两大保障组织,但是并不否认各模块和保障组织之间的内在联系和相互作用。对于整个集团财务而言,三大财务职能和两大保障组织共同构成企业的财务管理体系,为提高集团整体经济效益服务。

资料来源:中国管理案例共享中心案例库,作者为湖南大学工商管理学院的周兰、王善平、陆才吉、袁宏巨、程义斐、陈宇涵、胡文馨、刘宇蔚。

[思考与讨论]

1. 如果你是步步高公司的CEO,你认为公司应该采取何种财务管理体系?
2. 案例所述的两种财务管理体系对于新零售企业的财务管理转型具有怎样的借鉴意义?

复习思考题

1. 企业财务活动包括哪些?这些财务活动主要处理哪些财务关系?
2. 企业财务管理的目标可能有哪些?其优缺点分别是什么?
3. 阐述财务管理的基本环节。
4. 阐述资产负债表的具体内容。
5. 阐述终值、现值和年金的含义。

第 3 章　创业投资

[学习目标]

通过本章学习,学生应理解投资的内涵,创业投资项目的类型和选择原则,学习创业投资机会识别和环境分析方法。

[创业励志名言]

投资的成功是建立在已有的知识和经验基础上的。

——罗伊·纽伯格

导入案例　　　　　　　　　　　　　胡俊承与内行网

泛"95后"创业者胡俊承的创业历程开始于大二。在读大二的暑期他抱着出国的目的在上海留学公司工作,但怀抱着创业梦想的他后来和朋友开始休学创业。很快他通过第一个创业项目在短时间内赚取了人生的第一桶金 10 万元。那时他们想做留学生的专属社交工具,打破信息的不对称,让学生和学长学姐直接沟通。胡俊承作为 CEO,把团队发展到了九人,团队其他成员都是留学生。

最后却由于三个合伙人的理念不同导致团队解散。第一次创业以失败而告终,但他却积累了许多经验,为第二次创业打下了良好的基础。目前,他做的是一对一咨询平台,主打共享经济,不久就获得了数百万元的种子轮投资。

胡俊承认为每个人的经历都是有价值的,谁都可以分享自己的有价值信息,进行有偿分享。他认为共享经济其实是很偶然出现的,它的出现是建立在人们的信任感和社会整体素质的基础上的,每个人都有他独特的经历,只要愿意分享,肯定有对别人有帮助的地方。

第1节 投资概述

一、投资的内涵

(一) 投资的内涵

西方投资学家威廉·夏普在其所著《投资学》一书中将投资概念表述为：投资(investment)就是指为了获得可能的不确定的未来值而做出的确定的现值的牺牲。

对于投资者来说，我们可以用通俗的语言将投资定义为：投资是指经济主体(国家、企业、个人)以获得未来货币增值或收益为目的，预先垫付一定量的货币与实物，经营某项事业的经济行为。简单地说，投资就是指为了获得可能的不确定的未来值而做出的确定的现值的牺牲。本书中所研究的投资，经济主体主要指企业和个人，特别是创业企业和创业者。

(二) 投资的主要特征

1. 投资的目的性

投资是一种有目的的经济行为，投资目的是指投资者投资的意图以及所要获得的效果。投资目的可以分为以下几种性质：

(1) 本金保障。这是最常见的投资目的，保存资金的购买能力。我们知道通货膨胀的发生可以降低货币的购买力，对财富具有侵蚀作用，只要持有现金数量大于生活所需，在高通胀的情况下，如果不能通过有效投资提高收益，货币的购买力就会大打折扣。

(2) 资本增值。对某些投资者来说，投资的目的不仅是保障本金，更希望资金增值，通过各种投资，使本金迅速增长，使财富得以累积。

(3) 经常性收益。一般已拥有若干资产及回避风险的人士，在期待本金获得保障的同时，希望能定期地获得一些经常性收益作为生活费用，例如已退休人士、没有稳定收入的人群等，他们不敢亦不愿意以本金从事投机性投资。他们大多选择收益稳定的投资项目，如银行存款。

虽然投资目的只有三种，但在实际生活上却是不胜可数的。例如一些企业将多余现金投入投资活动，以代替银行存款；一些资金受托人士，将资本进行投资，是为了完成受托人的责任。不过无论如何，投资目的的基本是由上述三种原因诱发。

2. 投资的时间性

"时间就是金钱"，对投资与投资者来说，时间非常重要。不进行投资，货币的时间价值会发生减损，即便进行投资，投资的类型不同，时间的意义也截然不同。追求速富的人喜欢短时段，愿意慢慢致富的人拥抱长时段。

投资中最常出现的两种主要失误也与时间密切相关：一种失误是买进了经不起时间考验的劣质资产；另一种失误是卖出了经得起时间考验的优质资产。这两个错误的共同特征都是在时间判断上出了错。

此外，投资的风险与时间关系密切，一般与流动性(时间长短)成正比，时间越长，风险越大，但是这仅仅是风险的一个衡量，还有很多影响风险比如收益率，股票和债券相比，股票的收益高,风险也高。

3. 投资的收益性

投资的目的是为了获取投资效益,这个往往是投资者最关心在意的问题。投资者在研究某项产品或购买投资产品的时候,最关心的是这项投资的收益性如何,能不能达到心中的认可范围,常常追求收益的最大化。很多投资者都希望自己投资理财能赚得高收益,获得高回报,甚至希望一下子就能收益翻一倍。实际上,这是非常错误的,在追求收益最大化的同时,就要承受资产的安全性降低,收益越高,风险越大。

4. 投资的风险性

投资可能获取的效益具有不确定性。需要特别说明的是,投资的收益性、风险性、时间性它们之间是互相制约、互相影响的。

一般来说,风险性与收益性成正比关系:收益越高,风险越大;时间性与风险性成反比关系:流动性越高,风险越低;时间性与收益性成反比关系:流动性越高,收益性越低。

例如,存款的流动性高,但收益低,在通货膨胀和负利率时代还要忍受负收益;国债的安全性高,股票的收益性高,基金则是综合后比较理想的投资产品。

二、投资与投机

(一) 投机的内涵

经济学意义上的投机,指投机者为了获利而依据其对市场价格波动的预期而进行的各种买卖活动。投机是一种在不确定性投资环境中的风险投资活动。投机者依靠其对所搜集信息的分析,判断投资风险并做出投资决策,以获得相应的高收益。以现代社会的"经济"标准来判断,投机实际上就是一种投资,是一种承担特殊风险、获取特殊收益的行为,是投资的一种特殊形式。

(二) 投机的特点

(1) 高风险性,投机者能否获利取决于其对市场价格未来走势的预期。

(2) 高收益性,投机者为了获得高收益而愿意承担相应的高风险,比如彩票。

(3) 风险可测性,区别于赌博的地方在于投机风险不可消除但可预测。

(三) 投机的作用

1. 积极作用

(1) 导向作用,即可以引导市场中的资金流向的作用。投机者本身的特点决定了其消息灵通、判断较准确,能率先发现市场中潜在的热点,从而投入自有资金,并引导市场资金的投入。

(2) 平衡作用,即具有"市场抹平"作用。其买卖行为可以把价格在不同市场和同一时间上的同一品种的不正常的高低拉平,使其趋于合理和均衡,避免价格大起大落,保证供求平衡。

(3) 动力作用,投机是投资市场的一个原动力,是市场中最活跃的因素能够提供大量资金,活跃市场交易,从而促进了市场的正常延续的运行。

2. 消极作用

(1) 过度投机会使一些投机者在短时间内暴富、暴贫,不利于社会安定。

(2) 投机者为了牟取暴利会进行内幕交易,垄断操纵市场,制造市场混乱。
(3) 投机过度会使证券价格脱离自身价值,形成虚假的市场,即泡沫经济。

(四) 投资与投机的关系

1. 投资与投机的相同之处

第一,两者都以获得未来货币的增殖或收益为目的而预先投入货币的行为,即本质上没有区别。第二,两者的未来收益都带有不确定性,都要承担本金损失的风险。

2. 投资与投机的不同之处

第一,两者行为期限的长短不同。一般认为,投资的期限较长,投资者愿意进行实物投资或长期持有证券,而投机的期限较短,投机者热衷于频繁地快速买卖。第二,两者的利益着眼点不同。投资着眼于长期的利益,而投机活动只着眼于短期的价格涨落,以谋取短期利益。第三,两者承担的风险不同。一般认为,投资的风险较小,本金相对安全,而投机所包含的风险则可能很大,本金有损失的危险,因此,投机被称为"高风险的投资"。第四,两者的交易方式不同。投资一般是一种实际交割的交易行为,而投机往往是一种信用交易。

在实际中,投资与投机往往相互交叉,很难从根本上区分开来。西方有一句谚语:一次良好的投资,就是一次成功的投机。没有投资就不会有投资市场,而如果没有投机,投资市场就会毫无生机。在保护正当的投资和投机行为的同时,应对不正当的活动——尤其是不正当的过度投资和违法投机行为——加以法律的限制和制裁,从而保证证券市场的正常运行。

三、投资的分类

(一) 广义投资和狭义投资

广义的投资是指各个投资主体为了在未来获得经济效益或社会效益而预先垫支一定资本的各种经济行为。狭义的投资则仅指投资于各种有价证券,进行有价证券的买卖,也可称为证券投资(securities investment),如购买股票、债券等。

(二) 直接投资和间接投资

广义上说,直接投资(direct investment)是指投资者将货币资金直接投入投资项目,形成实物资产(固定资产、流动资产等),或者通过收购、兼并、购买现有企业的投资,通过直接投资,投资者便可以拥有全部或一定数量的企业资产及经营的所有权,直接进行或参与投资的经营管理,从而对投资企业具有全部或较大比例的控制力。

间接投资(indirect investment)是指投资者将货币资金投资于金融资产,包括投资于银行和金融机构储蓄、购买股票、债券、基金等有价证券。

从投资于金融资产而言,各个投资主体直接以购买股票、债券、商业票据等形式进行金融投资是直接投资,从筹资者的角度看,又可称为直接融资。由于其投资形式主要是购买各种各样的有价证券,因此也被称为证券投资。

各个投资主体将资金存入商业银行或其他金融机构,以储蓄存款或企业存款、机构存款的形式存在是间接投资,从筹资者的角度看,又可称为间接融资。

直接投资和间接投资活动的区别:直接投资与间接投资的投资者与筹资者之间建立

了不同的经济关系。直接投资与间接投资都属于金融市场范畴,但是这两种资金融通在金融市场上所起的作用是不一样的,投资者承担的风险和获得的收益也是不同的。

(三)实物投资和证券投资

实物投资(real assets investment)是投资者指对现实的物质资产的购建活动以求获取一定的回报,它的投入会形成社会资本存量和生产能力的增加,并直接增加社会物质财富或提供社会所需要的服务,如国家、企业、个人出资建造工业厂房和购置生产所用的机械设备等。证券投资(securities investment)是指投资者将货币资金投资于各种各样的有价证券,如股票、债券、基金等。这种行为会使投资者在证券的持有期内获得与其承担的风险相称的收益。

实物投资和证券投资的联系:如果我们以股份制企业作为考虑问题的基础,对资本运动全过程进行考察,"证券投资"与"实物投资"是同一投资运行过程的两个阶段,而且,"证券投资"是最基本的资本垫付,对于"实物投资"具有决定意义。

在发达的商品经济条件下,证券投资如公司的股票、债券是融资工具,它们资助实物资产的形成和配置,对于实物投资具有决定意义。

尽管证券投资在发达商品经济条件下占有重要的地位,但证券投资的未来收入又是由实物资产的运作产生的。

实体资产才是证券投资存在和发展的基础,证券投资本身并不能创造财富,它属于一种信用活动,它只能通过实物资产在社会生产过程中创造价值,因而证券投资并不能脱离实物投资,否则就会出现泡沫经济,最终导致金融危机的爆发。

(四)固定收益投资与非固定收益投资

固定收益投资是指预先规定应得的投资收入,一般用百分比表示,按期支付,收益在整个投资期内不变。多数债券和优先股的收益都是固定的。非固定收益投资是指投资收益预先不规定,收入不固定。如普通股的收益是不固定的。一般来说固定收益投资风险小,但收益也低,非固定收益投资风险大,但收益也高。

(五)盈利性投资和政策性投资

盈利性投资又称经济性投资,在西方也常称为商业投资,是指为了通过生产经营而获取盈利所进行的投资,一般主要投入到生产或流通领域当中。政策性投资又称非营利性投资,是指用于保证社会发展和群众生活需要而不能或允许不能带来经济盈利的投资。

(六)国家投资、企业投资和个人投资

国家投资是指中央政府和地方各级政府所进行的投资,通常表现为财政投资,它可以由国家直接拨款来安排,无偿使用,也可以委托管理投资的专业银行或投资公司实行贷款,有偿使用。企业投资是指企业作为投资主体所进行的投资。个人投资的主体是个人,是指个人将手中的资金用以购买证券充作金融资产借以未来获利。

(七)国内投资和国外投资

国内投资是指本国政府、企业、个人等在本国境内所进行的投资。

国外投资是指外国政府、企业、个人以及国际机构在本国境内所进行的投资。

四、投资的形式

（一）固定资产投资

固定资产投资是指企业购置或建造固定资产的投资，它既包括基本建设投资（新建、扩建工程的投资），也包括对现有固定资产进行更新改造的投资。这是人类历史上最早的一种投资方式，它一般与企业行为相联系。固定资产投资一般具有投资金额较大、投资回收期较长、投资风险较大的特点。

（二）房地产投资

房地产投资是为了获得未来收益或避免资金贬值而投资建造或购买房地产以便出卖、出租的活动。房地产可分为房产和地产两大类。房地产投资具有以下几个特点：①对环境的依赖性很强；②需要巨额资金，且周转缓慢、流动性差；③房地产投资可以获得多重收益，利润率高；④房地产的价值稳定，在通货膨胀时还可获得较大的增值。

（三）有价证券投资

有价证券投资简称证券投资，即所谓的狭义的投资，它是指投资者将资金投向于股票、债券等各种有价证券，进行有价证券的买卖，从而获取收益的一种投资行为。随着经济的发展，证券投资已成为最基本、最主要的投资方式。有价证券投资具有以下几个特点：①具有高度的"市场力"，即流通变现的能力；②是对预期会带来收益的有价证券的风险投资；③投资和投机是证券投资活动中不可缺少的两种行为；④二级市场的证券投资不会增加社会资本总量，而是在持有者之间进行再分配。

（四）期货投资与期权投资

期货投资是相对于现货交易的一种交易方式，它是在现货交易的基础上发展起来的。通过在期货交易所买卖标准化的期货合约而进行的一种有组织的交易方式。期货交易的对象并不是商品（标的物）本身，而是商品（标的物）的标准化合约，即标准化的远期合同。期权（option），是一种选择权，是指一种能在未来某特定时间以特定价格买入或卖出一定数量的某种特定商品的权利。它是在期货的基础上产生的一种金融工具，给予买方（或持有者）购买或出售标的资产（underlying asset）的权利。

（五）信托投资

信托投资（trust investment），是金融信托投资机构用自有资金及组织的资金进行的投资。信托投资的方式可分为两种：一种是参与经营的方式，称为股权式投资，即由信托投资机构委派代表参与对投资企业的领导和经营管理，并以投资比例作为分取利润或承担亏损责任的依据。另一种方式是合作方式，称为契约式投资，即仅作资金投入，不参与经营管理。这种方式的投资，信托投资机构投资后按商定的固定比例，在一定年限内分取投资收益，到期后或继续投资，或出让股权并收回所投资金。信托投资一般具有投资数额大、期限长、技术性强和风险性大的特点。

（六）保险投资

保险投资是指保险公司在组织损失补偿和经济给付的过程中，利用保险资金收支的时间差，将积累的保险资金部分投资于资本市场，使其保值增值的活动。保险投资并不等同于保险资金运用。保险投资具有以下几个特点：①负债性。由于在保险公司经营业务过程中在某一时刻上保费收入与保险金赔付之间存在着"时间差"和"数量差",使保险公司有大量的资金处于闲置状态。②稳定性。一方面,从保险投资资金的构成来看,可运用的保险资金能在数量上持续保持一定的规模,为保险投资活动提供稳定的资金来源;另一方面,由于续保或承保导致现金流入,由此,随着保险公司业务的扩大,使得保险公司可运用资金能够保持稳定。③社会性。保险从本质上来看是一种建立在互助基础上的经济保障制度,保险资金也就具有了广泛的社会性特征。

(七) BOT 投资

BOT 是英文 build-operate-transfer 的缩写,意思是建设—运营—转让,它是指政府通过契约授予私营企业(包括外国企业)一定期限的特许专营权,许可其融资建设和经营特定的公用基础设施,并准许其通过向用户收取费用或出售产品以清偿贷款,回收投资并赚取利润,特许权期限届满时,该基础设施无偿移交给政府。BOT 作为国际项目融资方式的创新模式,其特点如下:项目规模大,经营周期长;投资难度大;是一种项目投资;项目建设要求各方通力合作。

五、投资的意义

投资无论对个人、企业还是整个社会的发展都具有重要的作用。从根本上说,生产的发展、生活的改善、社会的进步。没有哪一项活动能离得开投资和经济增长。在市场经济条件下,投资在国民经济发展与国际交往中发挥着越来越重要的作用。

(一) 个人投资的意义

个人投资理财的意义主要集中在两个方面。

第一,获得收益,提升生活水平。投资理财行业的火爆发展,出现多种理财服务和类型,无论是生活消费支出,还是有意识去投资理财都属于其中的一部分。有意识地进行投资理财,可以借由该工具,实现收入的增长变化,从而改变不太满意的生活品质。尤其对于工薪阶层的普通投资者来说,本身微薄的月薪勉强支撑生活中的支出,但正因为如此,工薪阶层的人们才更应该进行投资理财。这是因为,对于工薪阶层的人们来说,资金的减少往往会影响生活的节奏,这是相对于比较富裕的人群的资金减少不会产生特别大的影响做出的对比。如何利用手里有限的资金,科学合理地进行投资理财,是每一个投资者面临的抉择和判断。高效优质的投资理财,可以获得收益,改变和提高生活水平,这将是我们所有人不可或缺的一项。

第二,维护社会资金流通运转和循环。从个人的角度出发,个人投资理财可以满足投资者的生活和精神两个层面。而对于社会来说,投资者将手中的资金投入社会,保证了社会上资金的流通运转和循环,促进社会大生产的发展和提高。后者会对国家建设起到积极的促进作用。

(二) 投资与企业发展

企业是国民经济的细胞,而投资是社会经济生活的血液,两者的关系极为密切,相互依存。从生产力角度来考察,一方面,投资是企业发展的第一动力。首先,新企业的诞生完全依赖于投资。随着经济和社会的发展,专业化日益明显,新部门和新产业不断出现,这就会涌现出大批新建企业。没有投资的注入,新企业就不可能产生。其次,现有企业的发展也离不开投资。不管企业是扩大生产经营场所即从外延上扩大再生产,还是提高和改善原有的资产要素即从内涵上扩大再生产,都需要新投资的追加和原有投资使用效率的提高,离开了投资与再投资,企业的生命也就完结了。再次,企业总体向前发展的必然过程中离不开各企业之间优胜劣汰的竞争,优等企业的发展扩大,劣等企业的破产淘汰,破产法的实施和企业兼并,也只有在投资的总体运动中才能实现。另一方面,企业的发展状况对投资又具有促进和制约作用。投资的经济要素除了一部分是以自然状态存在的自然资源外,其主要部分还是依靠现有企业的资金积累、物资积累。因此,企业的发展状况好,提供的投资积累就多,反之则少,就是说要想有更多的投资注入社会,就必须要经营管理好现有的企业。

(三) 投资与社会经济发展

投资可以直接促进国民经济的增长。首先,投资是一个国家经济增长的基本推动力。只有增加一定量的投资,才可以为经济发展提供必要的要素和动力。其次,投资是国民经济持续快速健康发展的关键因素。

投资可以促进人民生活水平的提高。一方面,投资为改善人民物质文化生活水平创造了物质条件。另一方面,投资可以创造更多的就业机会,增加劳动者收入。

投资有利于一国的国内稳定和国际交往。首先,经济良性发展必然有利于国家政治局面的稳定发展,最终使社会呈现出安定团结的景象。其次,世界经济一体化进程的加快发展,国际投资成为国际交往的主要形式。

当然,投资也不是越多越好。超出国家和企业承受能力的投资必然会引起经济过热,引起通货膨胀,也会引起物价上涨和人民生活水平下降;同时,不当的投资会破坏经济总量和结构的平衡,对经济增长不但不起积极作用,还会起破坏作用。因此,一定要把握好投资的总量和结构,使投资取得最佳的经济效益。

第2节 创业投资项目

在经济下行压力极大的转型过程中,科学技术创新是促进经济发展的重要手段。在"大众创业,万众创新"的大环境下,尤其应加强创业投资的发展。但只有合理选择创业投资项目才能促进创新和社会发展。本节探讨的就是如何选择创业投资项目的相关问题。

一、投资与创业投资项目

投资是经济主体将一定的资金或资源投入某项事业,以获得未来经济效益的经济活动。广义的投资包括生产性投资和金融投资,投资项目学中的投资仅指生产性投资。现实的经济活动中,投资活动非常复杂,需要通过项目的形式进行相关的建设和经营活动,即项目投资(project investment)。

项目投资是一种以特定项目为对象,直接与新建项目或更新改造项目有关的长期投资行为。投资项目作为投资的最终载体,是开展投资活动的现实经济实体,也是进行投资管理的恰当场所之一。世界银行的专家对项目的定义是"包括投资、政策措施、机构以及其他为在期限内达到某项或某系列发展目标所设计的活动在内的独立的整体"。简而言之,项目是涵盖了经济与社会等所有领域的一类活动,这种活动最重要的目的就是产生全新产品或服务,此外,项目具有一次性特征,即在达到工作目标后,项目就终止。

因为工作目标不同,项目也各不相同,与投资活动相关的特定项目叫做投资项目。创业投资项目与其他类型的项目一样具有项目所有的特征,创业投资项目与所有投资活动一样,需要付出和垫支,其本质在于获得所期望的收益。同时创业投资项目也有一些项目类型选择上的特殊性。

合理选择创业投资项目意义重大,从宏观的角度来看,合理选择创业投资项目,可以合理配置资源,实现社会总最小投入,获得社会总最大产出。优化产业结构,将人力财力物力投放到最需要的地方,投放到最先进的科技成果,投放到最能够给社会带来有效益的项目上去,发展那些最需要发展的行业和地区。从微观角度来讲,合理选择创业投资项目,可以降低投资风险,提高创业投资人的收益,保障投资人的资本的保值增值,使创业投资成为一种有效的投资渠道。

二、创业投资项目的类型

创业的项目有很多,涉及人类的吃、穿、住、行、玩等方面。从不同的角度划分,创业项目有多种类型,从观念上来看,创业项目分为传统创业、新兴创业以及最新兴起的微创业;从方法上来看,创业项目分为实业创业和网络创业;从投资上来看,创业项目分为无本创业、小本创业、微创业等;从方式上来看,创业项目分为自主创业、加盟创业、体验式培训创业和创业方案指导创业;依据创业活动的性质特征,可以分为岗位创业、服务业创业、科技创业、网络创业、绿色创业和社会创业六种类型。

(一) 岗位创业

所谓岗位创业,就是员工不离开企业,在从事本职工作或某一项目、某一事业时,通过引进市场机制、风险意识,使被动履行职责变为主动对岗位工资的负责和创新,把效益和风险捆绑在一起,以优秀的业绩、创新成果等来实现超越工资的财富梦想。对真正的"绝大多数"不适合去自主创业的人,岗位创业是一种更理性、更实际的实现人生价值、取得事业成就的方式与途径。就像我们不能说柳传志取得的成就不如任正非,更不能说杰克·韦尔奇的个人成就不如乔布斯,可见,在岗位上获取成功同样可以实现个人价值,在岗位上创业同样会得到社会的认可,而且,在岗位创业上不用承受企业家所承受的精神压力和风险,可以得到企业这个强大后盾的鼎力支持,能以最便捷的方式实现人生的理想。

通过岗位创业,一方面有利于创业者专业知识技能和社会经验的积累,让他们有更多的空间来整合自身资源,创造更大经济和社会价值,同时也能帮助他们有效缓解自主创业过程中面临的部分困难;另一方面企业中有更多的岗位创业者也为企业的长期进步和发展注入了新鲜的活力。因此,大学生的创业教育也应该积极转型,既要重视对学生自主创业的教育,又不能忽视岗位创业的培养,通过不断的创新和构建创业教育体系,将创业教育与高职人才培养紧密结合,最终达到提升大学生创业精神、创业能力、创业意识的主要目的。

在社会转型和创新驱动的作用下,培养更具实践性、创造性的青年科技创业人才,已成为当前我国教育改革的重要方向。特别是在后国际经济危机时代,面对日益激烈的市场竞争和严峻的就业形势,深化以岗位创业为导向的青年科技人才培养转型改革,推进创业教育发展的多样性、实践性和综合性,创新完善青年科技人才培养方式,明确界定创业、创新、创业教育之间的关系,对改变我国青年科技人才创业教育模式的单一性、局限性,积极面向社会需求加快推进创新创业人才培养具有重要而深远的影响。

(二) 服务业创业

服务业,指利用设备、工具、场所、信息或技能为社会提供服务的业务,包括代理业、旅店业、饮食业、旅游业、仓储业、租赁业、广告业和其他服务业。

服务业大发展也在经历传统服务业向现代服务业转型的发展,传统的服务业资本占重要的比例,是制约服务业发展的关键,而现在资本在服务业中所占的影响比重逐渐下降,人力资源成本和知识密集程度的制约性逐渐上升。现代化服务业的转变也给服务业从业者提出了较高的要求,也为在服务业中创业提供了更多的机会。我国的服务业发展处在上升阶段,因此需要越来越多的创业者和就业者加入服务业发展,现代服务业是经济全球化、经济结构调整的重要方向和内容。现代服务业是信息和知识相对密集的产业,其繁荣发展是经济转型升级的必然趋势,它所具有的劳动力密集型、技术密集型和非资本密集型特点为创业提供了绝佳的条件。现代服务业创业的重要标志是网络信息技术的运用,淘宝和微商经济繁荣发展就印证了这一点。

(三) 科技创业

科技创业是指创业者以所掌握的技术和知识为核心,寻求和把握潜在的商业机会,整合所掌握的资源,创建能够为市场提供新产品或新服务的组织,实现技术和知识的社会价值的过程,具体而言,科技创业是创业者运用所掌握的技术和知识,通过兴办科技创业企业或组织、从事新产品的开发、生产、经营或向社会提供科技服务的活动。

科技创业的内涵主要包括:开创新业务,创建新组织,依靠新的技术,利用科技创新这一工具实现各种资源的新组合;通过对潜在机会的发掘而创造价值。由此可见,科技创业不仅具有创业的一般特征,还因为与科技相关,具有其独特性。第一,科技创业具有"高投入、高风险、高回报"的特征。第二,科技创业需要高持续研发密度。第三,科技创业需要丰富的智力资源。大数据时代的来临为科技创业提供了更加精确的系统支持和数据分析结果,也为科技创业指明了方向,提供了新的创业项目。同时,大数据的出现加剧了市场的竞争,科技创业者需要投入更多的精力到数据系统,从而为科技创业提供更加精确的支撑。

对大学生来说,科技创业就是指在校大学生和刚毕业的大学生,以所掌握的科学技术知识为核心,寻求发展的机会,创办企业,创造经济价值和社会价值的过程。具体而言,大学生科技创业是指创业者运用所掌握的技术和知识,捕捉创业机会,通过兴办科技创业企业或组织、从事新产品的开发、生产、经营或向社会提供科技服务的活动,由创业实现就业的过程。大学生科技创业的目的是激发大学生创新精神和创业热情,使大学生在创业的实践中树立科学的创业观,运用科技知识和基本技能创造社会价值,正确地选择创业道路。

(四) 网络创业

网络创业作为一种以网络为载体的创业形式,目前主要是开网店和网站。除此之外,还有做网络撰稿人以及专栏作家等智力服务领域创业,软件开发、网页制作、手机游戏开发等高科技领域创业等形式。网络创业具有成本低、人员组成简单、风险系数低和利润相对较高等方面的优势。例如,如果不是开展很大的项目,起初所需要的资金并不是很多,也许一台电脑＋ADSL＋一间小屋,就可以开始了,很多创业者初期都是白手起家,一人就包揽了所有职务,并且因为初期的投入不高,创业者可以不必担心过大的损失风险。

由于网络创业的网络特性吸引了越来越多的大学生和大学毕业生投身到网络创业中来,造成了网络创业一浪高过一浪的创业热潮,这也正说明中国的网络创业事业的蓬勃发展和生机盎然。大学生是最具活力的群体,也是新技术和新潮流的引导者和受益方。随着网络购物的方便性、直观性,使越来越多的人在网络上购物。一些人即使不买,也会去网上了解一下自己将要买的商品的市场价。此时,一种点对点、消费者对消费者之间的网络购物模式开始兴起,以国外的 ebay 为开始,国内的淘宝为象征,吸引了越来越多的个人在网上开店,在线销售商品,引发了一股个人开网店的风潮。而大学生正是这一群里的主要力量,不少大学生看到这一潮流纷纷投身个人网店,成功者比比皆是。除了知名的淘宝网、京东网、苏宁易购和易趣网等大的平台外,不断有新的和更细分的网店平台出现。从无所不包的淘宝到专售货源的第六代充值平台,大学生都可以自由选择的网店创业平台。可以预见,在将来,即使个人在网上开店销售汽车也是有可能的。

（五）绿色创业

"绿色创业",又称生态创业、环境创业、低碳创业、可持续创业,最早由 Quinn 教授(1971)提出。作为创业领域中一个新兴的研究主题,对绿色创业的术语界定尚未统一,大部分研究者采用"green entrepreneurship"（绿色创业）,在英文文献中,有的研究者也使用"environment entrepreneurship"（环境创业）、"ecopreneurship"（生态创业）等术语用以描述,而绿色创业的定义亦尚未统一。

虽然不同学者对绿色创业的理解和定义各不相同,但大部分学者都认同：绿色创业是随着人们生态价值观逐渐普及和绿色市场逐步扩大形成了新的企业利润增长点,开拓了企业生态发展的市场。创业者主要通过把握未来生态市场发展以及开发符合未来需求的绿色产品或服务来打开市场,并提高企业的竞争力。绿色创业以创业方式主动实现生态发展为目标,是生态导向和市场导向共同作用的结果。当前,绿色创业研究有了进一步的发展,在扶持绿色创业的环境政策、社会舆论、金融服务和产业基础设施等方面日趋完善。

（六）社会创业

社会创业是以解决公众需求的问题为创业初衷,将商业模式与所需解决的问题相结合,最终找到一条让企业可持续发展、公众需求得以满足的创新创业思路。诺贝尔和平奖获得者、"穷人的银行家"穆罕默德·尤努斯将社会创业创造的企业称为"企业的未来形态"。社会创业既可以采取非营利组织形式,也可以是商业形式,还可能是两者之间的结合,其最终目的是在保证社会效益的前提下,创造实现商业效益的企业。"目标锁定""商业运营"以及"利润分享"是其区别于传统组织的三个重要特征。

作为一种强调义利并举的社会创新过程,社会创业在促进经济增长、保障就业和维护社会公平方面也作用显著,在主要发达国家更是早已蔚然成风。例如,Goodwill 集团是美国著名的社会企业,成立于 1902 年。创始人瑞夫·埃德加·赫尔姆斯通过雇佣失业人士来卖收集的旧物,帮助他们自食其力。2012 年,Goodwill 的收入超过 48 亿美元。超过 300 万人曾得益于 Goodwill 的职业训练项目,其中 21 万人通过这些项目找到了有意义的工作。Goodwill 本身的 11 万多名雇员中,3 万名是残障人士。在我国,社会创业虽属新生事物,但发展十分迅速,涌现出一批知名的社会企业,有些甚至发展成为上市公司,例如残友集团。残友集团从 5 个残疾人依托一个打印社开始社会创业,目前已发展成为包括 1 家慈善基金会、8 家非营利机构、32 家高科技社会企业在内的集团,所有分公司残疾人就业比例达到 70% 以上,为数千名残疾人提供了稳定的就业机会。另外,由于雇佣人群的特殊性,企业还能获得政府税收优惠。近期,该集团已正式获批在国内新三板挂牌,成为首家上市的社会企业。

三、创业投资项目的选择

俗话说的"盛世买古董,乱世买黄金",就是告诉我们不可以盲目投资。投资者一定要分析环境,把握机会。沃伦·巴菲特告诫股民从事股票买卖要顺势而为,也是强调投资要认清形势。对很多创业者来说,尤其是对大学生创业者而言,由于缺乏创业的经验,往往很难选择创业投资项目。

首先,就个人而言,不同的人有不同的职业,扮演着不同的社会角色。所以,在选择项目时,要结合我们自身的条件,包括个人的兴趣和专业特长、对项目的熟悉程度、自身的人际关系或资源等。

(一)个人的兴趣与专业特长

创业者产生创业想法与创业者的日常生活和学习有着密切联系,因此,在选择创业投资项目时,通常会不自觉地选择熟悉的行业。我国教育培养模式为基础教育时期采用综合教育,高等教育阶段进行专业教育,创业者接触最多的是自己本专业领域知识。创业者的知识能够在创业中发挥极大的创新作用,专业知识的学习让创业者熟悉掌握专业行业的发展动向,使创业做到超前的风险预警。因此,在选择创业投资项目时,创业者普遍会从自己的专业知识出发寻求相近行业的创业项目进行创业。

(二)对项目的熟悉程度

创业这项活动具有风险,机遇与挑战并存。当从事某一创业投资项目时,如果能够充分地把握整个项目的流程,那么在应对创业过程中各种风险时才更加得心应手。因此,在项目选择上,从自己熟悉的行业或项目中进行选择是明智的。例如,对从事餐饮行业的创业者来说,如果不了解食材的价格、质量、采购途径和当地消费者的口味,那么就会面临控制成本困难、销售额较低甚至上当受骗等风险。越是专业化程度高的、产业链长的项目,就越要对项目熟悉,这样才能够掌握整个项目全过程。

(三)自身的人际关系或资源

选择项目时,要结合我们自身的资源,包括家庭环境、个人知识文化水平、父母的职业和社会地位等。例如,如果你家庭条件较好,拥有富余的资金,你可以选择自主创业,结合自己的知识,投资一个比较感兴趣和在自己能力范围的领域。再比如,你的父母从事汽车行业这方面的工作，拥有丰富的经验和人脉关系，你可以在父母的支持下，进军汽车行业，当前城市人口多，汽车市场需求量大，选择汽车销售或汽车零配件加工为投资项目，无疑是一个可以让你赚大钱的投资项目。相反，若你家庭背景普通，手头资金不多，选择投资项目时可以选择门槛比较低的，例如，可以选择在学校周围开餐馆，等手上积累一定资金后，再去投资大的项目。

[资料3-1] 大学生创业项目的选择

由于大学生群体的特殊性，适合大学生的创业项目要尽量能够发挥大学生的优势，大学生创业者在选择创业项目时可以参考以下几条标准进行。

(1) 首选享受政策优惠的创业项目。
(2) 初始投入资金较少，资金周转期短的项目。
(3) 避免技术性过高的项目。
(4) 选择处于成长期的项目，避免刚开发的新项目和完全成熟的老项目。
(5) 选择小众产品的项目。
(6) 有特色的项目。
(7) 选择雇佣人力较少的项目。

资料来源：陆晓峰.大学生选择创业项目的主要策略[J].创新与创业教育，2010，1(06)：21—23.

四、创业投资项目选择中注意的问题

(一) 注意选择好项目实施团队

无论你的资金实力有多雄厚、市场、原料供给条件多优越、所置设备多先进，对项目起决定作用的最终还是人，是项目实施团队，核心竞争能力存在于企业人的身上，而不存在于公司的资产本身，核心竞争力深深根植于人的技巧、知识、个人能力和合作精神之中，选择好项目实施团队远比选择项目本身重要得多，企业项目投资一定要选择好适合项目特征、有项目实施管理经验和运作能力的项目实施团队。

(二) 注意对项目的前期分析

对投资项目的前期分析是战略决策从书面走向实践的关键一步。企业应从法律、市场前景、财务和整合资源能力的多个角度对实施项目的可行性进行分析。投资的前期分析是企业可行性分析的假设前提，是可研报告的基础，但我们许多投资项目不注意这项基础性工作，或对这项工作只作简要的分析，甚至根本不作分析，今天觉得要做，明天就开始干起来了，典型的拍脑袋项目，这对项目投资是极不负责任的做法，这样做的结果成功是偶然，失败是必然的，企业不仅应注意对项目投资进行前期分析，还必须认真地作详细分析，这是投资项目的基础。

（三）注意投资项目的"安全"

只有生产、产品安全了，企业才有可能生存与发展。对安全，特别是对人生命安全要求，以前没有任何一个时期提到现有高度，现在社会上流行许许多多的一票否决制，但真正能做到一票否决的，我认为是企业的"安全"。生产过程中的安全是项目投资中的真正第一要考虑的因素，包括员工操作"安全"、生产环境"安全"、劳动保护的"安全"、产品使用的"安全"等等，总之，项目投资一定要注意各方面的"安全"。

（四）注意投资项目的环保

以前我们在项目投资时对环境保护要求不怎么严格，随地排放污染的现象时有发生，加上地方政府为了实现经济指标也睁一眼闭一眼，给国家环境治理造成严重的后果。随着我国经济总体水平的提高及人们环保意识的加强，环境保护的整体要求在不断提高。我国幅员辽阔，国家对环保要求一样，但由于各地区经济发展水平不同，可能实际要求存在差异，同一地区各个发展阶段不同，要求也不一样，但总体来说全国、全球对环保的要求都在逐年提高，如果投资项目有带污染性的三废外排，投资设计时就应考虑做到达标排放，不注意到这一点，以后再来补课，发生费用将更大，项目预计的好的效益可能就会被未来的废水、废气等环保处理费用给吞食，企业项目投资一定要注意环保事项。

（五）注意与企业现有产业相衔接

投资是为了获利，要获利就得发挥企业优势，节约各种支出。企业的优势是什么？当然是对现在从事产业的了解和成熟的运作，投资要获利还得控制成本，提高现有资源的利用率是节约支出最有效的办法。企业进行新的投资时首先应当考虑是否能与现有产业链衔接，投资对现有产品的技术提升，生产能力提升，或投资现有产品上、下游，成功的机会应当更多一些，投资项目能与现有产业链相衔接成功的可能性会大得多。无论投资什么项目，投资项目的大小、企业管理水平的高低都是决定企业获利能力的关键因素。由于企业类型不同，管理的方式方法差异也很大，工业与商业、技术密集型、资本密集型、劳动密集型企业、不同地区间企业管理要求差异非常大，企业选择投资项目时需要了解项目行业特征和管理特点，注意与企业现有产业链相衔接。

（六）注意与所在地区产业相连接

随着我国改革开放和经济发展，现国内已形成了许多专业生产区域的格局，而原料集散市场、产品的集中展示集散市场，对行业布局非常重要，在这些区域里所有生产资源、技术资源、市场资源、劳动力资源相对集中并配套，形成了一些一小时经济圈、半小时经济圈，在这一经济圈内许多费用都是国内最低的，甚至是世界最低，如果企业投资能与地区优势相结合，成功的可能性也将大大提高。

（七）注意与现有营销体系相连接

产品的销售是任何项目都必须重点考虑的问题，投资项目成败最终取决于项目产品是否能按预期实现销售，并获取收益，销售是项目投资的关键一环。由于产品性质不同，营销体系的不尽相同，而建立一个与产品特征相符的营销体系，往往需要较长的时间和花费较多的人力、物力和财力，建立营销体系的花费往往是难以估计的。在项目投资时应考虑项目产品营销特点是否与现有产品营销特点相一致或相仿，注意与现有营销体系相

（八）注意对项目投资总额的控制

项目投资总额的多少,决定了项目技术含量的高低、投产后产品的总成本水平的高低,项目投资过程可能改变施工方案、施工过程中可能发现未知事项、遇到其他变化事项,容易造成超预算投资,投资总额如果不加以严格控制,就可能突破原有预算,投资效益、投资回报率就会出现偏差,如果企业资金不足,甚至会产生烂尾工程,所以企业投资必须根据自身财力,注意对项目投资总额的控制,更不能投那些资金没有着落的项目。

在投资的实践中,我们很容易发现投资者对于"投资过程与投资结果"的强调。相当多投资者认为,"不管黑猫白猫,投资最后能赚钱就是好猫"。总之不管什么投资方法,能赚钱最重要。投资赚钱是在这个市场最起码的归宿,没有人来这个市场说要故意亏钱。问题是强调投资结果要赚钱,靠的是什么逻辑赚钱（不依靠运气）,以及长期投资赚钱的持续稳定性效果。

通过投资过程与投资结果相关性上的思考,我们发现那些错误的投资过程导致了相对较差的投资结果,而那些符合逻辑不依靠运气的投资过程带来了合理的投资回报。

第3节 创业投资机会

一、创业投资机会概述

（一）内涵

创业投资机会主要是指具有较强吸引力的、较为持久的有利于创业的商业投资机会,创业者据此可以选择创业投资项目,为客户提供有价值的产品或服务,并同时使创业者自身获益。

个人投资创业要善于抓住好机会,把握住了每个稍纵即逝的投资创业机会,就等于成功了一半。

（二）创业投资机会的特征

捕捉创业投资机会是创业者需要学习的一门技术,灵敏的商业嗅觉能帮助创业者们捕捉到大多数人看不到的创业投资机会。一般来讲,创业投资机会具有以下几点特征:

1. 吸引力

创业投资机会具有吸引力,不仅能够吸引创业者的商业嗅觉还能够吸引消费者,让消费者对未来有所期待。

2. 持久性

创业投资机会的持久性非常重要,有的创业机会稍纵即逝,即使把握到也有可能不具有持久性,投资获利的空间也有限。而好的创业投资机会处在一个持续放大的机会之窗下,开发机会和获得收益的存续期较长。

3. 适时性

要注意创业投资时间的把握。适当时间内出现的创业投资机会应当及时把握,如果把握不好,时过境迁,就不一定是创业机会了。当发现一个创业机会时,一定要思考:其他人也发现了吗?如果发现很多人在进入同一机会,可能就不是机会,当下一片倒闭之声的团购、LBS即是最好的例证。

4. 为客户创造价值

创业最终必须依附于为买者创造或增加价值的产品、服务或业务。如果一项产品或服务不能给顾客带来价值,反而带来麻烦,那就不是好的创业投资机会。

二、创业投资机会的识别

(一) 机会的来源

1. 问题

创业的根本目的是满足顾客需求。而顾客需求在没有满足前就是问题。寻找创业商业机会的一个重要途径是善于去发现和体会自己和他人在需求方面的问题或生活中的难处。比如,上海有一位大学毕业生发现远在郊区的本校师生往返社区交通十分不便,于是创办了一家客运公司,这就是把问题转化为创业商业机会的成功案例。

2. 变化

创业的机会大都产生于不断变化的市场环境,环境变化了,市场需求、市场结构必然发生变化。这些变化包括产业结构的变动、城市化加速、政府政策的变化、居民收入水平的提高、消费结构升级、人们思想观念的变化、人口结构的变化、全球化经济的变化等方面。管理大师彼得·德鲁克将创业者定义为那些能"寻找变化,并积极反应,把它当作机会充分利用起来的人"。比如居民收入水平提高,私人轿车的拥有量将不断增加,这就会派生出汽车销售、修理、配件、清洁、装潢、二手车交易、陪驾等诸多创业商业机会。

3. 创造发明

创造发明提供了新产品、新服务,更好地满足顾客需求,同时也带来了创业商业机会。比如随着电脑的诞生,电脑维修、软件开发、电脑操作的培训、图文制作、信息服务、网上开店等创业商业机会随之而来,即使你不发明新的东西,你也能成为销售和推广新产品的人,从而给你带来商机。

4. 竞争

如果你能弥补竞争对手的缺陷和不足,这也将成为你的创业商业机会。看看你周围的公司,你能比他们更快、更可靠、更便宜地提供产品或服务吗?你能做得更好吗?若能,你也许就找到了机会。

5. 新知识、新技术的产生

如同iPad流行给传统出版业所带来的机会一样,更多的新产品、新服务,更好地满足了客户的需求,也带来了可能改变产业格局的创业机会。例如,电脑和互联网普及拯救了腾讯,2000年互联网泡沫之后,梦网短信分成给所有中国互联网企业带来了温暖的春风,如今的移动互联网普及也必将会带来更多巨大的创业机会。例如,随着健康知识的普及和技术的进步,围绕"水"带来了许多创业商业机会,上海就有不少创业者加盟"都市清泉",从而走上了创业之路。

[资料 3-2]

美国管理学家德鲁克提出了机会的7种来源

(1) 意外之事。没有哪一种来源比意外的成功能提供更多的成功创新的机遇。而且,它所提供的创新机遇风险最小,求索的过程也最不艰辛。但是,意外的成功几乎完全受到忽视。意外的失败与成功不同的是,失败不能够被拒绝,而且几乎不可能不受注意,但是它很少被看做是机遇的征兆。当然,许多失败都是失误,是贪婪、愚昧、盲目追求,或是设计或执行不得力的结果。但是,如果经过精心设计、规划及小心执行后仍然失败,那么这种失败常常反映了隐藏的变化,以及随变化而来的机遇。

(2) 不协调。所谓不协调,是指事物的状态与事物"应该"的状态之间,或者事物的状态与人们假想的状态之间的不一致、不合拍。也许我们并不了解其中的原因,事实上,我们经常说不出个所以然来。但是,不协调是创新机遇的一个征兆。引用地质学的一个术语来说,它表示下面有一个"断层"。这样的断层提供了创新的机遇。它产生了一种不稳定性,四两可拨千斤,稍做努力即可促成经济或社会形态的重构。

(3) 程序需要。与意外事件或不协调一样,它也存在于一个企业、一个产业或一个服务领域的程序之中。程序需要与其他创新来源不同,它并不始于环境中(无论是内部还是外部)的某一件事,而是始于需要完成的某项工作。它以任务为中心,而不是以状况为中心。它是完善一个业已存在的程序,替换薄弱的环节,用新知识重新设计一个旧程序等。

(4) 产业和市场结构。产业和市场结构有时可持续多年,表面上看非常稳定,但实际上,市场和产业结构相当脆弱,而且变化速度很快。市场和产业结构的变化同样也是一个重要的创新机遇。

(5) 人口变化。在所有外部变化中,人口变化被定义为人口、人口规模、年龄结构、人口组合、就业情况以及收入的变化等,最为一目了然,它们毫不含混,并且能够得出最可预测的结果。

(6) 认知、意义和情绪上的变化。从数学上说,"杯子是半满的"和"杯子是半空的"没有任何区别。但是这两句话的意义在商业上却完全不同,造成的结果也不一样。如果一般的认知从看见杯子是"半满的"的改变为看见杯子是"半空的",那么这里就可能存在重大的创新机遇。

(7) 新知识。基于知识的创新是企业家精神的"超级巨星",它可以得到关注、获得钱财,它是人民通常所指的创新。当然,并不是所有基于知识的创新都非常重要,有些的确微不足道,但是在创造历史的创新中,基于知识的创新占用很重要的分量。然而,知识并不一定是科技方面的,基于知识的社会创新也同样甚至更重要。

资料来源:彼得·德鲁克.创新与企业家精神[M].蔡文燕,译.北京:机械工业出版社,2007.

（二）影响机会识别的因素

成功的机会识别是创业意愿、创业能力和创业环境等多因素综合作用的结果。

1. 创业意愿是机会识别的前提

创业意愿是潜在创业者对从事创业活动与否的一种主观态度，是人们具有类似于创业者特质的程度以及人们对创业的态度、能力的一般描述。它是创业的原动力，使创业者发挥主观能动性去发现和识别市场机会。如果缺少创业意愿，再好的创业机会人们也会视而不见。

2. 创业能力是机会识别的基础

创业能力指拥有发现或创造一个新的领域，致力于理解创造新事物（新产品，新市场，新生产过程或原材料，组织现有技术的新方法）的能力，能运用各种方法去利用和开发它们，然后产生各种新的结果。创业能力分为硬件和软件，硬件就是人力、物力和财力；软件就是创业者的个人能力，包括专业技能和创业素质。创业素质包括创业热情、价值观、发现能力及创新能力。国内外研究和调查显示，与创业机会识别相关的能力主要有远见与洞察能力、信息获取能力、技术发展趋势预测能力、模仿与创新能力、建立各种关系的能力等。

3. 创业环境的支持是机会识别的关键

创业环境是创业过程中多种因素的组合，影响创业环境的因素有很多，既有内部因素，也有外部因素；既有宏观因素，也有微观因素；既有社会因素，也有自然因素。这些因素涉及市场、行业、经济、环境、政治、社会等各个方面，因此，在评价创业环境时，要全面考虑，综合评价。本节第三部分将对创业投资环境作详细的分析。

三、创业投资环境分析

创业投资过程中环境扮演着非常重要的角色。因此，在进行创业投资之前，应对选择的创业投资项目所处环境进行分析，主要包括一般环境分析、市场竞争分析和市场需求分析。

（一）一般环境

所谓一般环境，是指间接影响创业投资的环境，又称宏观环境，主要包括人口因素、经济因素、地理因素、科学技术因素、政治法律因素和社会文化因素六大组成因素。

1. 人口因素

人口因素是社会物质生活条件之一，它在社会发展中占有重要的地位，最佳的人口因素可以促进社会的发展，反之，则会阻碍社会的发展。在地大物博、人口稀少、劳力不足的国度和地方，适当增殖人口，会促进社会的进步。人口也是构成市场的基本要素之一，人口的数量直接决定市场的潜在容量，人口的各项特征也影响着市场需求特征。因此，创业投资者必须重视对人口因素的分析。目前，创业者应重点关注人口因素中的以下几个方面：

（1）人口增速。20世纪90年代末，世界人口已增加到60亿。世界人口仍以每年8000万的速度在递增，这个数字等于法国、希腊和瑞典人口之和。如果按这样的速度继续下去，到2100年，世界人口将再增加一倍，达到104亿，甚至可能达到140亿。

随着人口的适度增长,同时增加了相应的生活需求,在原有资源不能满足这些需求的条件下,客观地促进了对新的自然资源的开发和利用。对于创业者来说,人口增长意味着创业机会的增加,因为需要有更多的商品和服务供给来满足人类需求的增长。

(2) 人口老龄化。人口老龄化是指总人口中因年轻人口数量减少、年长人口数量增加而导致的老年人口比例相应增长的动态。我国人口老龄化日益严重,统计数据显示,截至2016年底,中国60岁及以上老年人口超过2.3亿,占总人口的16.7%;65岁及以上老年人口超过1.5亿,占总人口的10.8%。2017年中国老年人口进一步增长,达到15 831万人,65岁以上老年人口占比飙升至11.4%。据悉,近十年,中国65岁以上老年人口不断增长,同比增速由2008年的3.0%增长至2017年的5.5%(图3-1)。预计到2050年,中国老年人口将达到4.8亿,约占届时亚洲老年人口的五分之二、全球老年人口的四分之一。

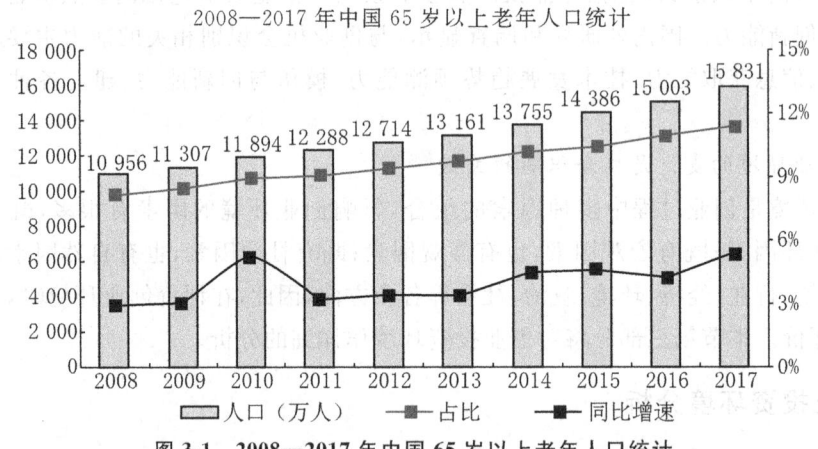

图3-1 2008—2017年中国65岁以上老年人口统计

数据来源:国家统计局

随着老龄化社会的临近,在众多创业方向中,为老年人提供产品和服务的机会正在显现,有人称之为银发经济。老年人口比例的增加势必会带来整个市场需求结构的变化,老年人的吃、穿、用、住、行、娱乐、医疗等方面都存在巨大的市场空间。

(3) 人口流动。人口流动的历史几乎就是人类文明的发展史。在发达国家,除了国家之间、地区之间、城市之间的人口流动外,还有一个突出的现象就是城市人口向农村流动。对于中国而言,随着改革开放以来户籍制度的逐步开放,以及市场经济、城镇化的快速发展,中国地区间的人口流动与迁移已成为了一种普遍的经济现象,城市人口结构中流动人口的规模正日趋扩大。由于人口的快速迁徙,打破了原有市场的供给和需求关系,带来了更多的创业机会。

(4) 家庭的规模和观念。在人口政策、城镇化和老龄化背景下,我国家庭的规模和观念正发生着变化。家庭规模越来越小,这种变化促使市场需求也发生相应转变。例如,家庭小型化使得家庭数量增加带动了住房、家具、家用电器、装修建材、汽车等需求的增加,为这些行业提供了创业机会。晚婚、少子女或丁克、独身、高离婚率和更多的已婚妇女就业,对传统家庭观念产生了巨大的冲击,而家庭观念的巨变直接影响到人们的生活和消费习惯。消费习惯的变化为创业者投资带来市场机会。

2. 经济因素

(1) 宏观经济状况。一般创业者,尤其是小本创业者,不太注意宏观经济形势对创业活动的影响,以为那是国家的事情,是"大家伙"们的事情,自己只是做点小本买卖,没必要费那个心思,其实不然。创业者必须重视宏观形势,留意观察宏观经济环境的变化。宏观经济对创业的影响主要通过对创业机会、创业资源和创业者三个有机要素的影响得以体现。例如,人民币升值、经济危机以及税收政策的调整等一些国家宏观政策都对我国创业机会的形成和分布产生了影响;在世界经济环境和国内宏观政策的影响下,原材料、资本和劳动力成本急剧上升,企业和创业者获取创业资源的难度骤然上升,对中小企业的盈利构成全面挑战。一般来说,在宏观经济大发展的情况下,市场扩大,需求增加,创业机会就多。反之,在宏观经济增速放缓、停滞甚至负增长的情况下,市场需求减小,创业机会就少。

(2) 消费者收入与消费结构。消费者收入主要形成消费人口的购买力,收入水平越高,购买力就越大。所以消费者收入是影响社会购买力、市场规模大小以及消费者支出多少和支出模式的一个重要的因素。消费者收入增加,带来了商机,创业者要注意分析消费者总体收入水平,另外还要分析研究消费者的平均收入,而且要分析研究各个阶层的消费者收入、不同地区的收入水平和工资增长率等因素。

此外,当消费者收入水平较低时,迫于生计,不得不消费较多的劣等品。当消费者收入提高时,会增加层次较高、品质较好的生活必需品的消费,这样自然而然减少了对劣等商品的消费。这便是消费结构的变化。消费结构是指各类消费支出在总费用支出中所占的比重。它是目标市场宏观经济的一个重要特征,能够反映一国的文化、经济发展水平和社会的习俗。消费结构的转变意味着一大批传统的产业要被淘汰,一些新兴的产业将诞生和成长,这种新旧产业更替的过程也是创业的最佳时机。

3. 地理因素

企业在创建过程中不可避免地会遇见一个问题:企业经营地点的选址。企业的选址对企业来说具有非常重要的作用。宏观上,经济发展比较好的区域,创业机会较多。在中国,近四十年来,大量的境外投资者和内地投资者来到东南沿海一带创业,收益颇丰。微观上,一个城市中"黄金地段"的商区,往往创业就会较多。

[案例 3-1] 肯德基的选址策略

(1) 划分商圈。肯德基计划进入某城市,就先通过有关部门或专业调查公司收集这个地区的资料。有些资料是免费的,有些资料需要花钱去买。把资料买齐了,就开始规划商圈。商圈规划采取的是记分的方法,例如,这个地区有一个大型商场,商场营业额在1 000万元算一分,5 000万元算5分,有一条公交线路加多少分,有一条地铁线路加多少分。这些分值标准是多年平均下来的一个较准确的经验值。通过打分把商圈分成好几大类,以北京为例,有市级商业型(西单、王府井等)、区级商业型、定点(目标)消费型,还有社区型、社区商务两用型、旅游型等等。

(2)选择商圈。即确定目前重点在哪个商圈开店,主要目标是哪些。在商圈选择的标准上,一方面要考虑餐馆自身的市场定位,另一方面要考虑商圈的稳定度和成熟度。餐馆的市场定位不同,吸引的顾客群不一样,商圈的选择也就不同。例如,马兰拉面和肯德基的市场定位不同,顾客群不一样,是两个"相交"的圆,有人吃肯德基也吃马兰拉面,有人可能从来不吃肯德基专吃马兰拉面,也有反之的。马兰拉面的选址当然也与肯德基不同。而肯德基与麦当劳市场定位相似,顾客群基本上重合,所以在商圈选择方面也是一样的。可以看到,有些地方同一条街的两边,一边是麦当劳另一边是肯德基。商圈的成熟度和稳定度也非常重要。比如规划局说某条路要开,在什么地方设立地址,将来这里有可能成为成熟商圈,但肯德基一定要等到商圈成熟稳定后才进入。

(3)确定聚客点。例如,北京西单是很成熟的商圈,但不可能西单任何位置都是聚客点(就是聚集人流,顾客能够并有条件驻足的地点),肯定有最主要的聚集客人的位置。肯德基开店的原则是:努力争取在最聚客的地方和其附近开店。

(4)考虑人流是否被竞争对手截住。因为人们现在对品牌的忠诚度还没到说我就吃肯德基,看见麦当劳就烦,好像还没有这种情况。只要你在我跟前,我今儿挺累的,我干嘛非再走一百米去吃别的,我先进你这儿了。除非这里边人特别多,找不着座了,我才往前挪挪。但人流是有一个主要动线的,如果竞争对手的聚客点比肯德基选址更好,那就有影响。如果是两个一样,就无所谓。例如北京北太平庄十字路口有一家肯德基店,如果往西一百米,竞争业者再开一家西式快餐店就不妥当了,因为主要客流是从东边过来的,再在那边开,大量客流就被肯德基截住了,开店效益就不会好。

(5)聚客点影响商圈选择。聚客点的选择也影响到商圈的选择。因为一个商圈有没有主要聚客点是这个商圈成熟度的重要标志。为了规划好商圈,肯德基开发部门投入了巨大的努力。以北京肯德基公司而言,其开发部人员常年跑遍北京各个角落,对这个每年建筑和道路变化极大,当地人都易迷路的地方了如指掌。经常发生这种情况,北京肯德基公司接到某顾客电话,建议肯德基在他所在地方设点,开发人员一听地址就能随口说出当地的商业环境特征,是否适合开店。在北京,肯德基已经根据自己的调查划分出的商圈,成功开出了56家餐厅。

资料来源:刘国栋.肯德基在中国:天时,地利,人和[M].北京:机械工业出版社,2007.

4. 科学技术

随着科技的发展,尤其是信息通信技术的发展,一方面,创新及创业变得更容易。因为创业的成本结构在改变。例如,过去创业需要很多前期投资才能够开设一个网站,创业者需要购买服务器,或是采购一些基础的技术等。但现在有了云平台(如阿里云、亚马逊网络服务)以及许多工作流程工具,可以帮助创业者减少前期投资,更轻松的开展创业工作。另一方面,更容易吸引到人才资本。过去20年中,企业家或创业者进入了一个黄金时期,不仅有更多的人汇聚到一起创业,而且有更大的空间使创业者的梦想变为现实。例如,马云通过 IPO 的方式赚尽了数十亿美金,脸书、苹果、百度、腾讯等都是从很小的创业公司慢慢一步步成为国际巨头。这些故事都激励鼓舞着新一代的年轻人,选择投身到创业浪潮当中。

5. 其他因素

(1) 政治因素。一个国家的政治制度、政策方针、法令法规、政治形势、党派斗争和社会秩序等均会对创业者投资产生影响。例如,一个国家的政局稳定与否很重要。如果政局稳定,人民安居乐业,就会给企业营销造成良好的环境。相反,政局不稳,社会矛盾尖锐,秩序混乱,就会影响经济发展和市场的稳定;此外,政府政策,尤其创业政策的支持有利于消除不利于创业创新发展的各种制度束缚和桎梏,支持各类市场主体不断开办新企业、开发新产品、开拓新市场,培育新兴产业。

(2) 法律环境。法律环境是指国家或地方政府所颁布的各项法规、法令和条例等。近年来,为适应经济体制改革和对外开放的需要,我国陆续制定和颁布了一系列法律法规,例如,《产品质量法》《企业法》《经济合同法》《涉外经济合同法》《商标法》《专利法》《广告法》《食品卫生法》《环境保护法》《反不正当竞争法》《消费者权益保护法》《进出口商品检验条例》等。企业的营销管理者必须熟知有关的法律条文,才能保证企业经营的合法性,运用法律武器来保护企业与消费者的合法权益。创业者要学习和熟悉相关的法律法规,提升法律素养的同时,捕捉由于法令法规变化带来的创业投资机会。

(二) 市场竞争环境

市场竞争环境包括市场竞争结构和行业竞争结构两方面。

1. 市场竞争结构

市场结构,是指市场在组织和构成方面的一些特点影响着厂商的行为和活动,或者某种物品或劳务在市场上的竞争程度。决定市场结构的因素主要有两个:一是市场上买者和卖者的数目;二是产品的相互替代程度。

按照西方经济学的传统观点,市场结构分为四类:完全竞争市场、完全垄断市场、垄断竞争市场和寡头垄断市场。

(1) 完全竞争市场。完全竞争市场是指市场上的竞争是充分的,在这个市场上,任何买者或卖者都是市场价格的接受者,无法用增加或减少自己的购销量对价格施加影响,只能按市场既定的价格来调整自己的购买量或销售量。

这个市场具有五个特征:①买卖者人数众多,价格既定;②产品是同质的,单个厂商无法提价;③无人为限制;④要素的自由流动,厂商进出自由;⑤信息是完全畅通的,不会有高价购买或低价出售。

在现实生活中完全竞争市场是不存在的,只有农产品市场勉强有点挂钩。

(2) 完全垄断市场。完全垄断市场与完全竞争市场是相对而言的,它主要是指单个生产者或销售商对某种原料或产品的生产与销售具有完全决定权的市场结构。如矿业、电力、电话、自来水、军火等;有时也指单个的购买者对某种原料或产品的收购价格与数量具有决定权,如粮食、烟草等部门收购时都属于这种情况。

完全垄断市场的五个特征:①厂商代表行业;②产品无法找到其他的替代品;③新厂商进入行业很困难;④信息由厂商控制,不公开;⑤企业决定产品的价格。

(3) 垄断竞争市场。垄断竞争市场是介于完全竞争市场与完全垄断市场之间,既有竞争又有垄断,是竞争与垄断的混合;也就是一种既不是完全垄断又不是完全竞争的市场结构,是一种最常见的市场结构。

垄断竞争市场的四个特征:①同种产品之间有差别并且具有替代性;②厂商的数量相当多;③厂商进入该行业比较容易;④信息交流不完全。

(4) 寡头垄断市场。寡头垄断市场是指一个市场上只存在少数几个卖者,卖者数量少,各自对价格和产量的决定有影响能力,也可以认为是某个市场被几个厂商控制的一种市场组织结构。寡头垄断行业往往是生产高度集中的行业,如钢铁、汽车、石油等行业。

寡头垄断市场的三个特征:①在这种市场上只有少数几个厂商;②厂商之间存在着互相依存和互相制约的关系;③新厂商进入该行业比较困难。

2. 行业竞争结构

根据波特(M.E.Porter)的观点,一个行业中的竞争,不只是在原有竞争对手中进行,而是存在着五种基本的竞争力量:潜在的行业新进入者、替代品的竞争、买方讨价还价的能力、供应商讨价还价的能力以及现有竞争者之间的竞争。这五种基本竞争力量的状况及综合强度,决定着行业的竞争激烈程度,从而决定着行业中最终的获利潜力以及资本向本行业的流向程度,这一切最终决定着企业保持高收益的能力。波特五力分析属于外部环境分析中的微观环境分析,主要用来分析本行业的企业竞争格局以及本行业与其他行业之间的关系。

(1) 潜在的行业新进入者:潜在的行业新进入者是行业竞争的一种重要力量,这些新进入者大都拥有新的生产能力和某些必需的资源,期待能建立有利的市场地位。新进入者加入该行业,会带来生产能力的扩大,带来对市场占有率的要求,这必然引起与现有企业的激烈竞争,使产品价格下跌;另一方面,新加入者要获得资源进行生产,从而可能使得行业生产成本升高,这两方面都会导致行业的获利能力下降。

(2) 替代品的竞争:某一行业有时常会与另一行业的企业处于竞争的状况,其原因是这些企业的产品具有相互替代的性质。替代产品的价格如果比较低,它投入市场就会使本行业产品的价格上限只能处在较低的水平,这就限制了本行业的收益。本行业与生产替代产品的其他行业进行的竞争,常常需要本行业所有企业采取共同措施和集体行动。

(3) 买方讨价还价的能力:买方亦即顾客,买方的竞争力量需要视具体情况而定,但主要由以下三个因素决定:买方所需产品的数量、买方转而购买其他替代产品所需的成本、买方所各自追求的目标。买方可能要求降低购买价格,要求高质量的产品和更多的优质服务,其结果是使得行业的竞争者们相互竞争残杀,导致行业利润下降。

(4) 供应商讨价还价的能力:对某一行业来说,供应商竞争力量的强弱,主要取决于供应商行业的市场状况以及他们所提供物品的重要性。供应商的威胁手段一是提高供应价格,二是降低相应产品或服务的质量,从而使下游行业利润下降。

(5) 现有竞争者之间的竞争:这种竞争力量是企业所面对的最强大的一种力量,这些竞争者根据自己的一整套规划,运用各种手段(价格、质量、造型、服务、担保、广告、销售网络、创新等)力图在市场上占据有利地位和争夺更多的消费者,对行业造成了极大的威胁。"其他利益相关者"是管理学家弗雷曼建议加到波特的竞争模型中去的。这些利益相关者是政府、工会、地方社区、借贷人、贸易组织、股东、特殊利益集团。其中,政府的作用力最大。

(三) 市场需求

市场需求分析是指估计市场规模的大小及产品潜在需求量。在进行创业投资环境分析时要注意对市场需求的分析,要从顾客的真实需求开始,推测市场需求量,对未来的市场需求进行预测,在此基础上作出创业决策。

1. 市场需求分析的影响因素

(1) 价格。在其他条件不变的情况下,某一商品的价格越低,消费者对该商品的需求量越大;而商品的价格越高,消费者对该商品的需求量则越小。

(2) 偏好。这里所说的偏好,既与消费者的个人爱好和个性有关,也与整个社会风俗、传统习惯、流行时尚有关。

(3) 收入。一般来说,收入与需求是正相关的,即别的条件不变的情况下,收入越高,对商品的需求越多,这是因为较高的收入代表了较高的购买能力和支付能力,而需求是受支付能力的约束的。

(4) 相关商品价格。需求不仅取决了商品自身的价格,也在相当程度上受其他商品价格的影响。在其他商品中,有两类商品的价格影响最大。一是替代品,即在消费中相当程度上可互相代替的商品;二是互补品,即经常放在一起消费的商品。

(5) 预期。这里说的预期,不是指消费者的个人预期,而是指对商品需求产生影响的是社会的群体预期,无论这种预期正确与否。

2. 市场需求分析的步骤

第一,确定目标市场。在市场总人口数中确定某一细分市场的目标市场总人数,此总人数是潜在顾客人数的最大极限,可用来计算未来或潜在的需求量。

第二,确定地理区域的目标市场。算出目标市场占总人口数的百分比,再将此百分比乘上地理区域的总人口数,就可以确定该区域目标市场数目的多寡。

第三,考虑消费限制条件。考虑产品是否有某些限制条件足以减少目标市场的数量。

第四,计算每位顾客每年平均购买数量。从购买率/购买习惯中,即可算出每人每年平均购买量。

第五,计算同类产品每年购买的总数量。区域内的顾客人数乘以每人每年平均购买的数量就可算出总购买数量。

第六,计算产品的平均价格。计算产品的平均价格。利用一定的定价方法,算出产品的平均价格。

第七,计算购买的总金额。把第五项所求得的购买总金额,乘以第六项所求得的平均价格,即可算出购买的总金额。

第八,计算企业的购买量。将企业的市场占有率乘以第七项的购买总金额,再根据最近五年来公司和竞争者市场占有率的变动情况,做适当的调整,就可以求出企业的购买量。

第九,需要考虑的其他因素。有关产品需求的其他因素,例如,若是经济状况、人口变动、消费者偏好及生活方式等有所改变,则必须分析其对产品需求的影响。根据这些信息,客观地调查第八项所获得的数据,即可合理地预测在总销售额及顾客人数中公司的潜在购买量。

3. 市场需求分析的方法

(1) 马斯洛需求层次。马斯洛需求包含五个层次,分别是:生理需求、安全需求、社交需求、尊重需求、自我实现需求(图 3-2)。

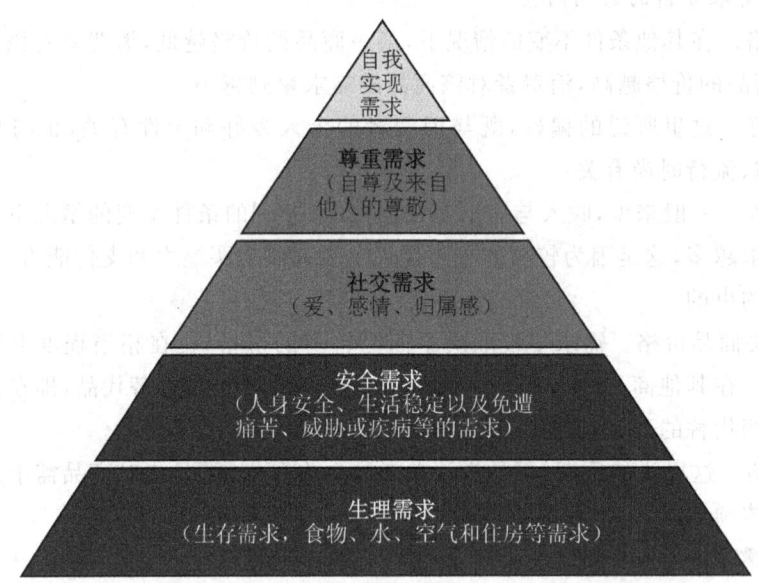

图 3-2　马斯洛需求层次

(2) 5W2H 法(图 3-3)。

what——用户目标是什么?产品目标是什么?企业目标是什么?

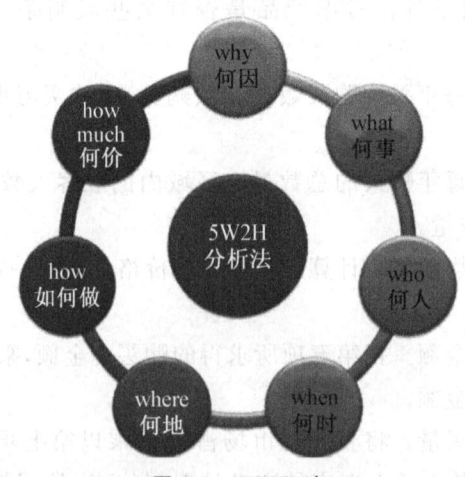

图 3-3　5W2H 法

who——谁是用户？谁是目标用户？他们有什么特征属性。

why——为什么？为什么要这么做？理由何在？原因是什么？

when——用户在什么时候会用？使用的场景处于什么时间段。

where——用户在哪里使用？使用的场景所处的位置，如公交地铁、办公室、户外等。

how——怎么做？如何提高效率？如何实施？方法怎样？用户会怎样使用？

how much——做到什么程度？当成核心功能做深做透还是只是浅浅地做。

(3) SWOT分析模型（图3-4）。

S：优势（strength），内部因素，例如充足的资金、有影响力的品牌或公司形象、市场份额、技术力量等。

W：劣势（weakness），内部因素，例如缺失人才、时间紧迫、资金缺口大等。

O：机会（opportunity），外部因素，例如发现市场空白点、竞争对手失误等。

T：威胁（threat），外部因素，例如出现新的竞争对手或者替代产品、目标用户流失、政策风险等。

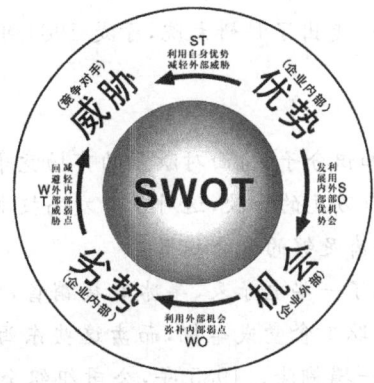

图3-4 SWOT分析法

SWOT分析法不需要考虑得过于复杂但需要全面，同时需要对自身和外部环境有一个比较客观的认识。通过这一方法，基本可以找到一款产品领域中自身所处的位置和采取怎样的竞争策略。

(4) PEST分析法。PEST分析是指宏观环境的分析，P是政治环境（politics），E是经济环境（economy），S是社会环境（society），T是技术环境（technology）。

PEST分析法可能不会经常用到，但是这是一个我们现在不容忽视的思维，比如我们在分析竞品的时候，想要知道我们有哪些技术优势，我们能够在什么地方可以领先别人；再比如我们现在正在做的项目，符合两会的主张，借着政策的利好，迎合政府的口号，去设计开发产品；并且获得了一笔小小的投资，也有了经济基础，目前正打算收购一家硬件厂商。有了政策、技术、经济环境，我们可以实现很多以前我们没有想过或者不敢做的需求。所以对于PEST分析法，我们可以无视它，但是不能否认它存在的意义。

综合案例　联想集团创业之路

以贸工技起步的联想集团控股（有限）公司，选择合适的创业项目，采用正确的战略，在激烈的竞争中树立了中国IT行业民族品牌的形象，如今，它已成为中国电脑行业的龙头老大。

一、创业背景

1978年全国科学技术大会的召开，明确了"科学技术是生产力"这一概念。1982年，党中央又发布了"经济建设必须依靠科学技术，科学技术工作必须面向经济建设"的指导方针。一时间北京中关村涌现出了上百家高新技术公司，与这些公司近在咫尺的中国科学院电脑所承受着强大的冲击。在中国科学院正式实施"一院两制"后，电脑研究所的王树和、柳传志、张国祥等人率先走出了科研大院，于是1984年11月宣布成立中国科学院电脑所新技术发展公司。

二、艰难创业

刚刚步入市场大潮中的知识分子们，面对激烈的市场竞争，一时不知所措。而公司刚成立时，电脑所只给了他们20万元的贷款，这对于开发高技术产品的公司只是杯水车薪，要想继续发展下去，就必须要有足够的资金积累。

为了筹集资金，他们抓来了一些电子表、旱冰鞋搞销售，由于中国知识分子那份特有的羞涩，他们只敢把摊子摆在职工食堂或车棚，而卖这些东西的人却远远地守在一边，这样做生意的结果肯定是赔得一塌糊涂。1985年，公司组织全体职工，包括科技人员和总经理在内，全部投入低档次的技术劳务——为社会上其他公司验收、维修电脑、培训人员、技术劳务，实际上就是出卖技术劳动力。这样苦干了一年，他们用自己的汗水积累了70万元人民币，为今后开发拳头产品积累了必要的资金。

公司成立时，所里虽然没有给他们多少资金，但答应下放给他们"三权"：人事权、财务权与自主经营权。现在钱与权基本上都有了，下一步怎么走？通过仔细的市场调查，他们发现国内有大量的进口微机，但却被大批闲置或只当作打字机使用。电脑的"汉化"已迫在眉睫、势在必行。而怎样才能突破"汉化"这一关呢？在事先没有商量的情况下，公司的几位创始人——柳传志、王树和、张祖祥不约而同想到了一个人——倪光南。除了请贤聘能以外，别无他法。正是在倪光南的带领下，1986年，诞生了"联想中文卡"。1989年11月14日，新技术发展公司正式更名为北京联想电脑集团公司。

贤能者在一个充满希望的事业空间总是成群出现。在当时联想的小小门市部竟有两个站柜台的研究员——张品贤和胡锡兰。"研究员站柜台"是联想贸工技战略的最好说明，电脑这一高技术产品，正是基于这种知识分子的市场活动才能转移到消费者手中，而在当时最有资格来销售这些产品的，恰恰正是电脑所的这些知识分子。

三、加快产品市场化

经过不断开发、完善,联想逐步形成了8个软体版本、6个型号的联想中文卡系统,广泛应用于六个大的领域;而后,他们又连续开发出FAX通信系统、CAD超级汉字系统、GK40可编程工业控制器、联想286微机等一系列高技术产品。经过对286时代的市场培育,公司终于在386和最好档次的电脑上得到了回报。

为了让产品尽快转化为社会生产力,联想不仅仅将科学技术应用于产品的开发阶段和销售阶段,还将它进一步延伸到产品的生产、加工、开拓市场和售后服务等各个环节,使联想公司进入市场竞争的轨道,大大提高了开发效率。比如,联想中文卡系统开发仅1年就产生了经济效益;联想286微机也仅仅用了半年的时间,就以优异的性能和便宜的价格挤进了国际市场。此外,联想公司每年还举办两次全国范围的大型技术交流演示会,其培训中心每年免费为社会培训5 000多名电脑应用人员,并在全国设置了36个维修服务网点。公司在试制新产品的时候,将科技与经济紧密结合,有效地将科学技术转化为社会生产力。

从创业初期五花八门的项目选择,到发现真正的创业金点子,联想人坚持的创业战略,既是联想创业成功的保证,也为中国其他高技术人才创业提供了思路。

[思考与讨论]

1. 公司成立初期,联想为什么会选择维修电脑、培训人员、技术劳务等出卖技术劳动力的创业项目?这些创业投资项目对联想起了什么作用?
2. 联想真正实现飞跃是凭了哪些创业投资项目?为什么?

复习思考题

1. 简述投资的特征。
2. 如何理解投资的意义?
3. 简述创业投资项目类型。
4. 如何选择创业投资项目?
5. 如何进行创业投资环境分析?
6. 大学生如何识别和把握创业投资机会?
7. 结合综合案例"联想集团创业之路",谈谈自己的感想。

第4章 创业投资评价方法

[学习目标]

通过本章学习,学生应理解各种创业投资评价指标,学会计算各类非贴现和贴现评价指标,并能够运用各类方法进行投资决策。

[创业励志名言]

宁可错过100个机会,不可投错一个项目。

——史玉柱

导入案例 ▶ 万学教育的商机

张锐是中国人民大学的管理学博士,2006年7月毕业,8月份即创办了万学教育,开始创业生涯。在中国人民大学读博士时,张锐担任了研究生会主席,同时在海文教育集团兼职。他为海文设计了一套新的管理方式,帮助海文将分支机构从2家扩大到20多家,一度使海文在北京地区的考研培训业务做到第一。

在海文这么一个偶然的经历,让张锐对教育领域有了不同的感受。他发现,每年上百万人考研,孕育了巨大的考前培训市场;而这个遍地开花、看似一片红海的行业,其实制造了一个让大多数人都迷惑的假象。张锐毅然决定以考研培训为突破口切入成人高端教育市场。

张锐认为,尽管国内考研培训行业已走过近20年历程,但它承担的更多只是一个中介功能,把教师传递给学生,其间并未创造附加价值,消费者的深层需求被忽视了。继而他萌生了一个大胆的想法——通过一定的方式把几家考研培训机构和教研机构整合起来,把看似无序的教育培训过程用精细和科学的方式管理,整合资源,创建中国教育行业的优秀企业。

张锐用11天的时间从中国人民大学到北京大学、清华大学,一直到南开大学,说服了

5个朋友一起创业。为打造核心竞争力，万学提出三大能力构建：教学体系——个性化"配菜"；服务模式——量身定制学习方案；利用教育技术整合资源——模块化。万学模式本质上是大规模定制模式，为学生提供个性化服务。事实证明，应用这套技术培训的升学率远高于普通培训机构。

资料来源：李仉辉，康海燕.创业投资管理[M].上海：立信会计出版社，2016.

第1节 创业投资评价方法概述

当我们产生了一个企业的想法并经过完善形成一个创业项目后，是不是就业可以马上付诸实施呢？答案是否定的。因为这个创业投资项目到底能不能实施，投资能否获益，收益有多少，都没有经过充分的评估。因此，创业投资项目的评价对创业企业而言十分重要。

一般地，当企业进行投资时，为了避免盲目投资，需要小心地运用各种投资决策方法对所提方案进行评价、取舍、选优。而经济效益评价是各种投资项目进行经济性评价的核心，被广泛地使用，尤其是在企业投资项目方面更发挥着更大的作用。如何取舍，要通过评价方法进行测算，保证企业的项目投资决策不失误。而目前在相关领域所使用的评价指标体系的设置和评价方法的应用，都存在着一些不合理。认清这些问题，寻找更好的办法加以解决，对提高经济效益评价的正确性和科学性无疑具有更重要的现实意义。

一、创业投资项目评价指标

创业投资项目评价指标是指对项目做出投资评价时所依据的财务指标。选择投资评价指标是项目决策的重要内容。投资评价的指标主要有会计收益率、投资回收期、净现值、净现值率、盈利能力指数、内含报酬率等。这些指标可以按不同的标准进行分类。

二、创业投资评价指标的分类

（一）按是否考虑资金时间价值分类

项目投资评价指标按是否考虑时间价值可分为非贴现评价指标和贴现评价指标两大类。非贴现评价指标是指在计算过程中不考虑资金时间价值因素的指标，又称为静态评价指标。与非贴现评价指标相反，贴现评价指标在计算过程中充分考虑和利用资金时间价值，又称为动态评价指标。

（二）按指标性质不同的分类

项目投资决策按指标性质不同可分为在一定范围内越大越好的正指标和越小越好的反指标两大类。正指标包括投资利润率、净现值、净现值率、净现值指数和内含报酬率；反指标包括静态投资回收期和动态投资回收期。

（三）按指标数量特征的分类

项目投资评价指标按指标数量特征可分为绝对量指标和相对量指标。前者包括以时间为计量单位的投资回收期指标和以价值量为计量单位的净现值指标；后者包括净现值率、现值指数、内含报酬率、盈利能力指数等指标。除现值指数以指数形式表现外，其余指标为百分比指标。

(四) 按指标重要性的分类

按指标重要性,项目投资评价指标可分为主要指标、次要指标和辅助指标。净现值、内含报酬率等为主要指标;静态投资回收期为次要指标;投资利润率为辅助指标。

本书主要按是否考虑资金时间价值的分类进行介绍,其中非贴现现金流量评价方法包括投资回收期法和会计收益率法,贴现现金流量评价方法包括净现值法、盈利能力指数法、内含报酬率法和动态投资回收期法。

第2节 非贴现评价方法

非贴现现金流量评价方法是指不考虑货币时间价值的评价方法,这种方法计算简单、直观,但由于评价时没有考虑资金的时间价值,因而精确性较差,一般用于技术经济数据不完备、不需要精确计算的项目初选阶段。

方法具体包括:投资回收期法和会计收益率法。

一、投资回收期法

(一) 定义

投资回收期(payback period,PP)是指回收某项投资所需的时间,一般用年数表示。也称投资回收期法,是计算项目投产后在正常生产经营条件下的收益额和计提的折旧额、无形资产摊销额用来收回项目总投资所需的时间,与行业基准投资回收期对比来分析项目投资财务效益的一种静态分析法。投资回收期法可以理解为用来计算各个备选方案原始投资额收回时间,据此选择投资方案是否可行的一种方法,又称"投资返本年限法""静态投资回收期法"或"普通回收期法"。

(二) 计算方法

投资回收期的计算相当简单,其计算公式如下:

$$\sum_{t=1}^{T} C_t - C_0 = 0$$

式中,T 为投资回收期,C_t 为 t 时期的现金流入量,C_0 为初始投资额。

在投资项目各期现金流量相等的情况下,只要用投资的初始投资额除以每年的现金流量即可。其公式为:

$$投资回收期(PP) = \frac{初始投资额}{每年的净现金流量}$$

【例题 4-1】如果某项目的净现金流量如表 4-1 所示,试计算该项目的投资回收期。

表 4-1 某项目净现金流量表   单位:万元

年份	第0年	第1年	第2年	第3年
净现金流量	−1 500	550	550	550

投资回收期 PP＝1 500/550＝2.73（年）

如果投资项目投产后每年产生的净现金流入量不等（绝大多数情况下是这样），投资回收期可按逐期累计净现金流量计算，当累计净现金流量与初始投资达到相等时所需的时间，即为投资回收期。可以表示为：

$$投资回收期 = 累计净现金流量第一次为正值的年份 - 1 + \frac{上年累计净现金流量绝对值}{出现正值年份的净现金流量}$$

【例题4-2】某投资项目的税后净现金流量和累计净现金流量如表4-2所示。

表4-2　某投资项目数据　　　　　　　　　　　单位：万元

年　份	第0年	第1年	第2年	第3年	第4年	第5年	第6年
净现金流量	－1 000.0	－500.0	287.5	445.0	445.0	445.0	945.0
累计净现金流量	－1 000.0	－1 500.0	－1 212.5	－767.5	－322.5	122.5	1 067.5

该项目从第5年开始出现正值，投资回收期为：

$$投资回收期 = 5 - 1 + \frac{|-322.5|}{445} = 4.72（年）$$

（三）决策规则

投资回收期指标所衡量的是收回初始投资的速度的快慢。其基本的选择标准是：在只有一个项目可供选择时，该项目的投资回收期要小于决策者规定的最高标准；如果有多个项目可供选择时，在项目的投资回收期小于决策者要求的最高标准的前提下，还要从中选择回收期最短的项目。一般来说，投资回收期越短，投资的经济效果越好，对投资者越有利。

（四）投资回收期法的特点

投资回收期法的优点是：易于理解，计算简便，且在一定程度上考虑了投资的风险状况（投资回收期越长，投资风险越高，反之，投资风险则减少），只要算得的投资回收期短于行业基准投资回收期，就可考虑接受这个项目。

但是，投资回收期指标也存在着一些致命的弱点。

第一，投资回收期指标将各期现金流量给予同等的权重，没有考虑资金的时间价值。

第二，投资回收期指标只考虑了回收期之前的现金流量对投资收益的贡献，没有考虑回收期之后的现金流量对投资收益的贡献。

第三，投资回收期指标的标准确定主观性较大。

虽然静态投资回收期存在更为致命的缺陷，但却由于一系列实用价值而广泛应用：计算简单；易于理解；虽然简单忽略投资回收期以外的现金流具有任意性，但一般情况下，大多数投资回收期短且在回收期后有额外收入的项目通常也有正的净现值；对于相对较小的投资，进行大量分析的成本往往会超出错误决策的潜在损失；能对项目的流动性进行控制；提供了另一种风险控制方式。

二、会计收益率法

(一) 定义

会计收益率(accounting rate of return,ARR)是指项目的原始投资所获得的年平均净收益率。会计收益率法就是将扣除所得税和折旧之后的项目平均收益除以整个项目期限内的平均账面投资额。它是考察项目单位投资盈利能力的静态指标。

(二) 计算方法

会计收益率的计算公式如下:

$$会计收益率 = \frac{年平均净收益}{平均投资额} \times 100\%$$

年平均净收益一般为项目经营期各年税后利润之和的算术平均值。平均投资额指固定资产账面价值的算术平均数。

当采用直线折旧法时,平均投资额计算公式可简化为:

$$平均投资额 = \frac{总投资额 + 残值}{2}$$

【例题 4-3】投资者正在观察一个 3 年期的项目,预测净利润是第 1 年 2 000 美元,第 2 年 4 000 美元,第 3 年 6 000 美元。项目的成本为 12 000 美元,它将以直线法在项目的 3 年存续期间内折旧完毕。会计报酬率(AAR)是多少?

年平均净利润 = (2 000 + 4 000 + 6 000)/3 = 4 000(美元)

平均账面价值 = 12 000/2 = 6 000(美元)

AAR = 4 000/6 000 = 66.67%

(三) 决策规则

会计收益率可以与企业的基准会计收益率进行比较。如果会计收益率大于企业的基准会计收益率,可以接受该项目,否则就放弃该项目。在进行多个互斥项目的投资方案比较时选择会计收益率高的方案。

在项目评价中,将项目投资利润率与行业平均利润率或其他基准利润率比较,以判断项目的投资利润率是否达到本行业的平均水平或所希望达到的水平。

【例题 4-4】某投资项目,初步考察有两种方案,资金成本均为 14%,经测算得出的有关数据如表 4-3 所示。

表 4-3 投资方案有关数据测算表　　　　　　单位:元

期间(年)	方案 A		方案 B	
	投资额	净收益	投资额	净收益
0	100 000		100 000	
1		5 000		10 000
2		10 000		15 000

续表

期间 (年)	方案 A		方案 B	
	投资额	净收益	投资额	净收益
3		15 000		18 000
4		20 000		20 000
5		25 000		

计算会计收益率：

方案 A：

投资项目预计年平均净收益 $=\dfrac{5\,000+10\,000+15\,000+20\,000+25\,000}{5}=15\,000(元)$

会计收益率 $=\dfrac{15\,000}{100\,000}=15\%$

方案 B：

投资项目预计年平均净收益 $=\dfrac{10\,000+15\,000+18\,000+20\,000}{4}=15\,750(元)$

会计收益率 $=\dfrac{15\,750}{100\,000}=15.75\%$

进行决策：由于方案 A、B 的会计收益率均大于资金成本，所以二者可取。但因方案 B 比方案 A 具有较高的会计收益率，故应选择 B 投资方案。

（四）会计收益率法的特点

这是一个优缺点共存的资本预算方法，在公司理财中经常使用。

会计收益率法的优点：它是一种衡量盈利性的简单方法，易于理解；使用财务报告的数据，容易取得；考虑了整个项目寿命期的全部利润；该方法揭示了采纳一个项目后财务报表将如何变化，使经理人员知道业绩的预期，也便于项目的后评估。

会计收益率法的缺点：使用账面收益而非现金流量，忽视了折旧对现金流量的影响；忽视了净收益的时间分布对于项目经济价值的影响。

第 3 节　贴现评价方法

投资者一般都十分关心投资的回收速度，为了减少投资风险，都希望越早收回投资越好。科学的项目投资决策必须认真考虑资金的时间价值，这就要求在决策时一定要弄清楚每笔预期收入款项的具体时间，因为不同时间的资金具有不同的价值。因此，在衡量方案优劣时，应根据各投资项目寿命周期内各年的现金流量，按照资本成本，结合资金的时间价值来确定。

贴现现金流量评价方法是指考虑货币时间价值的评价方法，具体包括：净现值法、盈利能力指数法、内含报酬率法和动态回收期法。

一、净现值法

(一) 定义

净现值(net present value,NPV)是一项投资所产生的未来现金流的折现值与项目投资成本之间的差值。一般指在一个投资项目的整个经济寿命期间内各年净现金流量按一定的贴现率计算的现值之和。净现值法是评价投资方案的一种方法。该方法利用净现金效益量的总现值与净现金投资量算出净现值,然后根据净现值的大小来评价投资方案。

净现值法所依据的原理是:假设预计的现金流入在年末肯定可以实现,并把原始投资看成是按预定贴现率借入的,当净现值为正数时偿还本息后该项目仍有剩余的收益,当净现值为零时偿还本息后一无所获,当净现值为负数时该项目收益不足以偿还本息。

净现值法具有广泛的适用性,净现值法应用的主要问题是如何确定贴现率,一种办法是根据资金成本来确定,另一种办法是根据企业要求的最低资金利润来确定。

(二) 计算方法

计算公式为:净现值=未来报酬总现值-建设投资总额

$$NPV = \sum_{t=1}^{n} \frac{C_t}{(1+r)^t} - C_0$$

式中,NPV 为净现值,C_0 为初始投资额,C_t 为 t 年现金流量,r 为贴现率,n 为投资项目的寿命周期。

如果将初始投资额看做第 0 年的现金流量,同时考虑到 $(1+r)^0 = 1$,则上式可以变换为:

$$NPV = \sum_{t=0}^{n} \frac{C_t}{(1+r)^t}$$

(三) 决策准则

如果投资项目的净现值大于零,接受该项目;如果投资项目的净现值小于零,放弃该项目;如果有多个互斥的投资项目相互竞争,选取净现值最大的投资项目。

项目 A、B 的净现值均大于零,且 A 大于 B,表明这两个项目均可取。如果二者只能取一个,则应选取项目 A。如果投资项目除初始投资额外各期现金流量均相等,则可利用年金现值系数表计算,使计算过程简化。

净现值是负值,从理论上来讲,投资方案是不可接受的,但是从实际操纵层面来说这也许会跟公司的战略性的决策有关,比如说是为了支持其他的项目,开发新的市场和产品,寻找更多的机会获得更大的利润。此外,回避税收也有可能是另外一个原因。当然净现值越大,投资方案越好。净现值法是一种比较科学也比较简便的投资方案评价方法。

【例题 4-5】某投资项目中规定,投资 11 000 元,在五年中每年平均收入 5 310 元,并且还有残值 2 000 元,每年支出的经营费和维修费为 3 000 元,按投入赚得 10% 的利率计算,试说明它是否是一个理想方案?

解:绘制的现金流图如图 4-1 所示。

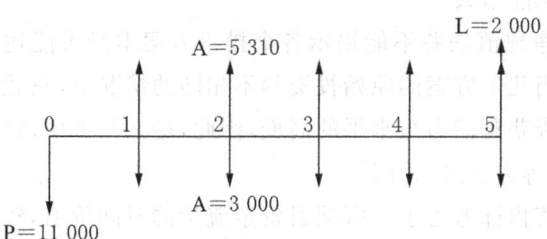

图 4-1　方案现金流量图

$$\mathrm{NPV} = -11\,000 + (5\,310 - 3\,000) \times (P/A, 10\%, 5) + 2\,000 \times (P/F, 10\%, 5)$$
$$= -1\,001.5(元)$$

因为净现值小于零,所以它不是一个理想方案。

【例题 4-6】某公司拟扩大经营规模,从 A、B 两个互斥项目中选择一个进行投资,两个项目的现金流数据如表 4-4 所示。

表 4-4　A、B 项目现金流量数据表　　　　　　　　　　单位:元

指标	年度	项目 A	项目 B
初始投资	0	500 000	300 000
经营现金流量	1	90 000	130 000
	2	150 000	130 000
	3	460 000	130 000
贴现率		10%	10%

用 NPV 法作出投资判断。

$$\mathrm{NPV}_A = \frac{90\,000}{(1+10\%)} + \frac{150\,000}{(1+10\%)^2} + \frac{460\,000}{(1+10\%)^3} - 500\,000 = 51\,389.9(元)$$

$$\mathrm{NPV}_B = 130\,000 \times (P/A, 10\%, 3) - 300\,000 = 130\,000 \times 2.486\,9 - 300\,000$$
$$= 23\,297(元)$$

根据 NPV 法,选择项目 A。

(四) NPV 法的特点

1. 优点

考虑了资金时间价值,增强了投资经济性的评价;考虑了全过程的净现金流量,体现了流动性与收益性的统一;考虑了投资风险,风险大则采用高折现率,风险小则采用低折现率。

2. 缺点

净现值的计算较麻烦,难掌握;净现金流量的测量和折现率较难确定;不能从动态角度直接反映投资项目的实际收益水平;项目投资额不等时,无法准确判断方案的优劣。

采用净现值法必须事先确定一个较符合经济现实的基准收益率 i,而 i 的确定比较复

杂困难。若 i 定得太高,会失掉一些经济效益好的项目;若 i 定得太低,则可能会接受过多的项目,造成投资风险增大。

值得注意的是,净现值法并不能揭示各个投资方案本身可能达到的实际内部收益率究竟是多少,特别是当几个方案的原始投资额不相同的情况下,只凭净现值的绝对数的大小,尚不能判断出投资获利能力与水平的高低,因此,还必须考虑运用内含报酬率法、净现值率法和现值指数法等方法进行评价。

总的来说,净现值指标考虑了投资项目资金流量的时间价值,较合理地反映了投资项目的真正的经济价值,是一个比较好的投资决策指标。

二、盈利能力指数法

(一) 定义

盈利能力指数(profitability index,PI)亦称现值指数、现值比率等,是指初始投资以后所有预期未来现金流量的现值和初始投资的比率。它表示的是投资项目的相对盈利能力,即每 1 元成本所带来利润的现值。

(二) 计算公式

盈利能力指数(PI)＝初始投资所带来的后续现金流量的现值/初始投资,即:

$$PI = \frac{\sum_{t=0}^{n} R_t (1+i)^{-t}}{\sum_{t=0}^{n} C_t (1+i)^{-t}}$$

式中,PI 代表盈利能力指数,R_t 代表第 t 期的收益值(即各年中流入系统的现金收益值,等于投资方案引起的收入增加量减去费用的增加量),C_t 代表第 t 期的支出值(也即各年流出系统的净现金投资量)。

(三) 决策准则

一般而言,如果投资项目的盈利能力指数大于1,该投资项目就是可以接受的。投资项目的盈利能力指数越高,该投资项目的盈利能力也越大,其投资可行性也越大。如果几个方案的指数盈利能力指数均大于1,那么指数越大,投资方案越好。

【例题 4-7】某项目初始投资 1 000 万元,当年收益。项目寿命期 4 年,每年净现金流量 400 万元,若资本成本为 10%,求项目的获利指数。

$$PI = \frac{\sum_{t=1}^{n} \frac{NCF_t}{(1+i)^t}}{C} = \frac{400 \times (P/A, 10\%, 4)}{1\,000} = \frac{1\,267.92}{1\,000} = 1.268$$

结论:由于该项目的获利指数大于1,因此是可行方案。

(四) 特点

盈利能力指数法考虑了货币的时间价值和整个项目期内的全部现金流入量和流出量,而且是相对数,可以表明项目单位投资的获利能力,反映了项目的相对盈利性,更便于投资额不等的多个项目之间的比较和排序。但在比较互斥项目投资时,可能会导致错误的决策。

【例题 4-8】若必要报酬率为 10%，分别使用获利能力指数法则和 NPV 法从以下两个互斥项目中选择一个项目（表 4-5）。

表 4-5 现金流量数据表 单位：万元

年份	现金流（I）	现金流（II）
0	−30 000	−5 000
1	15 000	2 800
2	15 000	2 800
3	15 000	2 800

$PI(I) = 15\,000 * (P/A, 10\%, 3)/30\,000 = 15\,000 * 2.486\,9/30\,000 = 1.243$

$PI(II) = 1.393$

$NPV_I = 7\,302.78$（万元）；$NPV_{II} = 1\,963.19$（万元）

可见，盈利指数法则的结论也会与 NPV 法则的结论相反。

三、内含报酬率法

（一）定义

内含报酬率（internal rate of return，IRR）亦称内部报酬率，是指投资项目投入使用后产生的未来现金流入现值和未来现金流出现值相等的折现率，或者说是使项目投资方案净现值为零的折现率。IRR 实际上是投资项目的预期报酬率。

内含报酬率是用来评价项目在其经济寿命期的盈利能力，它是根据各个方案的内含报酬率是否高于按资金成本率或必要报酬率计算的贴现率（i），来确定投资方案是否可行的一种决策分析方法。所谓内含报酬率是指项目在整个计算期内各年财务净现金流量的现值之和等于零时的折现率，也就是使项目的财务净现值等于零时的折现率。

（二）计算方法

计算公式：$$\sum_{t=1}^{n} \frac{NCF_t}{(1+IRR)^t} - C = 0$$

式中，IRR 为内含报酬率，NCF 为第 t 年的净现金流量，n 为项目预计使用年限，C 为初始投资额。

如果每年的现金净流量相等，利用年金法计算：①计算年金现值系数，年金现值系数＝初始投资额÷每年现金净流量；②查年金现值系数表，在相同的期数内，找出与上述年金现值系数相邻近的较大和较小的两个折现率；③根据上述两个邻近的折现率和已求得的年金现值系数，采用插值法计算出该投资项目的内含报酬率。

如果每年的现金净流量不相等，利用逐步测试法：①先预估一个折现率，并按此折现率计算净现值。如果计算出的净现值为正数，则表明预估的折现率小于该投资项目的实际内含报酬率，应予提高，再进行测算；如果为负值，则预估的折现率大于该投资项目的实际内含报酬率，应予降低，再进行测算直到找到净现值的由正到负并且比较接近零的两个折现率。②根据上述两个邻近的折现率，利用插值法计算出投资项目的实际内含报酬率。

(三) 决策准则

内含报酬率是一个折现的相对量正指标,是投资项目的预期报酬率,而资本成本则可以看做是投资者对投资项目所要求达到的最低报酬率。如果投资项目的内含报酬低于资本成本,那么,该项目的报酬率就达不到投资者所要求的最低标准。只有当项目的内含报酬率超过资本成本时,投资者才能赚到更高的收益率。因此,其决策规则是:当内含报酬率大于资本成本时,方案可行,否则,方案不可行。若有多个项目或方案,一般应选择内含收益率大的项目或方案。

内部收益率与折现率的关系:从计算净现值 NPV 的公式可以得出,在一定的净现金流量条件下,存在一个特殊的折现率 i^*,在此折现率时,NPV=0,这个特殊的折现率 i^* 就是内含报酬率 IRR。IRR 的实际意义可以这样来理解:把建设期的净投入看做是以年复利贷出去,把经营各年的净收入看做是连本带利的正好收回,其中的年复利利率就是内部利润率 IRR。当 I_c 设定值高于 IRR 时,必然使 NPV<0,这说明投资者的期望过高或项目回报太低,项目各年的净收入按过高的年复利利率 i 扣除利息回报后,收回的本金之和小于初始投资,投资者的回报要求不能实现。当 i 设定值低于 IRR 时,必然使 NPV>0,这说明投资者的期望不高或项目回报更高,项目各年的净收入按不高的年复利利率 i 扣除利息回报后,收回的本金之和大于初始投资,投资者的回报要求可以实现。实际上,任何一个投资者在投资之初,都有一个最低期望值,只有当最低期望可以满足时,才能考虑进一步研究。而这个最低期望值的名义是折现率 i,实际是投资者期望的最低的投资回报年复利利率,当把投资者确定的 i 代入后,NPV>=0,则说项目可以满足投资者的最低回报要求,反之,则说项目不能满足投资者的最低回报要求。

(四) 特点

内含报酬率有以下几个优点:①充分考虑了货币的时间价值,能反映投资项目的真实报酬率。②内含报酬率的内涵易于理解,容易被人接受。③不受行业基准收益率高低的影响,比较客观。

内含报酬率法的缺点:①计算过程比较复杂,通常需要一次或多次测算。②当现金流量出现不规则变动,即未来年份即有现金流入又有现金流出时,项目可能出现一个以上内含报酬率,其计算结果难以确定。③内含报酬率中包含一个不现实的假设:假定投资每期收回的款项都可以再投资,而且再投资收到的利率与内含报酬率一致。④收益有限,内含报酬率高的项目不一定是企业的最佳目标。⑤内含报酬率高的项目风险也高,如果选取了内含报酬率高的项目意味着企业选择了高风险项目。

四、动态回收期法

(一) 定义

为弥补静态回收期的缺陷,动态回收期按照项目的贴现现金流计算,项目的贴现现金流累计等于期初始投资的时间为动态回收期。动态回收期法计算从贴现的净现金流量中收回原始投资额所需要的年限,该方法对期望的现金流量以资本成本进行贴现,考虑了风险因素以及货币的时间价值,也称贴现回收期法。

(二) 计算方法

动态投资回收期的表达式为：

$$\sum_{t=0}^{P_t}(CI-CO)_t(1+i_c)^{-t}=0$$

式中，i_c 为基准收益率，P_t 为动态投资回收期。

项目投资分别有每年现金净流量相等和每年现金净流量不相等两种情况。当每年现金净流量相等时，假定经历几年所取得的未来现金净流量的年金现值系数为 (PA, i, n)，则：

$(PA, i, n) =$ 原始投资额现值 / 每年现金净流量

计算出年金现值系数后，通过查年金现值系数表，即可推算出回收期 n。

当每年现金净流量不相等时，应把每年的现金净流量逐一贴现并加和，根据累计现金流量现值来确定回收期。动态回收期的计算在实际应用中根据项目的现金流量表，用下列近似公式计算：

$P_t = $ (累计折现值出现正值的年数 -1) + 上年累计折现值的绝对值/当年净现金流量的折现值。

(三) 决策准则

(1) $P_t \leqslant P_c$ (基准投资回收期) 时，说明项目（或方案）能在要求的时间内收回投资，是可行的；

(2) $P_t > P_c$ 时，则项目（或方案）不可行，应予拒绝。

按静态分析计算的投资回收期较短，决策者可能认为经济效果尚可以接受。但若考虑时间因素，用折现法计算出的动态投资回收期，要比用传统方法计算出的静态投资回收期长些，该方案未必能被接受。

一般公司先确定一个标准年限或者最低年限，然后将项目的贴现回收期与标准年限进行对比。投资回收期是反映项目在财务上偿还能力的重要经济指标，除特别强调项目偿还能力的情况外，一般只作为方案选择的辅助指标。

【例题 4-9】某项目有关数据如表 4-6 所示。基准收益率 $i_c=10\%$，基准动态投资回收期 $P_c=8$ 年，试计算动态投资回收期 (表 4-6)。

表 4-6 项目现金流量数据表　　　　　　　　　　　单位：万元

指标＼年份	0	1	2	3	4	5	6	7	8	9	10
投资支出	20	500	100								
其他支出				350	450	450	450	450	450	450	450
收入				450	700	700	700	700	700	700	700
净现金流量	−20	−500	−100	150	250	250	250	250	250	250	250
累计净现金流量	−20	−520	−620	−470	−220	30	280	530	780	1 030	1 280
折现值	−20	−454	−82	112	170	155	141	128	116	106	96.4
累计折现值	−20	−474	−557	−445	−273	−118	22.6	150	267	373	469

根据动态投资回收期的计算公式计算各年累积折现值,动态投资回收期就是累积折现值为零的年限。

$Pt=$(累计折现值出现正值的年数-1)$+$上年累计折现值的绝对值／当年净现金流量的折现值$=(6-1)+118/141=5.84$(年)

由于 Pt 小于 Pc(8 年),该项目通过了本指标的检验。本指标除考虑了资金的时间价值外,还具有静态投资回收期的同样特征,通常只宜用于辅助评价。

(四) 特点

动态回收期法的优点主要有:考虑了货币的时间价值;容易理解;不会接受预期净现值为负值的投资;偏向于高流动性。

但在实务中应用非常有限。它仍然带有很大的主观性,它忽略了回收期以外的现金流量,不可能估计项目本身的价值,可能拒绝净现值为正值的投资,很易于放弃很有吸引力的长期投资机会,如研究与开发新项目,其本身仍不能成为一个完善的指标,最多也只能作为净现值指标的补充。动态回收期法既不如净现值法准确,也不像静态回收期简单。

五、贴现评价指标之间的关系

净现值以绝对值反映项目的活力能力,内含报酬率、盈利能力指数以相对值方式反映项目的获利能力。净现值、内含报酬率和盈利能力指数都是以现金流量为计算的依据,其结果是一致的。净现值、内含报酬率、盈利能力指数指标之间的数量关系如下:

当 $NPV>0$ 时,$IRR>i$,$PI>1$;

当 $NPV=0$ 时,$IRR=i$,$PI=1$;

当 $NPV<0$ 时,$IRR<i$,$PI<1$。

第 4 节 创业投资项目比较分析

创业投资项目的方案比较是从多个投资项目方案中选优的重要手段,也是创业项目投资评价的重要组成部分。创业投资项目的方案比较是为项目投资决策服务的,正确地比较方法首先就要对所有的待选方案进行可行性判别,剔除没有通过的投资项目方案,然后再对投资项目进行优选和决策。

一、独立项目投资决策

独立项目是指该项目的投资与否取决于项目自身,与其他的投资项目没有关系。在对独立项目评价时,取舍只取决于项目自身的经济效果,可以完全独立的对这类项目进行决策,无须进行横向比较,对被评价项目寿命期长短的一致性也没有要求。只要有足够的资金可供利用可以选择一个或多个项目,亦可以不选,完全取决于每一个项目的经济性和约束条件。

可以选择会计收益率、静态投资回收期、净现值、内含报酬率和盈利能力指数这五个指标作为独立项目投资决策的评价指标,相应的评价条件为:

(1) 会计收益率(ARR)大于等于基准会计收益率。

(2) 静态投资回收期(PP)小于等于基准投资回收期。
(3) 净现值(NPV)大于或等于0。
(4) 内含报酬率(IRR)大于等于投资者要求的必要收益率(折现率)。
(5) 盈利能力指数(PI)大于等于1。

如果所选评价指标同时满足上述条件,则该投资项目可行,应当接受;如果投资项目的评价指标同时不满足上述条件,则该投资项目不可行,应当放弃;如果根据静态投资回收期法计算出的结论与根据净现值等指标计算出的结果发生矛盾,则应选择主要指标的结论作为评价的结果。

二、互斥项目投资决策

互斥项目是指为达到投资目的,可供选择的投资项目有两种以上,这些项目间互相关联、互相排斥,采用其中之一就必修放弃其他项目。一般地,企业在一定时期的可用资金资源是有限的,因此在投资规模被限定的条件下,应选择能满足企业需要的最佳项目。因此,在对互斥项目进行投资决策时不仅要进行单独评价,评价每个项目的盈利能力,还要进行横向比较。在互斥方案的决策中,要在每个入选方案已具备财务可行性的前提下,利用具体决策方案方法对多个方案进行比较,从而选出最优的方案。需要注意的是进行互斥项目之间是否具有可比性,主要应考虑参比项目的计算期是否一致。

(一) 计算期相等的项目的比较决策

计算期相等的互斥项目投资决策的基本方法有以下几种:

1. 排列顺序法 排列顺序法是将全部待选项目按 NPV 或 IRR 以从高至低的顺序排列,然后选择 NPV 或 IRR 最高的方案。但在某些时候,NPV 和 IRR 的排序会得出不同的结论。

【例题 4-10】项目 A、B 的项目经济寿命期内现金流量如表 4-7 所示(基准折现率 i 设为 10%)。运用净现值法,NPV(A)=1 667,NPV(B)=1 557,根据规则,项目 A 优于 B;运用内部收益率法,IRR(A)=16.04%,IRR(B)=17.88%,根据规则,项目 B 优于 A。结论出现矛盾。

表 4-7 A、B 项目现金流量表   单位:元

年度	A 现金净流量	B 现金净流量
0	(20 000)	(9 000)
1	11 800	1 200
2	13 240	6 000
3		6 000

如果加以分析可以看出,A、B 两项目若为互斥项目,从企业追求利润最大化的角度,显然 A 优于 B,应用净现值法结果正确;A、B 两项目若为采纳与否项目,B 优于 A,应首先选择 B 项目,再选择 A 项目,应用内部收益率法正确。结论不同的原因是由于项目的投资规模不同和项目的现金流量序列的模式不同。

现实中由于内部收益率法的计算较为繁琐,其中用到了插值法,计算中的多次近似,会造成最终结果的误差较大,甚至会得出错误结论。因此,在对两个互斥投资项目进行比较时,为避免发生排序矛盾,一般以 NPV 作为选择标准。

2. 费用比较法 当对互斥的投资项目进行排序比较时,如果 NPV 或 IRR 相同,就需要作进一步的分析比较,常用方法是费用比较法。费用比较法分为总费用现值法和年均费用法两种。

总费用现值法适用于项目计算期相同的互斥项目比较,通过计算各个投资项目中全部费用的现值来进行比较选择。当 NPV 或 IRR 相同时,应选择总费用现值较小的项目。

年均费用法适用于项目计算期不同的互斥项目比较,通过计算各个投资项目中年均费用来进行比较选择。当 NPV 或 IRR 相同时,应选择年均费用较小的项目。

(二) 计算期不等的项目的比较决策

严格来说,如果项目的计算期不一致,项目之间就没有可比性。因为,对计算期较短的项目来说,在计算期较短的项目终结至计算期较长的项目终结这段时间内,仍然存在投资机会,而这个机会成本至少等于项目的边际收益。实际中,企业进行投资决策时经常会在多个不同的互斥项目中作选择,面对寿命期不等的投资项目决策,难以直接用净现值或其他投资决策指标进行评价,而使用等值年金法进行决策。

【例题 4-11】考虑两个投资项目,项目 1 和项目 2,寿命期分别为 3 年和 6 年,其现金流量如下图所示。设公司的资本成本为 10%。试对两个项目进行评价。(单位:万元)

项目 1 的现金流量如图 4-2 所示。

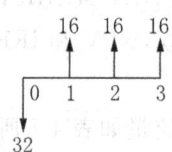
图 4-2 项目 1 现金流量图

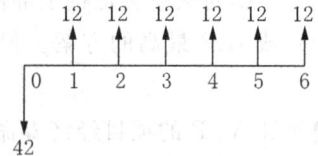
图 4-3 项目 2 现金流量图

项目 2 的现金流量如图 4-3 所示。

如果直接计算两个项目的净现值,则有:

$$\begin{aligned}
\text{NPV}_1 &= -32 + 16 \times (P/A, 10\%, 3) \\
&= -32 + 16 \times 2.487 = 7.792 (\text{万元}) \\
\text{NPV}_2 &= -42 + 12 \times (P/A, 10\%, 6) \\
&= -42 + 12 \times 4.355 = 10.26 (\text{万元})
\end{aligned}$$

项目 2 的净现值更大,是否意味着应该选择项目 2?

因为两个互斥项目在时间上不可比,直接用净现值法进行比较是错误的,而应当运用等值年金法。

等值年金法是将互斥项目的净现值按资本成本等额分摊到每年,求出每个项目的等值年金进行比较;由于都化成年金,项目在时间上是可比的,而且从净现值转化为年金只是作了资金时间价值的一种等值变换,因此这种方法计算简便,应用较为广泛。

上题中,将净现值的等值年金记为 NEA,则两项目的等值年金分别为:

$$NEA_1 = \frac{NPV_1}{(P/A, 10\%, 3)} = \frac{7.792}{2.487} = 3.133(万元)$$

$$NEA_2 = \frac{NPV_2}{(P/A, 10\%, 6)} = \frac{10.26}{4.355} = 2.356(万元)$$

项目1的等值年金更大,应选择项目1。

等值年金法使两个项目在时间上是可比的,因此能作出正确决策。

三、投资项目比较分析方法的结论

综上分析,我们可以得出以下结论:

首先,所有的投资项目评价方法中,净现值法是最为准确的一种方法。当净现值法与内含报酬率法、获利能力指数法、投资回收期法等其他决策方法的结论不一致时,应依据净现值法作出决策。

其次,在净现值指标为正的情况下,作为相对数指标,对于企业有充足的资金同时安排多个方案时,亦即多个相互独立的方案,IRR和PI提供了良好的优先顺序,应该优先安排IRR或PI较高的方案,然后再安排IRR或PI较低的方案,这样做可以提高资金的使用效率,使企业价值最大。

再次,虽然净现值法的决策规则理论最优,其他方法特别是内含报酬率法和静态投资回收期法也广泛采用,大多数企业不只采用一种投资项目评价方法。内含报酬率法和静态投资回收期法在项目的效率比较方面、风险的把握方面、决策成本方面有其自身的优势。内含报酬率法甚至拥有比净现值法更受欢迎的因素:如果IRR足够大,肯定会超过必要报酬率或资金成本,对于资金成本不确定性很高的情况下,能够避开对资金成本的计算并节约决策分析成本。但对于非常规项目和互斥项目,应小心使用;投资回收期法一般不作为决策依据。但对于规模小,流动性差的企业,是很好的补充指标。

最后,如果项目的计算期不同,采用等值年金法对投资项目进行决策评价,对于常规现金流量项目,即NPV为正的项目来讲,等值年金越大的项目越好。

四、项目投资决策的不确定性分析

为了估量一些主要因素变化时对经济评价指标的影响和预测项目可能承担的风险,需要进行不确定性分析。不确定性分析包括盈亏平衡分析、敏感性分析和概率分析。盈亏平衡分析一般只用于财务评价,敏感性分析和概率分析则可同时用于财务评价和国民经济评价。

(一) 盈亏平衡分析

1. 盈亏平衡分析的内涵及分类

盈亏平衡分析又称平衡点分析。它是将成本划分为固定成本和变化成本,假定产销量一致,根据产量、成本、售价和利润相互间的函数关系,进行预测分析的技术方法。根据设定的变量不同,盈亏平衡点项目盈利与亏损的转折点的表达形式有多种,其中以产量和生产能力利用率表示的盈亏平衡点应用最为广泛。根据成本、收益与产量之间是否呈线性关系,盈亏平衡分析可分为线性和非线性盈亏平衡分析;根据是否考虑资金时间价值,分为静态和动态盈亏平衡分析。

2. 线性盈亏平衡分析

在不考虑资金时间价值,成本、收益与产量之间呈线性关系时,盈亏平衡分析称为静态线性盈亏平衡分析。根据盈亏平衡分析定义,可以计算产量平衡点和生产能力利用率盈亏平衡点越低,表明项目适应市场变化的能力越大,抗风险能力越强。

（二）敏感性分析

敏感性分析就是通过分析测算项目主要因素发生变化时对经济评价指标的影响及影响程度,从而找出项目敏感因素的不确定性分析方法。项目对某种因素的敏感性程度可以表示为该因素按一定比例变化时引起评价指标变动的幅度,也可表示为评价指标达到临界点时允许某个因素变化的最大幅度,即极限变化。敏感性分析除了可使决策者了解项目各主要因素的变化对项目经济评价指标的影响程度,以提高决策的准确性之外,还可以启示评价者对敏感因素进行进一步重点分析,提高其预测值的可靠性,从而达到减少项目不确定性的目的。根据一次同时变动一个或多个因素,敏感性分析可分为单因素敏感性分析和多因素敏感分析。在计算方法上敏感性分析分为相对值法和绝对值法。

（三）概率分析

概率分析是使用概率研究预测各种不确定性因素和风险因素的发生对项目评价指标影响的一种定量分析方法。一般是计算项目净现值的期望值及净现值大于等于零时的累计概率。在敏感性分析中,有一个基本假设是各个不确定因素发生变化的概率是相同的。但实际上,任何项目中的各个不确定因素在未来依某一幅度变化的概率是不会相同的。一个敏感性大而发生概率很低的因素,对项目的影响有可能小于一个敏感性小而发生概率大的因素。因此,为了正确判断项目的风险,有必要进行概率分析。概率分析的方法很多,这些方法大多是以项目经济评价指标(主要是 NPV)的期望值的计算为基础。决策树法也是概率分析中常用的方法。

综合案例

创业的奇迹和教训——"巨人"集团的兴衰

曾创造"一年百万富翁,二年千万富翁,三年亿万富翁"这一神话,被称之为当代中国比尔·盖茨的"巨人"总裁史玉柱,靠 4 000 元起家,勇敢地背水一战,创立了巨人品牌,创造了巨人奇迹。

史玉柱,1962 年生,安徽怀远人。史玉柱 1984 年毕业于浙江大学数学系,分配到安徽省统计局工作。1989 年 1 月,史玉柱毕业于深圳大学研究生院。与此同时,他在安徽省统计局的工作岗位上研制开发的统计系统软件包让他的前途一片辉煌。但他却出人意外地决定辞职经商。当时他对朋友们说:"如果下海失败,我就跳海!"一种创业的豪情使人感到无限悲壮。

史玉柱对其创业有着大胆的设想,他要开发中国计算机文字处理市场。经过9个月的艰苦努力,史玉柱研制出了M-6401桌面排版印刷系统。1989年8月,他和3个伙伴以自己的产品和仅有的4 000元钱承包了天津大学深圳科工贸公司电脑部,开始了巨人的创业。

在M-6401汉卡销售宣传中,史玉柱巧妙地赌了一次:

利用《计算机》杂志刊登广告登出和付款期限的时间差,做了8 400元的广告,在15天的付款期限内,他收到了15 820元的定金,及时交付了广告费。自此,史玉柱艰难而又成功地迈出了创业的第一步。之后,他继续采用高广告投入策略,让人们不断了解巨人汉卡卓越性能,扩大了市场范围,不到4个月时间,就实现利润近400万元。史玉柱坚信高科技带来高技术和高效益,他通过不断的研发使产品更新换代,M-6402、M-6403相继推出,M-6403汉卡销售量居全国同类产品销量之首。

到1992年底,销售额近2亿元,纯利润达3 500万元,企业年发展速度达500%,成为中国电脑业和高科技行业的一颗耀眼的新星。

1992年,巨人总部从深圳迁移至珠海。

"史玉柱效应"和"巨人形象"在全国引起轰动。

1993年,巨人推出M-6405、中文笔记本电脑、中文手写电脑等多种产品,其中仅中文手写电脑和软件的当年销售额就达3.6亿元。巨人成为位居四通之后的中国第二大民营高科技企业。

史玉柱成为当年珠海第二批重奖的知识分子。

至1993年底,史玉柱已在全国范围内成立了38家全资子公司,实现销售额3.6亿元,利税4 600万元。至此,巨人集团发展顺利,史玉柱也被视为高科技行业成功的创业家典型。

应该说,在当时,巨人集团在电脑及软件业发展态势和前景非常光明。

1994年,史玉柱当选为中国十大改革风云人物。

但此时史玉柱却以激情和狂想作出一个重大决定:跨越当家产品桌面排版印刷软件系统,把生物工程这个利润很高的行业作为巨人集团新的支柱产业,向多元化方向发展。

巨人集团的多元化同时涉足保健品、房地产、药品、化妆品、服装等多个新的产业,甚至开发中央空调。

在保健品方面,1994年8月,史玉柱注册了"康元公司"将"脑黄金"投入市场,"脑黄金"一炮打响,效益显著。

"脑黄金"的成功使史玉柱激动起来,竟一举向市场推出12种新的保健品产品,一年内在生物工程上投入的广告费猛增到1个亿,并在全国设立了8个营销中心,下辖180个营销公司。

网络铺开后,康元公司的管理却成了问题。在市场没摸清的情况下,公司一下子生产了价值上亿元的新产品,成本又控制得不好,结果产品大量积压;同时,财务管理混乱,扣除债权还剩余5 000万元左右的债务。

康元公司的巨额亏损,明显暴露出巨人集团管理人才缺乏、管理不善等问题。

在房地产方面，史玉柱从流动资金和卖楼花收入中共筹集2亿元的资金，拟建18层"巨人大厦"，未向银行贷一分钱。

由于主观和外界的各种因素，巨人大厦不做任何可行性分析论证，贸然将大厦由最初设计的18层追加到54层，最后竟然追加到70层，为当时中国第一高楼。

以2亿元的资金兴建需要投资12亿元的巨人大厦，巨人集团背上了沉重的债务和巨大风险。

1994年初，巨人大厦动工，计划三年完成。

1995年，巨人推出12种保健品，投放广告费用1亿元。史玉柱被《福布斯》列为内地富豪第8位。

1996年，巨人大厦资金告急。巨人大厦在打地基过程中遇上了地层断裂带，珠海发大水又两淹"巨人"基地。工期拖长，巨人大厦的建设资金面临枯竭，史玉柱面临巨大的财务危机。

而此时，史玉柱仍将巨人大厦看得过重。从开工到1996年6月，史玉柱没有因为资金问题让大厦停工一天，主要靠生物工程提供的6 000万元资金。巨人集团危机四伏。

管理不善加上过度抽血，生物工程一下子被搞得半死不活，这一新兴产业开始萎缩，以致后来不能造血，使巨人集团的流动资金完全枯竭。

就在同一时期，巨人集团还投资4.8亿元在黄山兴建旅游工程；投资5 400万元购买装修上海巨人集团总部；投资5个亿上新的保健品……其结果，非但新产业没发展起来，本业却病入膏肓。

此后，连续出现巨人公司内部员工贪污、挪用巨额资金，软件开发人员将技术私自卖给其他公司，子公司私自贷款，下属私自侵占公司财产等一系列事件，使巨人的市场占有率一落千丈。

1997年初，巨人大厦到期未完工，酿成全国有名的巨人风波。国内购楼花者天天上门要求退款，媒体地毯式报道巨人的财务危机。

不久，只建至地面三层的"巨人大厦"停工，陷入财政危机的"巨人"因为1 000万元的资金缺口而轰然崩塌。

2004年8月，史玉柱出任香港四通控股集团CEO，年薪仅象征性的1元。上海一家媒体把他列入中国悲剧企业家之"英雄末路企业家"10人榜。

[思考与讨论]

1．思考巨人集团为何走向了衰败？巨人集团投资失败的项目有哪些？如果是你，如何避免投资失败？

2．你会关注哪些创业投资项目评价指标？为什么？

复习思考题

1. 简述创业投资评价指标的分类。
2. 非贴现评价方法有哪些?
3. 贴现评价方法有哪些?
4. 简述贴现评价指标之间的关系。
5. 某公司拟建设一项固定资产,预计有 A、B 两种方案,其净现金流量如表 4-8 所示。

表 4-8　A、B 两种方案净现金流量表　　　　　　　单位:元

年度	0	1	2	3	4	5
方案 A	−80 000	25 000	25 000	25 000	25 000	25 000
方案 B	−100 000	30 000	25 000	35 000	20 000	35 000

(1) 根据会计收益率指标判断哪个方案可行。
(2) 计算两个方案的投资回收期。
(3) 计算两个方案的净现值。
6. 简述互斥项目投资决策的原则。
7. 项目投资决策的不确定性分析有哪些方法?

第 5 章　创业投资决策

[学习目标]

通过本章学习,学生应理解决策和创业决策的内涵,决策理论的发展,决策的过程,决策的分类,定性决策的德尔菲法和头脑风暴法,定量决策的量本利分析法、决策树方法和多目标决策的层次分析方法。

[创业励志名言]

我认为做企业要有这些素质,特别在中国市场上,那就是:诗人的想象力、科学家的敏锐、哲学家的头脑、战略家的本领。

——宗庆后

导入案例

李维斯(Levi's)公司：点石成金

李维斯公司的创始人李维·施特劳斯是德国犹太人。他抛弃了国内的职业,追随哥哥到美国做杂货商。19世纪40年代后期,美国加利福尼亚州发现了金矿,掀起了"淘金热",给李维·施特劳斯"点石成金"造成了可贵的机遇。一次,他乘船到旧金山开展业务,带了一批帆布供淘金者搭帐篷。下船后巧遇一个淘金的工人。李维·施特劳斯忙迎上去问:"你要帆布搭帐篷吗?"那工人却回答说:"我们这需要的不是帐篷,而是淘金时穿的耐磨、耐穿的帆布裤子。"李维深受启发,当即请裁缝给那位"淘金者"做了一条帆布裤子。这就是世界上第一条工装裤。1853年,第一条日后被称为"牛仔裤"的帆布工装裤在李维·施特劳斯手中诞生了,当时它被工人们叫做"李维氏工装裤"。牛仔裤以其坚固、耐久、穿着舒适获得了当时西部牛仔和淘金者的喜爱。大量的订货纷至沓来。1853年,李维正式成立了自己的牛仔裤公司,开始了这个著名品牌的漫漫长路。

如今,这种工装裤已经成了一种世界性服装Levi's牛仔服。正确的市场决策,带来了李维斯公司的大发展。公司在20世纪40年代末销售额只有800万美元,1979年增加到20亿美元,30年增加了250倍。1979年,李维斯公司在美国国内总销售额达13.39亿美元,国外销售盈利超过20亿美元,雄居世界十大企业之列。

第1节 创业投资决策概述

一、决策的内涵

决策(decision making),简单地讲就是做出决定或选择,即对需要解决的事情做出决定。按汉语习惯,"决策"一词被理解为"决定政策",主要是对国家大政方针做出决定。但事实上,决策不仅指高层领导做出决定,也包括人们对日常问题做出决定。如大学生创业项目的选择、企业要开发一个新产品,引进一条生产线,某人选购一种商品或选择一种职业,学生在高考时选择大学与专业,等等,都带有决策的性质。可见,决策活动与人类活动是密切相关的。时至今日,决策定义不下百种,但在学界仍未形成统一的看法,诸多定义归纳起来,基本有以下三种理解:

(1)把决策看做是一个包括提出问题、确立目标、设计和选择方案的过程。这是广义的理解。

(2)把决策看做是从几种备选的行动方案中做出最终抉择,是决策者的拍板定案。这是狭义的理解。

(3)认为决策是对不确定条件下发生的偶发事件所做的处理决定。这类事件既无先例,又没有可遵循的规律,做出选择要冒一定的风险。也就是说,只有冒一定风险的选择才是决策。这是对决策概念最狭义的理解。

以上对决策概念的解释是从不同的角度作出的,要科学全面地理解决策概念,有必要考察决策专家赫伯特·西蒙在决策理论中对决策内涵的看法。西蒙的决策理论的主要观点有:

(1)贯穿于管理的全过程,管理就是决策;

(2)决策是一个包含情报、设计、抉择和审查活动的过程;

(3)决策应采用"有限理性"准则或标准;

(4)决策可分为程序化决策和非程序化决策。

综合上述观点与理论,正确理解决策概念,应把握以下几层意思:

(1)决策要有明确的目标。决策是为了解决一个问题,或是为了达到一定目标。确定目标是决策过程的第一步。决策所要解决的问题必须十分明确,所要达到的目标必须十分具体。没有明确的目标,决策将是盲目的。

(2)决策要有两个以上备选方案。决策实质上是选择行动方案的过程。如果只有一个备选方案,就不存在决策。因而,至少要有两个或两个以上备选方案,人们从中进行比较、选择,最后选择一个满意方案为行动方案。

(3)选择后的行动方案必须付诸实施。如果将选择后的方案束之高阁,不付诸实施,这样,决策也等于没有决策。决策不仅是一个认识过程,也是一个行动的过程。

决策是人类社会自古就有的活动,决策科学化是在20世纪初开始形成的。第二次世界大战以后,决策研究在吸收了行为科学、系统理论、运筹学、计算机科学等多门学科研究成果的基础上,结合决策实践,到20世纪60年代形成了一门专门研究和探索人们作出正确决策规律的科学——决策学。决策学研究决策的范畴、概念、结构、决策原则、决策程序、决策方法、决策组织等,并探索这些理论与方法的应用规律。随着决策理论与方法研究的深入与发展,决策渗透到社会经济、生活各个领域,尤其应用在企业经营活动中从而也就出现了经营管理决策、投资决策和创业投资决策等。

二、创业投资决策

创业投资决策(entrepreneurial investment decision-making)是指创业者为了实现其预期的创业投资目标,运用一定的科学理论、方法和手段,通过一定的程序对创业投资的必要性、创业投资目标、创业投资规模、创业投资方向、创业投资结构、创业投资成本与收益等经济活动所进行的分析、判断和方案选择的过程。

一个重要的投资决策如果出现失误,往往会使一个企业陷入困境,甚至破产。对创业者来说,在创业初期由于资源有限,抗风险的能力不强,创业投资决策失误对创业者和创业企业来说损失都是巨大的。因此创业投资决策是一项极为重要的工作,就是为企业当好参谋把好投资决策关。

在创业阶段或创业企业正常运转之后,创业者经常要面临与投资相关的重大决策。在面临创业投资决策时,必须在风险和收益之间做出权衡、在不同方案之间做出选择。确切地说,创业投资决策关系重大的原因在于:

(1)投资一般要占用企业大量资金。

(2)投资通常将对企业未来的现金流量产生重大影响,尤其是那些要在企业承受好几年现金流出之后才可能产生现金流入的投资。

(3)很多投资的回收在投资发生时是不能确知的,因此,投资决策存在着风险和不确定性。

(4)一旦做出某个投资决策,一般不可能收回该决策,至少这么做代价很大。

(5)投资决策对企业实现自身目标的能力产生直接影响。

综上所述,创业投资决策决定着创业的成功与否、决定了创业企业的未来,正确的投资决策能够使创业企业降低风险、取得收益;糟糕的投资决策能置创业企业于死地,所以,我们理应经过深思熟虑并在正确原则的指导下做出正确的投资决策。正确的投资决策需要遵循下列原则:

(1)投资决策具有针对性。投资决策要有明确的目标,如果没有明确的投资目标就无所谓投资决策,而达不到投资目标的决策就是失策。

(2)投资决策具有现实性。投资决策是投资行动的基础,投资决策是现代化投资经营管理的核心。投资经营管理过程就是"决策—执行—再决策—再执行"反复循环的过程。因此可以说企业的投资经营活动是在投资决策的基础上进行的,没有正确的投资决策,也就没有合理的投资行动。

（3）投资决策具有择优性。投资决策与优选概念是并存的，投资决策中必须提供实现投资目标的几个可行方案，因为投资决策过程就是对诸投资方案进行评判选择的过程。合理的选择就是优选。优选方案不一定是最优方案，但它应是诸多可行投资方案中最满意的投资方案。

（4）投资决策具有风险性。风险就是未来可能发生的危险，投资决策应顾及实践中将出现的各种可预测或不可预测的变化。因为投资环境是瞬息万变的，风险的发生具有偶然性和客观性，是无法避免的，但人们可设法去认识风险的规律性，依据以往的历史资料并通过概率统计的方法，对风险做出估计，从而控制并降低风险。

【案例 5-1】 许小姐能做老板吗？

许小姐一门心思想做老板。经过7年的努力工作和省吃俭用积蓄了一笔资金，其中10万元做了注册资金，5万元用于流动资金。她认为，个人创业必须有丰富的工作经验。所以在过去的工作中，她总是分内分外的事全都抢着干，从不计报酬。尤其是经营方面的事，她更是竖着耳朵听，目的就是为了多学点本事，为自己开公司做准备。另外，她认为个人创业必须有一个好的项目。她选择了一个当时的朝阳项目——房地产租赁咨询。

2016年底在办齐所有手续后，门店终于开张，她勤勤恳恳努力工作，但她怎么也没想到，最初的3个月几乎没有生意，直到第6个月才稍有收入，可生意很不稳定，半年来，她赔了3万元。她开始动摇了，觉得自己是在靠天吃饭，靠运气吃饭。她认为做生意不应该是赌博，肯定是哪儿弄错了。她不想再这样干下去了，她认为不能等到这15万元都赔光的时候才行动。她要去弄明白问题到底出在哪里。第7个月她关掉了公司。

三、决策理论的发展

决策理论经历了古典决策理论、行为决策理论和当代决策理论三个阶段。

（一）古典决策理论

古典决策理论盛行于20世纪初到50年代期间，代表人物有英国经济学家J.边沁、美国科学管理学家F.W.泰勒等。他们认为人是坚持寻求最大价值的经济人。经济人具有最大限度的理性，能为实现组织和个人目标而作出最优的选择。它把决策者在决策过程中的行为看做是完全理性的，认为应从经济的角度看待决策问题，即决策的目的是为了使组织获得最大的经济效益。这种决策理论是基于以下的基本观点和假设：

（1）决策者有现成的办法获得与决策情况有关的所有方面的信息，以全面掌握有关决策环境的信息；

（2）决策者在识别和诊断问题时能够处理和记忆所有与决策有关的信息；

（3）决策者能够识别所有可行的解决问题的方案，并充分了解每个备选方案的结果；

多重目标可以用单一的、简单的数学方程式表示；

（4）决策的目的是为了获得最大的经济效益，因此决策者作为一个理性的人，总是选择能够产生最大利润的备选方案；

（5）为保证决策的有效性，决策者应建立一个合理的、自上而下执行命令的组织系统；

（6）所有的决策者都用相同的方式处理信息，并作出相同的决策。

（二）行为决策理论

行为决策理论的发展始于20世纪50年代，其代表人物是赫伯特·西蒙。他认为人的实际行动不可能完全理性，决策者具有有限理性，不可能预见一切结果，只能在可供选择的方案中选出一个"满意的"方案。其他学者对决策者行为作了进一步的研究，他们在研究中也发现，影响决策者进行决策的不仅有经济因素，还有其个人的行为表现，如态度、情感、经验和动机等。另外，事实上组织结构、组织文化也会对决策者有很大影响。

西蒙提出以下观点：

（1）人的理性介于完全理性和非理性之间，即人是有限理性的。

（2）决策者在识别和发现问题中容易受知觉上偏差的影响。

（3）由于受决策时间和可利用资源的限制，决策者选择的理性是相对的。

（4）在风险型决策中决策者往往厌恶风险，倾向于接受风险较小的方案。

（5）决策者在决策中往往只求满意的结果，而不愿费力寻求最佳方案。

行为决策理论的主要贡献：

（1）对复杂的管理活动进行了高度的理论概括，并充分考虑经营管理的整个领域及其环境，使管理理论围绕着决策这个中心来发展。

（2）决策理论的系统结构可以向管理者提供一种分析、解决问题的系统方法。它鼓励管理者去发现和探寻各种潜在性的对策和可能发生的自然状态，并能充分运用各种科学知识和技术手段，形成比较全面系统的管理方法和技术，使管理具有一定的可操作性。

（3）管理人（或决策人）的有限度理性准则对于工商企业经营管理决策具有相当的客观性、可行性和较强的现实意义。

行为决策理论的局限性：

（1）决策理论如果作为一种主流的一般管理理论，显然未能全面反映管理活动的规律性，缺乏对一般管理关系和环节的分析，忽视了管理工作要比决策工作多得多、复杂得多这个事实。所以，从根本上说，它还属于管理方法、手段或技术方面的管理理论。

（2）西蒙的决策理论从本质上说，是管理决策理论，而未包括根据生产、销售资本运营等企业组织的工作内容而进行的业务（或经营）决策内容。从这个角度来看，它如同其他管理理论一样，没有同企业的经营活动紧密结合起来，不能成为企业管理理论的主流理论。

除了西蒙的"有限理性"模式，美国政治经济学者C.E.林德布洛姆的现实渐进决策理论也对"完全理性"提出了挑战。他的理论的基点不是人的理性，而是人所面临的现实，并对现实所作渐进的改变。他认为决策者不可能拥有人类的全部智慧和有关决策的全部信息，决策的时间、费用又有限，故决策者只能采用应付局面的办法，在"有偏袒的相互调整中"作出决策。该理论要求决策程序简化,决策实用、可行并符合利益集团的要求,力求解决现实问题。这种理论强调现实和渐进改变,受到了行政决策者的重视。

奥地利心理学家S.弗洛伊德和意大利社会学家V.帕累托等人提出了非理性决策理论。该理论的基点既不是人的理性,也不是人所面临的现实,而是人的情欲。他们认为人的行为在很大程度上受潜意识的支配,许多决策行为往往表现出不自觉、不理性的情欲,表现为决策者在处理问题时常常感情用事,从而作出不明智的安排。

(三)当代决策理论

继古典决策理论和行为决策理论之后,决策理论有了进一步发展,即产生了当代决策理论。当代决策理论的核心内容是:决策贯穿于整个管理过程,决策程序就是整个管理过程。

现代决策理论是在系统理论的基础上,吸收了行为科学、运筹学和计算机科学等研究成果而发展起来的。主要代表人物是美国人赫伯特·西蒙,其代表作有:《管理行为》《组织》《经济学与行为科学的决策理论》《管理决策新科学》等。西蒙因其在决策理论研究、决策应用等方面作出的开创性研究,而获得1978年诺贝尔经济学奖。现代决策理论的观点主要表现在三个方面:

(1)突出决策在管理中的地位。决策管理理论认为,管理的实质是决策,决策贯穿于管理的全过程,决定了整个管理活动的成败。如果决策失误,组织的资源再丰富、技术再先进,也是无济于事的。

(2)系统阐述了决策原理。西蒙对于决策的程序、准则、类型及其决策技术等作了科学的分析,并提出用"满意原则"来代替传统决策理论的"最优原则",研究了决策过程中冲突的解决方法。

(3)强调了决策者的作用。认为组织是决策者个人所组成的系统,强调不仅要注意在决策中应用定量方法、计算技术等新的科学方法,而且要重视心理因素、人际关系等社会因素在决策中的作用。

第2节 决策的过程

决策过程是指从问题提出到决策方案实施所经历的过程。决策是一项复杂的活动,有其自身的规律性,需要遵循一定的科学程序。在现实工作中,导致决策失败的原因之一就是没有严格按照科学的程序进行决策,因此,明确和掌握科学的决策过程,是提高决策成功率的一个重要因素。

一、识别问题

决策是针对所要解决的问题而进行的,因此,发现和确定需要解决的问题就成为决策的起点。如果什么问题都不存在,那就没有必要作决策。

识别问题的第一步是对事物进行分析找到问题所在。什么是问题呢?问题就是事物的实际状况与事物的理想状况之间的差距。例如,医生诊断病人,心目中必然有一个健康人的模型作为标准,然后诊断病人有哪些地方出了毛病以致不符合健康人的标准。管理者的决策也是如此。例如,创业者要解决项目工期落后的问题,就必须知道实际的生产进度和计划进度之间的差距。用实际状况与理想状况之间的差距表示问题有助于克服对问题的模糊认识。问题的识别过程要求管理者必须准确及时地掌握工作完成情况,从而在需要时随时可以得到可靠的数据和信息。

识别问题的第二步是确定引起问题的可能原因。找到问题所在之后,还不能马上确定决策目标,因为还没有找到问题产生的原因。这好比医生看病,把症状作为病因,然后马上开处方,只能是头痛医头、脚痛医脚,根本治不好病。只有找到病因、对症下药才能治好病。同样,管理者在确定决策目标之前,也应透过问题的表面,深入问题的核心,这样才能找到解决问题的最佳方案。在识别问题的过程中,有些管理者过多地去追究责任者,打他们的板子,这种做法是不对的。发现问题之后,管理者首先应该去探究产生问题的原因,而不是去追究谁是责任者。

产生问题的原因并非总是明显的,因此需要通过分析确定。寻找问题的原因可以采用连续追问的办法,要不断地追问"这个问题的原因是什么?""这个原因的原因又是什么?",一步一步地追问下去,直到找出根本原因为止。

识别问题的精确程度有赖于信息的精确程度,所以管理者要尽力获取精确的、可信赖的信息。低质量的或不精确的信息使时间白白浪费掉,并使管理者无从发现导致某种情况出现的潜在原因。即使收集到的信息是高质量的,在解释的过程中,也可能发生扭曲。有时,随着信息持续地被误解或有问题的事件一直未被发现,信息的扭曲程度会加重。大多数重大灾难或事故都有一个较长的潜伏期,在这一时期,有关征兆被错误地理解或不被重视,从而未能及时采取行动,导致灾难或事故的发生。更糟的是,即使管理者拥有精确的信息并正确地解释它,处在他们控制之外的因素也会对机会和问题的识别产生影响。但是,管理者只要坚持获取高质量的信息并仔细地解释它,就会提高作出正确决策的可能性。

二、确定决策目标

决策是为了解决问题,在所要解决的问题明确以后,还要指出这个问题能不能解决。有时由于客观环境条件的限制,管理者尽管知道存在着某些问题,也无能为力,这时决策过程就到此结束。如果问题在管理人员的有效控制范围之内,问题是能够加以解决的,则要确定应当解决到什么程度,明确预期的结果是什么,也就是要明确决策目标。

决策目标是指在一定的环境和条件下,根据预测,所希望得到的结果。目标的确定十分重要,同样的问题,由于目标不同,可采用的决策方案也会大不相同。

目标的确定,要经过调查和研究,系统掌握准确的统计数据和事实,然后进行由表及里、去伪存真的整理分析,根据对组织总目标及各种目标的综合平衡,结合组织的价值准则进行确定。决策目标的内容应当明确、具体,不能含糊不清。

由于问题的复杂性,有时目标并不是单一目标,而是目标体系。如按时间分为长期目标、中期目标和短期目标;按数量分为单目标和多目标;按影响范围分为战略目标和战术目标;等等。

三、拟定备选方案

一旦决策目标确定后,管理者就要提出达到目标和解决问题的各种方案。这一步骤需要创造力和想象力,在提出备选方案时,管理者必须把其试图达到的目标牢记在心,而且要提出尽可能多的方案。

管理者常常借助其个人经验、经历和对有关情况的把握来提出方案。为了提出更多、更好的方案,需要从多种角度审视问题,这意味着管理者要善于征询他人的意见。备选方案可以是标准的和明显的,也可以是独特的和富有创造性的。标准方案通常是指组织以前采用过的方案。通过头脑风暴法、名义小组技术和德尔菲技术等,可以提出富有创造性的方案。拟定备选方案要紧紧围绕着所要解决的问题和决策目标,根据已经具备和经过努力可以具备的各种条件,并充分发挥积极性、创造性和丰富的想象力。不要拘泥于经验和实际,也不要忘记不采取任何行动也是备选方案之一。

四、分析评价备选方案

决策过程的第四步是对每一行动方案进行评价。其一般步骤为:

(1) 首先要建立一套有助于指导和检验判断正确性的决策准则。决策准则表明了决策者关心的主要是哪几方面,一般包括目标达到程度、成本(代价)、可行性等。

(2) 根据组织的大政方针和所掌握的资源来衡量每一个方案的可行性,并据此列出各方案的限制因素。

(3) 确定每一个方案对于解决问题或实现目标所能达到的程度,及采用这些方案后可能带来的后果。要对各方案是否满足决策所处条件下的各种要求及所能带来的效益和可能产生的各种后果进行分析。

(4) 最后根据可行性、满意程度和可能产生的后果,比较哪一个方案更有利。可通过罗列各方案对各个希望目标的满足程度、各方案的利弊,来比较各方案的优劣。

五、选择满意方案

在对各个方案分析评价的基础上,决策者最后要从中选择一个满意方案。在抉择时要注意:

(1) 任何方案均有风险。即使在决策过程中绞尽脑汁,选定了一个似乎最佳的方案,它也必定具有一定的风险。这是因为,因素的不确定性只能减少到最低限度而不可能完全消除。因此,在决策时要将预感、直觉、机遇与事实、逻辑、系统分析结合起来进行抉择。

(2) 不要一味追求最佳方案。由于环境的不断变化和决策者预测能力的局限性,以及备选方案的数量和质量受到不充分信息的影响,因此决策者可能期望的结果只能是作出一个相对令人满意的决策。

(3) 在最终选择时,应允许不作任何选择。有时,与其乱来,不如不采取任何行动,以免冒不必要的风险。

六、实施方案

方案的实施是决策过程中至关重要的一步。在方案选定以后,管理者就要制订实施方案的具体措施和步骤。实施过程中通常要注意做好以下工作:

(1) 制定相应的具体措施,保证方案的正确实施;
(2) 确保与方案有关的各种指令能被所有有关人员充分接受和彻底了解;
(3) 应用目标管理方法把决策目标层层分解,落实到每一个执行单位和个人。
(4) 建立重要的工作报告制度,以便及时了解方案进展情况。及时进行调整。

七、监督与反馈

一个方案可能涉及较长的时间,在这段时间,形势可能发生变化,而初步分析建立在对问题或机会的初步估计上,因此,管理者要不断对方案进行修改和完善,以适应变化了的形势。同时,连续性活动因涉及多阶段控制而需要定期的分析。

由于组织内部条件和外部环境的不断变化,管理者要不断修正方案来减少或消除不确定性,定义新的情况,建立新的分析程序。具体来说,就是要对各层次、各岗位履行职责情况进行检查和监督,及时掌握执行进度,检查有无偏离目标,及时将信息反馈给决策者。决策者则根据职能部门反馈的信息,及时追踪方案实施情况,对与既定目标发生部分偏离的,应采取有效措施,以确保既定目标的顺利实现;对客观情况发生重大变化,原先目标确实无法实现的,则要重新寻找问题或机会,确定新的目标,重新拟定可行的方案,并进行评估、选择和实施。需要说明的是,管理者在以上各个步骤中都会受到个性、态度和行为,伦理和价值以及文化等诸多因素的影响。

第3节 决策的影响因素

一、决策的影响因素

一般来说,影响决策的因素主要有社会环境、组织文化、决策者的个人因素等。

(一) 社会环境

环境对决策的影响,在于环境总是处于不断变化中。以企业为例,在现实生活中,不存在静止不变的环境,新企业的不断出现,老企业的不断发展或消亡,人们收入水平与消费层次的不断提高,科学技术的飞速发展,新法规的颁布实施,新政策的不断出台等,企业通过环境研究不仅能了解现在,更重要的是能预测未来,这对企业的决策和其他各项管理活动是必不可少的。

组织的社会环境一般包括以下几个方面。

(1) 政治环境:如社会的一般政治气氛、政权集中的程度等。
(2) 经济环境:如社会的经济发展状况、财政政策、银行体制、投资水平、消费特征等。
(3) 法律环境:如法律的性质、关于组织的组成及控制方面的特殊法律。
(4) 科技环境:如与组织生产相关的技术、工艺等科技力量。

(5) 社会文化环境：如人力资源的数量、性质，教育科学文化水平，民族文化传统，社会的伦理道德、风俗习惯、价值取向等。

(6) 自然环境：如自然资源的性质、数量和可利用性。

(7) 市场环境：如市场的需求状况、发展变化的趋势等。

（二）组织文化

组织文化影响着组织及其成员的行为和行为方式，它对决策的影响也是通过影响人们对组织、对改革的态度而发挥作用。涣散、压抑、等级森严的组织文化容易使人们对组织的事情漠不关心，不利于调动组织成员的参与热情；团结、和谐、平等的组织文化则会激励人们积极参与组织的决策。因此，任何一个决策都要受到组织文化的影响。

（三）过去的决策

在实际管理工作中，决策问题大都是建立在过去决策的基础上的，属于一种非零点决策，决策者必须考虑过去决策对现在的延续影响。即使对于非程序化决策，决策者由于心理因素和经验惯性的影响，决策时也经常考虑过去的决策，问一问以前是怎么做的。所以，过去的决策总是有形无形地影响现在的决策。这种影响有利有弊，利是有助于实现决策的连贯性和维持组织的相对稳定，并使现在的决策建立在较高的起点上；弊是不利于创新，不适应剧变环境的需要，不利于实现组织的跨越式发展。过去的决策对现在的决策的影响程度，取决于它们与决策者的关系，这种关系越紧密，现在的决策受到的影响就越大。

（四）决策者的个人因素

在决策活动中起决定作用的是决策者，决策者个人的能力是决策成败的关键。决策者的知识与经验、战略眼光、民主作风、偏好与价值观、对风险的态度、个性习惯、责任和权力等都会直接影响决策的过程和结果，尤其是决策能力以及对待风险的态度至关重要。

二、决策的类型

用不同的标准，可将决策划分为不同的类型。

（一）按决策的作用分类

(1) 战略决策。是指有关企业的发展方向的重大全局性决策，由高层管理人员作出。通常包括组织的目标、方针的确定，组织结构的调整，企业产品的调整与更新换代，具有长期性和方向性。如创业投资的项目的选择可认为是战略决策。

(2) 管理决策。为保证企业总体战略目标的实现而解决局部问题的重要决策，一般由中层管理人员作出。战术决策旨在实现组织中各环节的高度协同和资源的合理使用，如创业公司的产品销售计划、人员招聘计划等。

(3) 业务决策。是指基层管理人员为解决日常工作和作业任务中的问题所作的决策，只对组织局部产生影响。如创业公司的工作任务的日常分配与检查、车旅费报销规定等。

（二）按决策的性质分类

组织中的问题一般可分为两类：一类是例行的问题，就是那些重复出现的、日常管理问题，如产品质量、日常管理、员工的考勤等；另一类是例外问题，就是那些偶然发生的、性质和结构不明、具有重大影响的问题，如创业企业的组织结构的确定、重大的融资项目、开发新产品等。

(1) 程序化决策。即对那些例行、常规的、反复发生的问题的决策。

(2) 非程序化决策。是指那些非例行的、偶然发生的或首次出现而又较为重要的非重要复性决策。

(三) 按决策问题所处的状态分类

(1) 确定性决策。是指可供选择的方案中只有一种自然状态时的决策。即决策的状态是完全确定的。

(2) 风险型决策。是指可供选择的方案中，存在两种或两种以上的自然状态，但每种自然状态所发生概率的大小是可以估计的。

(3) 不确定型决策。指在可供选择的方案中存在两种或两种以上的自然状态，而且，这些自然状态所发生的概率是无法估计的。

(四) 按决策结构的明晰程度分类

(1) 结构化决策。结构化决策问题相对比较简单、直接，其决策过程和决策方法有固定的规律可以遵循，能用明确的语言和模型加以描述，并可依据一定的通用模型和决策规则实现其决策过程的基本自动化。早期的多数管理信息系统，能够求解这类问题，例如，应用解析方法、运筹学方法等求解资源优化问题。

(2) 非结构化决策。非结构化决策的决策过程复杂，没有固定的规律可以遵循，没有固定的决策规则和通用模型可依，决策者的主观行为（学识、经验、直觉、判断力、洞察力、个人偏好和决策风格等）对各阶段的决策效果有相当影响，往往是决策者根据掌握的情况和数据临时作出决定。

(3) 半结构化决策。半结构化决策问题介于上述两者之间，其决策过程和决策方法有一定规律可以遵循，但又不能完全确定，即有所了解但又不全面，有所分析但又不确切，有所估计但又不确定。这样的决策问题一般可适当建立模型，但无法确定最优方案。

决策问题的结构化程度并不是一成不变的，当人们掌握了足够的信息和知识时，非结构化问题有可能转化为半结构化问题，半结构化问题也有可能向结构化转化，因此，决策问题的转化过程是人们对客观事物不断提高认识的过程。通常认为，管理信息系统主要解决结构化的决策问题，而决策支持系统则以支持半结构化和非结构化问题为目的。

三、决策的特点

(1) 目标性。任何决策都包含目标的确定。目标是组织在未来特定时期内完成任务程度的标志，目标明确后，方案的拟定、比较、选择、实施及实施效果的检查就有了标准与依据。

(2) 可行性。任何决策方案的实施都要利用一定的资源，合理的人力、物力和财力的准备是决策方案顺利实施的前期条件。因此在决策时不仅要考虑采取行动的必要性，而且要注意实施条件的限制。

(3) 选择性。决策的关键是选择。如果没有选择，就没有决策。在决策时，要尽可能多地设计各种备选方案，这些备选方案都能达到目标，但实施时需要的资源不同，面临的风险也不同，因此要对各种方案进行比较选择。决策时不仅要具备选择的可能，而且要具备选择的依据。

（4）满意性。由于各种条件的制约，在备选方案选择时用"满意"原则代替"最优"原则。

（5）过程性。决策的过程性在两个方面，一是决策本身是一个从发现问题到最后实施反馈的过程；二是在组织中，决策不是一项决策而是一系列决策的综合。

（6）动态性。决策的过程性决定了决策的动态性。由于组织内外环境的不断变化，创业者要密切关注环境变化，从中发现机会和问题，及时决策调整组织活动，以实现组织与环境的动态平衡。

第 4 节　创业投资决策的分析方法

一、定性决策方法

定性决策法又称主观决策法，是指在决策中主要依靠决策者或有关专家的智慧来进行决策的方法，这是一种"软技术"。决策者运用社会科学的原理并依据个人的经验和判断能力，采取一些有效的组织形式，充分发挥各自丰富的经验、知识和能力，从对决策对象的本质特征的研究入手，掌握事物的内在联系及其运行规律，对企业的经营管理决策目标、决策方案的拟定以及方案的选择和实施作出判断。这种方法适用于受社会、经济、政治等非计量因素影响较大、所含因素错综复杂、涉及社会心理因素较多以及难以用准确数量表示的综合性问题。这种"软技术"方法是企业决策采用的主要方法，它弥补了"硬"方法对于人的因素、社会因素等难以奏效的缺陷。"硬""软"两类技术相互配合，取长补短，才能使决策更为有效。

定性决策主要有德尔菲法、头脑风暴法、电子会议等，其中以德尔菲法和头脑风暴法最常用。尤其在长远的战略决策中，如创业决策，由于许多条件的不肯定性，德尔菲法和头脑风暴法特别适用。

（一）德尔菲法

德尔菲法是由美国兰德公司于 20 世纪 50 年代初发明的，最早用于预测，后来推广应用到决策中来。德尔菲是古希腊传说中的神谕之地，城中有座阿波罗神殿可以预卜未来，因而借用其名。

德尔菲法是专家会议法的一种发展，是一种向专家进行调查研究的专家集体判断。它是以匿名方式通过几轮函询征求专家们的意见，组织决策小组对每一轮的意见都进行汇总整理，汇总整理的结果作为参照资料再发给每一个专家，供他们分析判断，提出新的意见。如此反复，专家的意见渐趋一致，最后作为最终结论。

1. 实施过程

（1）拟定决策提纲。先把决策的项目写成几个提问的问题，问题的含义必须十分明确，不论谁回答，对问题的理解不能出现歧义，而且最好只能以具体明确的形式回答。

（2）选定决策专家。选择的专家一般是指有名望的或从事该项工作多年的专家，最好包括多方面的有关专家，选定人数一般以 20~50 人为宜，一些重大问题的决策可选择

100人以上。

(3) 征询专家意见。向专家邮寄第一次征询表,要求每位专家提出自己决策的意见和依据,并说明是否需要补充资料。

(4) 修改决策意见。决策的组织者将第一次决策的结果及资料进行综合整理、归纳,使其条理化,发出第二次征询表,同时把汇总的情况一同寄去,让每一位专家看到全体专家的意见倾向,据此对所征询的问题提出修改意见或重新做一次评价。

(5) 确定决策结果。征询、修改以及汇总反复进行三四轮,专家的意见就会逐步集中和收敛,从而确定出专家们趋于一致的决策结果。

2. 特点

(1) 匿名性。征询和回答是用书信的形式"背靠背"进行的,应答者彼此不知道具体是谁,这就可以避免相互影响。

(2) 反馈性。征得的意见经过统计整理,重新反馈给参加应答者。每个人可以知道全体的意见倾向以及持与众不同意见者的理由。每一个应答者有机会修改自己的见解,而且无损自己的威信。

(3) 收敛性。征询意见过程经过几轮(一般为四轮)重复,参加应答者就能够达到大致的共识,甚至比较协调一致。也就是说,统计归纳的结果是收敛的,而不是发散的。

(二) 头脑风暴法

头脑风暴法出自"头脑风暴"一词。所谓头脑风暴(brain-storming)最早是精神病理学上的用语,指精神病患者的精神错乱状态而言,如今转而意指无限制的自由联想和讨论,其目的在于产生新观念或激发创新设想。

在群体决策中,由于群体成员心理相互作用影响,易屈于权威或大多数人意见,形成所谓的"群体思维"。群体思维削弱了群体的批判精神和创造力,损害了决策的质量。为了保证群体决策的创造性,提高决策质量,管理上发展了一系列改善群体决策的方法,头脑风暴法就是其中的一种。

头脑风暴法又称智力激励法、BS法、自由思考法,是由美国创造学家奥斯本于1939年首次提出、1953年正式发表的一种激发性思维的方法。此法经各国创造学研究者的实践和发展,至今已经形成了一个发明技法群,如奥斯本智力激励法、默写式智力激励法、卡片式智力激励法等。

1. 实施过程

(1) 准备阶段。策划与设计的负责人应事先对所议问题进行一定的研究,弄清问题的实质,找到问题的关键,设定解决问题所要达到的目标。同时选定参加会议人员,一般以5~10人为宜,不宜太多。然后将会议的时间、地点、所要解决的问题、可供参考的资料和设想、需要达到的目标等事宜一并提前通知与会人员,让大家做好充分的准备。

(2) 热身阶段。这一阶段的目的是创造一种自由、宽松、祥和的氛围,使大家得以放松,进入一种无拘无束的状态。主持人宣布开会后,先说明会议的规则,然后随便谈点有趣的话题或问题,让大家的思维处于轻松和活跃的境界。如果所提问题与会议主题有着某种联系,人们便会轻松自如地导入会议议题,效果自然更好。

(3) 明确问题。主持人扼要的介绍有待解决的问题。介绍时须简洁、明确,不可过分周全,否则过多的信息会限制人的思维,干扰思维创新的想象力。

(4) 重新表述问题。经过一段讨论后,大家对问题已经有了较深程度的理解。这时,为了使大家对问题的表述能够具有新角度、新思维,主持人或书记员要记录大家的发言,并对发言纪录进行整理。通过纪录的整理和归纳,找出富有创意的见解,以及具有启发性的表述,供下一步畅谈时参考。

(5) 畅谈阶段。畅谈是头脑风暴法的创意阶段。为了使大家能够畅所欲言,需要制定的规则是:第一,不要私下交谈,以免分散注意力。第二,不妨碍他人发言,不去评论他人发言,每人只谈自己的想法。第三,发表见解时要简单明了,一次发言只谈一种见解。主持人首先要向大家宣布这些规则,随后导引大家自由发言,自由想象,自由发挥,使彼此相互启发,相互补充,真正做到知无不言,言无不尽,畅所欲言,然后将会议发言纪录进行整理。

(6) 筛选阶段。会议结束后的一两天内,主持人应向与会者了解大家会后的新想法和新思路,以此补充会议纪录。然后将大家的想法整理成若干方案,再根据预先设定的标准,诸如可识别性、创新性、可实施性等标准进行筛选。经过多次反复比较和优中择优,最后确定1~3个最佳方案作为决策方案。这些最佳方案往往是多种创意的优势组合,是大家的集体智慧综合作用的结果。

2. 特点

(1) 自由畅想。参加者不受任何条条框框的限制,让思维自由驰骋,大胆想象。参加者要敢于标新立异,从不同角度、不同方位、不同层面进行思考,提出独特的、有创造性的想法。

(2) 充分交流。参加者要勇于展示自己的思路或想法,敢于和其他有创意的思路接触,碰撞出火花。另外,时间要充足,但不是无限制的延长。在有限的时间内,充分交流,激情碰撞,使创意思维的量和质有保障。

(3) 延迟评判。在"头脑风暴法"的操作中,不能肯定或否定某个设想,或发表评论性的意见,一切评价都延迟到课后进行。因为即席评判会打断或约束参加者的积极思维,破坏参加者自由畅想的和谐氛围。其目的是为了保护参加者的思维积极性。

3. 原则

(1) 庭外判决原则。对各种意见、方案的评判必须放到最后阶段,此前不能对别人的意见提出批评和评价。认真对待任何一种设想,而不管其是否适当和可行。

(2) 欢迎各抒己见,自由鸣放原则。创造一种自由的气氛,激发参加者提出各种荒诞的想法。

(3) 追求数量原则。意见越多,产生好意见的可能性越大。

(4) 探索取长补短原则。除提出自己的意见外,鼓励参加者对他人已经提出的设想进行补充、改进和综合。

二、定量决策方法

(一) 确定型决策分析方法

确定型决策亦称标准决策或结构化决策。是指决策过程的结果完全由决策者所采取的行动决定的一类问题,它可采用最优化、动态规划等方法解决。决策者在只存在一种自然状态(客观条件),对各种备选方案进行评价和选择。

确定型决策看起来似乎很简单,在实际决策中并不都是这样。决策人面临的备选方案可能很多,从中选出最优方案就很不容易。例如:

一部邮车要从一个城市到另外十个城市巡回一次,其路线就有10! ＝3 628 800 条,从中选出最短路线就不容易,必须运用线性规划的数学方法才能解决。确定型决策是最基本的决策问题,方法比较简单、成熟、经常用到,在决策中占有突出的重要位置。这种决策,约束条件明确,能用数学模型表示,系统的各种变量及其相互关系是计量的,能建立起确定的一元函数,运用线性规划等方法可求出最佳解。

一般确定型决策要具备四个条件:①存在着决策人希望达到的一个明确目标。②只存在一个确定的自然状态。③存在着可供选择的两个或两个以上的行动方案。④不同的行动方案在确定状态下的损失或利益值可以计算出来。

例如:某企业可向三家银行借贷,但利率不同,分别为8％、7.5％和8.5％。企业需决定向哪家银行借款。很明显,向利率最低的银行借款为最佳方案。这就是确定型决策。此外,像企业中确定状态下的库存管理,生产日程计划或设备计划的决策都属于确定型决策。

常见的确定型的决策方法有线性规划和量本利分析法等。

1. 线性规划法

线性规划是研究在线性不等式或等式的限制条件下,使得某一个线性目标函数取得最大(或最小)的问题。常见的线性规划决策问题有:运输问题、生产的组织与计划问题、合理下料问题、配料问题、布局问题等。

建立线性规划模型的三个基本要素:①决策变量;②目标函数;③约束条件。

【例题 5-1】某创业企业在计划要安排Ⅰ、Ⅱ两种产品的生产,已知生产单位产品所需的设备台时及 A、B 两种原材料的消耗、资源的限制,如表 5-1 所示。问题:创业企业应分别生产多少单位Ⅰ、Ⅱ产品才能获利最多?

表 5-1　创业企业拥有的资源和生产产品需要的资源

	产品Ⅰ	产品Ⅱ	资源
设备	1	2	300 台时
原料 A	2	1	400 千克
原料 B	0.5	1	250 千克
单位产品利润	80 元	100 元	—

这是一个标准的线性规划决策问题。

首先是确定决策变量。本例中,产品Ⅰ和产品Ⅱ的产量就是决策变量,设为 x_1 和 x_2。

第二步是确定目标函数。本例中,创业企业获得的利润最大, $y=80x_1+100x_2$。

第三步是确定约束条件。本例中,在生产 x_1 单位产品Ⅰ和 x_2 单位产品Ⅱ时,消耗的资源不能超出创业企业资源的限制,其约束条件为:

设备台时的约束: $x_1+2x_2 \leqslant 300$

原料 A 的数量约束：$2x_1 + x_2 \leqslant 400$

原料 B 的数量约束：$0.5x_1 + x_2 \leqslant 250$

产品产量的非负约束：$x_1 \geqslant 0, x_2 \geqslant 0$

基于上述分析的三个基本要素，本例的线性规划模型为：

$$\text{Max } y = 80x_1 + 100x_2$$

$$\text{s.t.} \begin{cases} x_1 + 2x_2 \leqslant 300 \\ 2x_1 + x_2 \leqslant 400 \\ 0.5x_1 + x_2 \leqslant 250 \\ x_1, \quad x_2 \geqslant 0 \end{cases}$$

通过求解上述线性规划可得最优解，$x_1 = 166.7$，$x_2 = 66.7$，创业企业获得的最大利润为 20 000 元。

求解上述线性规划有许多方法，在只有 2 个决策变量时，可以使用图解法；当多于 2 个决策变量时，可用单纯形方法，或借助于一些计算机软件，如 R 软件的中 Rglpk 包或 lpSolve 包中的相关函数进行求解。详细求解方法可参阅相关资料。

2. 量本利分析法

量本利分析法又称盈亏平衡分析法或保本分析法，它是通过考察产量或销售量、成本和利润的关系及盈亏变化的规律为决策提供依据的定量方法（图 5-1）。量本利分析法的基本原理是边际分析理论。

该方法假设企业的生产总成本分为固定成本和变动成本。固定成本是指在一定的产量范围内，不随产量变动而变动的成本。如机器设备的折旧费用、厂房的租赁费用、利息支出和一般管理费用等。变动成本与固定成本相反，是随产品产量的增加而同步增加的成本。如直接人工费、原材料消耗等费用。但从单位产品来看，这些成本是基本不变的。企业的总收入假设为产品数量乘以产品价格。问题是企业生产多少产品可以达到盈亏平衡点。

设 C 为总固定成本，P 为产品价格，V 为单位变动成本，产品产量为 Q。则：

企业的总收入为：$P \times Q$

企业的总成本为：$V \times Q + C$

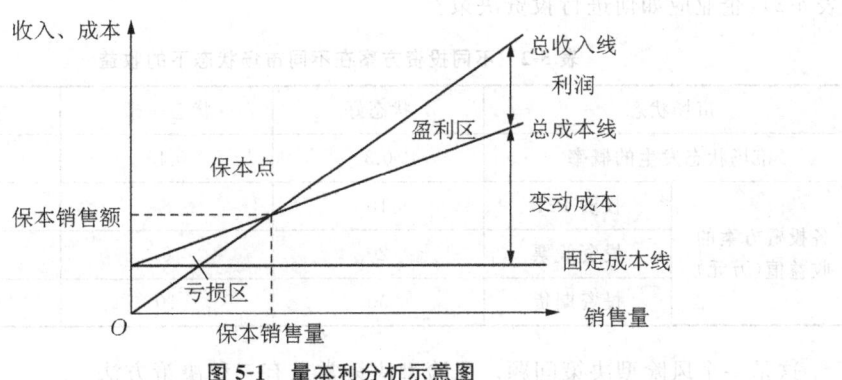

图 5-1 量本利分析示意图

企业盈亏平衡产量是企业总收入等于总成本时达到,即 $P \times Q = V \times Q + C$,得:

$$Q = C/(P-V)$$

若企业希望盈利 F,则总收入-总成本的差为 F,即 $P \times Q - V \times Q - C = F$,得:

$$Q = (C+F)/(P-V)$$

【例题 5-2】某创业企业计划生产一种新产品,据预测年发生的固定成本为 800 万元,单位变动成本为 120 元,该产品的市场销售价格为每件 320 元。问:(1)该企业的盈亏平衡点产销量是多少?(2)若该产品预计年产销量可达 5 万件,该企业预计可盈利多少?

解:(1)根据上述公式,该企业的盈亏平衡点产销量为:

$$Q = C/(P-V) = 8\,000\,000/(320-120) = 40\,000 (件)$$

(2)若该产品预计年产销量可达 5 万件,企业预计可盈利:

$$F = P \times Q - V \times Q - C = (320-120) \times 50\,000 - 8\,000\,000 = 2\,000\,000(元)$$

(二)风险型决策分析方法

风险型决策也称"随机决策"。在这种决策中,决策的状态有多种,决策者在决策前不知道会发生哪一种状态,但每种状态发生的概率和该状态下的损益值是可以估算出来的,这类决策问题就是风险型决策。

风险型决策具备如下五个条件:

(1)决策者具有一个希望达到的明确目标(收益较大或损失较小);
(2)存在两个以上的行动方案可供决策者选择;
(3)存在两个或两个以上的不以决策者主观意志为转移的自然状态;
(4)不同的行动方案在不同自然状态下的损益值可以估算出来;
(5)在几种不同的自然状态中,未来究竟会出现哪种自然状态,决策者不能肯定,但是各种自然状态出现的可能性,决策者可以估计或计算出来。

【例题 5-3】某创业企业有资金 100 万,准备进行一年的投资,通过调查知道现有三种投资方案,一是投资 P2P,二是投资股票,三是投资期货。通过专家评价与预测,未来一年中金融市场有好、一般和差三种可能性,在不同的市场状态下,不同的投资其回报也不同(表 5-2),企业应如何进行投资决策?

表 5-2 不同投资方案在不同市场状态下的收益

市场状态		状态好	状态一般	状态差
市场状态发生的概率		0.3	0.45	0.25
各投资方案的收益值(万元)	投资 P2P	10	8	2
	投资股票	20	6	-10
	投资期货	50	10	-50

这是一个风险型决策问题。风险型决策常见有三种决策方法。

第4节 创业投资决策的分析方法

1. 最大可能法

最大可能法是以最大可能准则为依据。我们知道,一个事件的概率越大,其发生的可能性就越大。基于这种思想,最大可能准则就是在风险型决策问题中选一个概率最大的自然状态进行决策,其他的自然状态可以不管,此时风险型决策问题就可变成确定型决策问题,并按照确定型决策问题的模型方法进行处理。

一般来说,比较适宜采用最大可能法的情形是:某一个自然状态出现的概率远远大于其他自然状态,并且在每种自然状态发生的情况下,损益值不存在巨大差异。

使用最大可能法对例题5-3[①]进行决策的过程如下:由于市场状态为一般发生的概率为0.45是最大的,这是未来市场最有可能发生的状态,因此可将决策问题看为市场状态为一般下的确定型决策,比较三种方案在该状态下的收益,最大的收益的方案是投资期货。

2. 期望值(expected value)法

期望值法是以期望值准则为依据。期望值准则就是把每个行动方案的期望值求出来,加以比较,选择期望值最优的行动方案。

对例题5-3,三个方案的期望收益分别是:

投资P2P方案的期望收益:$10 \times 0.3 + 8 \times 0.45 + 2 \times 0.25 = 7.1$(万元)

投资股票方案的期望收益:$20 \times 0.3 + 6 \times 0.45 + (-10) \times 0.25 = 6.2$(万元)

投资期货方案的期望收益:$50 \times 0.3 + 10 \times 0.45 + (-50) \times 0.25 = 7.0$(万元)

比较上述三个方案的期望收益,投资P2P方案的期望收益最大,达到了7.1万元,因此决策方案为投资P2P。

3. 决策树方法

决策树(Decision Tree)方法的理论依据仍是期望值准则,它能表示出不同的决策方案在不同自然状态的结果,显示出决策的过程。决策树方法内容形象、思路清晰。由于决策树方法的决策过程像树枝形状,所以起个形象化的名字叫决策树。与决策表相比,决策树描述和分析决策问题更加灵活。

决策树的表示方法:

□——表示决策节点。从它引出的分支叫方案分支,每支代表一个方案。决策节点上标注的数字是所选方案的期望值。

○——表示方案节点。从它引出的分支叫概率分支。分支数反映可能的自然状态数。分支上注明的数字为该自然状态发生的概率。

△——表示结果节点。它旁边标注的数字为方案在某种自然状态下的收益值。

应用决策树进行决策的过程,是由右向左逐步前进,计算右端的期望收益值,或损失值,然后对不同方案的期望收益值的大小进行选择。方案的舍弃称为剪支。最后决策节点上只留下唯一的一个,就是最优的决策方案。

决策树法的关键步骤:

(1) 画出决策树,画决策树的过程也就是对未来可能发生的各种事件进行周密思考、

---

① 注:例题5-3并不完全适用最大可能法的条件。

预测的过程,把这些情况用树状图表示出来。先画决策点,再找方案分枝和方案点,最后再画出概率分枝。

(2)由专家估计法或用试验数据推算出概率值,并把概率写在概率分枝的位置上。

(3)计算益损期望值,从树梢开始,由右向左的顺序进行。用期望值法计算。若决策目标是盈利时,比较各分枝,取期望值最大的分枝,其他分枝进行修剪。

用决策树法对例题 5-3 进行决策的过程如图 5-2 所示。

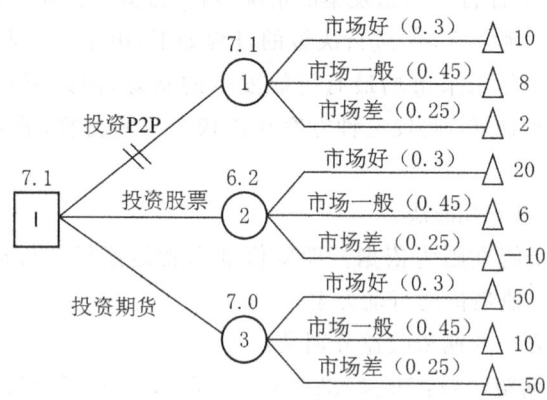

图 5-2　决策树示意图

(三)不确定型决策分析方法

不确定型决策方法又称非确定型决策,非标准决策或非结构化决策。是指决策人知道未来可能发生的各种自然状态,但无法确定未来各种自然状态发生的概率的决策。不确定型决策的主要方法有:等可能性法、乐观法、悲观法和最小最大后悔值法等。下面通过一个例题来介绍这些方法。

【例题 5-4】某创业企业准备开发一种新产品,有三种开发方案,一是独立开发生产,二是与其他公司合作开发,三是购买专利授权生产。该产品的未来市场有好、中和差三种可能性,且发生的概率未知。通过专家预测,该产品在市场好、中和差三种情况下,不同的方式开发产品的收益不同(表 5-3),问企业如何进行产品开发决策?

表 5-3　不同开发方案在不同市场状态下的收益　　　　　　　　　　单元:万元

市场状态		市场好	市场中	市场差
各产品开发方案的收益	独立开发	240	120	−90
	合作开发	120	60	−30
	购买专利授权	100	50	10

1. 等可能性法

也称拉普拉斯决策准则。采用这种方法,是假定自然状态中任何一种发生的可能性是相同的,通过比较每个方案的损益平均值来进行方案的选择,在利润最大化目标下,选择平均利润最大的方案,在成本最小化目标下选择平均成本最小的方案。

对于例题 5-4 利用等可能性法,计算各种方案的平均收益:

独立开发的平均收益 = (240+120-90)/3 = 90(万元)
合作开发的平均收益 = (120+60-30)/3 = 50(万元)
购买专利授权的平均收益 = (100+50+10)/3 = 53.3(万元)

由于独立开发的平均收益最大,所以企业选择独立开发的决策方案。

2. 乐观法

也称大中取大的准则。决策者不知道各种自然状态中任一种可能发生的概率,决策的目标是选最好的自然状态下确保获得最大可能的利润。乐观法在决策中的运用是:首先,确定每一可选方案的最大收益值;然后,在这些方案的最大收益中选出一个最大值,与该最大值相对应的那个可选方案便是决策选择的方案。由于根据这种准则决策的结果是运气最好情况的收益,外界环境发生任何的变化,其决策方案的收益都会下降。

对于例题5-4,独立开发、合作开发和购买专利授权的最好收益分别是240万元、120万元、100万元,最大的收益240万元对应于独立开发,因此其决策方案为独立开发。

3. 最小最大后悔值法

决策者不知道各种自然状态中任一种发生的概率,决策目标是确保避免较大的机会损失。运用最小最大后悔值法时,首先要将决策矩阵从利润矩阵转变为机会损失矩阵;然后确定每一可选方案的最大机会损失;再次,在这些方案的最大机会损失中,选出一个最小值,与该最小值对应的可选方案便是决策选择的方案。

对于例题5-4,首先计算各方案的后悔值,得表5-4。

表5-4 不同开发方案的后悔值　　　　　　　　　　　单位:万元

	市场状态	市场好	市场中	市场差
各产品开发方案的后悔值	独立开发	0	0	100
	合作开发	120	60	40
	购买专利授权	140	70	0

独立开发、合作开发和购买专利授权的最大后悔值分别是100万元、120万元、140万元,独立开发有最小的最大后悔值,因此其决策方案为独立开发。

(四)层次分析(AHP)法

上面介绍的三种定量分析方法针对的都是单目标决策问题,但在创业投资决策中,大量的决策问题都是多目标决策问题。对一个投资项目不但要考虑收益、还要考虑风险、投资量的大小等等多种要素,而且各种因素之间不但相互关联,有时还相互矛盾的,如创业投资项目中收益越大往往风险越大。这些目标之间相互作用和矛盾,使决策过程相当复杂,使决策者常常很难轻易作出决策。这类具有多个目标的决策就是多目标决策。目前有多种方法可以处理多目标决策问题,层次分析法就是一种有效处理多目标决策问题的方法。

层次分析法(the analytic hierarchy process)简称AHP,在20世纪70年代中期由美国运筹学家托马斯·塞蒂(T.L.Saaty)正式提出。它是一种定性和定量相结合的、系统化、层次化的分析方法。由于它在处理复杂的决策问题上的实用性和有效性,很快在世界范围得到重视。它的应用已遍及经济计划和管理、能源政策和分配、行为科学、军事指挥、运输、农业、教育、人才、医疗和环境等领域。

层次分析法的基本思路与人对一个复杂的决策问题的思维、判断过程大体上是一样的。例如:假如有3个旅游胜地A、B、C供你选择,你会根据诸如景色、费用和居住、饮食、旅途条件等一些准则去反复比较这3个候选地点。首先,你会确定这些准则在你的心目中各占多大比重,如果你经济宽绰、醉心旅游,自然特别看重景色条件,而平素俭朴或手头拮据的人则会优先考虑费用,中老年旅游者还会对居住、饮食等条件予以较大关注。其次,你会就每一个准则将3个地点进行对比,譬如A景色最好,B次之;B费用最低,C次之;C居住等条件较好;等等。最后,你要将这两个层次的比较判断进行综合,在A、B、C中确定哪个作为最佳地点。层次分析法是将决策问题按总目标、各层子目标、评价准则直至具体的备选方案的顺序分解为不同的层次结构,然后用求解判断矩阵特征向量的办法,求得每一层次的各元素对上一层次某元素的优先权重,最后再用加权求和的方法递阶归并各备择方案对总目标的最终权重,此最终权重最大者即为最优方案。

层次分析法的基本步骤:

1. 建立层次结构模型

将决策的目标、考虑的因素(决策准则)和决策对象按它们之间的相互关系分为最高层、中间层和最低层,绘出层次结构图。最高层是指决策的目的、要解决的问题。最低层是指决策时的备选方案。中间层是指考虑的因素、决策的准则。对于相邻的两层,称高层为目标层,低层为因素层。

把各种所要考虑的因素放在适当的层次内。用层次结构图清晰地表达这些因素的关系。如果问题较为复杂时,准则层可以有多个层次。

【例题5-5】某创业企业计划做一个项目投资,共有3个项目(项目A、B、C)可供选择,现从项目的回报率、风险水平、投资回收期和项目退出壁垒四个指标对项目进行评估,企业应如何决策?

对例题5-5建立层次分析模型如图5-3和表5-5所示。

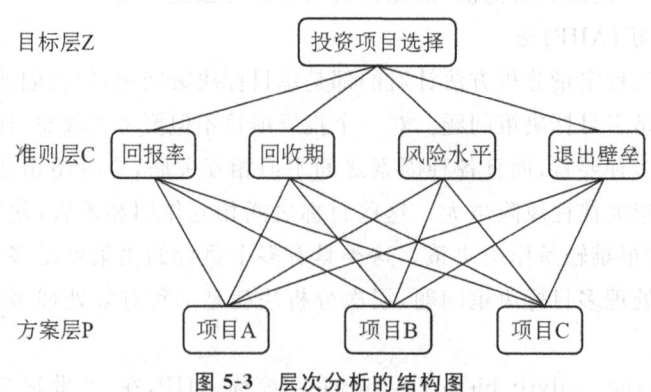

图5-3 层次分析的结构图

第4节 创业投资决策的分析方法

表 5-5 判断矩阵中各元素的值

取值	两目标相比	取值	两目标相比
1	同样重要	9	极端重要
3	稍微重要	2,4,6,8	介于以上相邻两种情况之间
5	明显重要	以上各数的倒数	两个目标反过来比较
7	重要得多		

2. 构造判断(成对比较)矩阵

在确定各层次各因素之间的权重时,如果只是定性的结果,则常常不容易被别人接受,因而塞蒂等人提出一致矩阵法,即不把所有因素放在一起比较,而是两两相互比较,对比时采用相对尺度,以尽可能减少性质不同的诸因素相互比较的困难,以提高准确度。比较第 i 个元素与第 j 个元素相对上一层某个因素的重要性时,使用数量化的相对权重 a_{ij} 来描述,a_{ij} 的取值由表 5-5 确定。设共有 n 个元素参与比较,则 $A = (a_{ij})_{n \times n}$ 称为比较判断矩阵。比较判断矩阵一般请相关专家基于表 5-5 进行确定各元素的值。

对例题 5-5 来说,准则层 C 相对目标层 Z 来说可得到一个比较判断矩阵 M,方案层相对准则层来说可得 4 个比较判断矩阵 N_1、N_2、N_3 和 N_4。假设请专家通过两两比较,得到相应的判断矩阵如下:

$$M = \begin{pmatrix} 1 & 5 & 1/3 & 7 \\ 1/5 & 1 & 1/7 & 3 \\ 3 & 7 & 1 & 9 \\ 1/7 & 1/3 & 1/9 & 1 \end{pmatrix}$$

$$N_1 = \begin{pmatrix} 1 & 3 & 5 \\ 1/3 & 1 & 3 \\ 1/5 & 1/3 & 1 \end{pmatrix} \quad N_2 = \begin{pmatrix} 1 & 3 & 3 \\ 1/3 & 1 & 1 \\ 1/3 & 1 & 1 \end{pmatrix} \quad N_3 = \begin{pmatrix} 1 & 1/3 & 1/5 \\ 3 & 1 & 1/3 \\ 5 & 3 & 1 \end{pmatrix} \quad N_4 = \begin{pmatrix} 1 & 1/5 & 1/7 \\ 5 & 1 & 1/2 \\ 7 & 2 & 1 \end{pmatrix}$$

3. 一致性检验

所谓一致性检验是指判断矩阵中,任意两个指标之间比较时传递性要基本成立。定义 $CI = \dfrac{\lambda_{\max} - n}{n-1}$ 为一致性指标,公式中 n 为判断矩阵的阶数,$\lambda \max$ 为判断矩阵的最大特征值。考虑到阶数 n 越大,专家在做判断矩阵时越难满足一致性,所以对不同阶数的判断矩阵给予不同的误差限,为此引入随机一致性指标 RI(1 000 个样本得到的平均 CI 值),表 5-6 给出了各阶构造矩阵平均 RI 值。定义一致性比率 CR=CI/RI;若 CR ≤ 0.1,判断矩阵具有满意一致性;若 CR > 0.1,判断矩阵不具有满意一致性,需要重新构造,直到满意为止。

表 5-6 各阶判别矩阵的 RI 值

阶数	3	4	5	6	7	8	9
RI	0.58	0.9	1.12	1.24	1.32	1.41	1.45

在例题 5-5 中,判断矩阵 M 的 $CI_z=0.0548$。由于 $CR_z=0.0548/0.9=0.061$ 小于 0.1,因此判断矩阵 M 通过一致性检验。同理判断矩阵 N_1、N_2、N_3 和 N_4 的一致性指标 CI_1、CI_2、CI_3 和 CI_4 分别为 0.019 3、0.000 0、0.019 3、0.007 1。一致性比率 CR_1、CR_2、CR_3 和 CR_4 分别为 0.033、0.000、0.033、0.012,它们都小于 0.01,因此判断矩阵 N_1、N_2、N_3 和 N_4 都通过一致性检验。

4. 计算各指标权重

计算各指标权重,就是求判断矩阵最大特征值对应的特征向量,并对其进行归一化处理即可。

在例题 5-5 中,通过判断矩阵 M 最大特征值所对应的特征向量,并对其进行归一化处理,可获得四个指标的权重为 $W_z=(0.29,0.08,0.58,0.05)$;同理可得各投资项目方案对应四个指标的权重分别为 $W_1=(0.64,0.26,0.10)$,$W_2=(0.60,0.20,0.20)$,$W_3=(0.10,0.26,0.64)$,$W_4=(0.07,0.33,0.59)$。也可看做是 3 个投资项目方案分别在 4 个指标上的得分。

5. 层次总排序并做一致性检验

计算某一层次所有因素对于最高层(总目标)相对重要性的得分,称为层次总排序,并对总排序进行一致性检验。这一过程是从最高层次到最低层次依次进行的。

在例题 5-5 中,将 3 个投资项目方案分别在 4 个指标上的得分 W_1、W_2、W_3 和 W_4 乘以 W_z,得到的向量就是 3 个投资项目相对总目标的得分。

$$W_z \times \begin{pmatrix} W_1 \\ W_2 \\ W_3 \\ W_4 \end{pmatrix} = (0.29, 0.08, 0.58, 0.05) \times \begin{pmatrix} 0.64 & 0.26 & 0.10 \\ 0.69 & 0.20 & 0.20 \\ 0.10 & 0.26 & 0.64 \\ 0.07 & 0.33 & 0.59 \end{pmatrix} = (0.30, 0.25, 0.45)$$

由上面的计算可知投资项目 C 的得分为 0.45,在三个项目中得分最高,所以通过层次分析法得到的决策结果是选择投资项目 C。

总排序的一致性检验通过下列公式进行计算一致性比率 CR:

$$CR = \frac{\alpha_1 CI_1 + \alpha_2 CI_2 + \alpha_3 CI_3 + \alpha_4 CI_4}{\alpha_1 RI_1 + \alpha_2 RI_2 + \alpha_3 RI_3 + \alpha_4 RI_4}$$

公式中的 $CI_i(i=1,2,3,4)$ 分别是方案对 4 个指标的判别矩阵的一致性指标,$RI_i(i=1,2,3,4)$ 是对应的随机一致性指标。$\alpha_i(i=1,2,3,4)$ 为准则层对总目标的权重。将对应值代入上面的公式可得 $CR=0.03 \leqslant 0.1$,总排序通过一致性检验。

在运用层次分析法时,如果所选的要素不合理,其含义混淆不清,或要素间的关系不正确,都会降低 AHP 法的结果质量,甚至导致 AHP 法决策失败。为保证递阶层次结构的合理性,需把握以下原则:分解简化问题时要把握主要因素,不漏不多;注意相比较元素之间的强度关系,相差太悬殊的要素不能在同一层次进行比较。

层次分析法优点:

(1) 系统性的分析方法。层次分析法把研究对象作为一个系统,按照分解、比较判断、综合的思维方式进行决策,成为继机理分析、统计分析之后发展起来的系统分析的重要工具。系统思想在于不割断各个因素对结果的影响,而层次分析法中每一层的权重设置最后都会直接或间接影响到结果,而且在每个层次中的每个因素对结果的影响程度都是量化的,非常清晰明确。这种方法尤其适用于对无结构特性的系统评价以及多目标、多准则、多时期等的系统评价。

(2) 简洁实用的决策方法。这种方法既不单纯追求高深数学,又不片面地注重行为、逻辑、推理,而是把定性方法与定量方法有机地结合起来,使复杂的系统分解,能将人们的思维过程数学化、系统化,便于人们接受,且能把多目标、多准则又难以全部量化处理的决策问题化为多层次单目标问题,通过两两比较确定同一层次元素相对上一层次元素的数量关系后,最后进行简单的数学运算。计算简便,并且所得结果简单明确,容易为决策者了解和掌握。

(3) 所需定量数据信息较少。层次分析法主要是从评价者对评价问题的本质、要素的理解出发,比一般的定量方法更注重定性的分析和判断。由于层次分析法是一种模拟人们决策过程的思维方式的一种方法,层次分析法把判断各要素的相对重要性的步骤留给了大脑,只保留人脑对要素的印象,化为简单的权重进行计算。这种思想能处理许多用传统的最优化技术无法着手的实际问题。

层次分析法缺点:

(1) 不能为决策提供新方案。层次分析法的作用是从备选方案中选择较优者。在应用层次分析法的时候,可能会有这样一个情况,就是我们自身的创造能力不够,虽然能从众多方案里选择一个最好的出来,但其效果仍然不够理想。

(2) 定量数据较少,定性成分多,不易令人信服。在科学评价中,人们一般都认为需要比较严格的数学论证和完善的定量方法。但现实世界的问题和人脑考虑问题的过程很多时候并不是能简单地用数字来说明一切的。层次分析法是一种带有模拟人脑的决策方式的方法,因此必然带有较多的定性色彩。

(3) 指标过多时,数据统计量大,且权重难以确定。当用层次分析法解决较为复杂问题时,指标的选取很可能较多。指标的增加就意味着要构造层次更深、数量更多、规模更庞大的判断矩阵,这时就需要对许多指标进行两两比较的工作。由于层次分析法的两两比较是用1至9来说明其相对重要性,如果有越来越多的指标,我们对每两个指标之间的重要程度的判断可能就出现困难了,甚至会对层次单排序和总排序的一致性产生影响,使一致性检验不容易通过。

(4) 特征值和特征向量的精确求法比较复杂。在求判断矩阵的特征值和特征向量时,所用的方法和我们多元统计所用的方法是一样的。在二阶、三阶的时候,我们还比较容易处理,但随着指标的增加,阶数也随之增加,在计算上也变得越来越困难。不过幸运的是这个缺点比较好解决,一是可用近似计算方法;二是借助于计算机软件可以直接计算阶数不是很大矩阵的特征值和特征向量。

创业企业在进行投资决策分析时,往往面临的是一个由众多投资方案、众多风险因素、众多利益相关者等因素的相互关联、相互制约构成的复杂系统。层次分析法则为研究这类复杂的系统,提供了一种新的、简洁的、实用的决策方法。

综合案例  陈欧的创业投资决策

陈欧,26 岁白手起家创业,32 岁便身家 47 亿元。作为中国电商界的黑马,年轻创业者陈欧带领聚美优品仅用三年时间,就完成单月销售额从 10 万元到 6 亿元的突破,并晋级与天猫、京东、亚马逊等比肩的 B2C 电商第一阵营,牢固地占据中国美妆类电商第一站的领航地位。

陈欧 1983 年出生于四川中江,少年时代的陈欧便天资过人,小学拿过不少奥数方面的奖。陈欧的中学时代和大多数孩子一样,读书、成长,日复一日地过着寻常人的生活。至 16 岁,机缘巧合,陈欧得到了当年德阳的全额奖学金留学项目。

第一桶金。2006 年,他还在新加坡读大四,仅靠着一台笔记本,创办了在线游戏对战平台 GGgame。当时盛大浩方想进东南亚市场,但是版本做得很差。作为一名资深游戏玩家兼程序员,陈欧思量,既然市场并不成熟,浩方的产品及本地化也做得很糟糕,不如自己来做。GGgame 迅速风靡世界,短时间内吸引了数量庞大的游戏玩家,成为中国之外最大的游戏对战平台之一。在 GGgame 发展得不错时,不甘心现状的陈欧决定去斯坦福大学读 MBA,扩充自己的知识储备。在他看来,创业中难免会遇到各种各样的问题,如果一个公司没有健康的股权组织架构,只是凭借对人单纯的信任感,很难保证未来不出问题。留学斯坦福让陈欧结识了第二位创业伙伴戴雨森。

二次创业。2009 年 7 月,陈欧在毕业后的第三天便杀回国内,开始第二次创业。他带着一个全新的项目,找到了已经两年没有联系过的天使投资人徐小平。早在 2007 年 7 月的一天,还是斯坦福大学学生的陈欧便飞回北京,为创业项目融资。经朋友介绍,陈欧在北京翠宫饭店结识了未来最重要的创业恩师——真格天使投资人徐小平(新东方教育集团创始人之一)。两人在北京翠宫饭店喝了一次茶,徐老师便决定投资他的 GGgame。但陈欧这一次没有拿徐老师的钱,因为他当时正面临毕业后是继续读书还是回国的抉择,"如果拿了徐老师的钱又继续读书,就很不好意思了"。

两年后,26 岁的陈欧从美国斯坦福大学毕业回国再次创业时,陈欧在中国大饭店又一次遇到了徐小平。这一次,陈欧仅用了 5 分钟就将自己筹划的项目解释了一遍,徐小平并没有提出太多疑问,很快就达成了投资协议。徐小平向陈欧的项目投资了 18 万美元,顺便还给陈欧的团队一套房子作为办公场地。志同道合的斯坦福师弟戴雨森也放弃学位回国追随陈欧,从此再也没有回到斯坦福校园。这次,陈欧选择的还是游戏行业,成立了 Reemake 公司,创业项目是在社交游戏中内置广告。"当时有个东西在美国很火,就是网页游戏通过内置广告获利。比如你是游戏用户要买游戏币,以前是花钱去买,现在可以去注册账户或者安装软件,我们会送你游戏币。"但他很快发现,他们搬来的国外模式在中国行不通。当初意气风发的年轻人被现实泼了一桶冰水,剩下的是无助和焦虑。折腾掉数月之后,陈欧发现方向、资源、团队,这些创业的基本要素几乎一无所有,转型的方向亦不

明确。

成功转型。作为一个善于观察生活的男人，陈欧发现中国的广大女性消费者对于线上购买化妆品的信心不足，线上化妆品行业没有领头羊企业存在。对于他来说，化妆品就是新大陆。他总结出了三个"可行条件"。首先，电子商务在中国正在高速发展是不争的事实；其次，化妆品需求很大，但市场上还没有一个可信的化妆品网站；最后，做这个别的男人不好意思做的行业反倒给了自己机会。公司想要转型，就必须和投资人有个交代，还得告诉团队新的同事。问题是，陈欧对自己即将要做的事也没底。合伙人之间有了激烈的争吵，陈欧要做电商，戴雨森提议做社区。"我和他说，社区不靠谱，因为需要长时间培育市场。"而戴雨森觉得电商环节太复杂，"没做过采购，又不懂零售，大老爷们还要做化妆品"。他们这边争执不休之际，国内刮起了团购热。陈欧提议先借着团购的方式做着玩，凭感觉一步一步来。由于公司的流动资金只剩下30万元，他们只好一面继续着游戏广告业务，一面用了两天时间，在技术上让团美网（聚美优品前身）上了线。

这是一次依靠直觉的商业冒险。陈欧将代理商的化妆品买断，存放在仓库，以限时团购的形式卖出，价格比专卖店低了4成。2010年5月，陈欧全面停掉了之前的游戏内置广告业务，同时获得了来自徐小平的200万元追加投资。团美网（聚美优品前身）上线后，业绩出人意料地好，不到5个月注册用户突破10万。戴雨森说："2010年基本没有投广告，全部都是用户的口头传播。"2010年9月，团美网更名为聚美优品，有"聚集美丽、成人之美"的含义，同年销售额达到2 000万元。2011年3月，公司成立不到一年总销售额突破1.5亿元，同时也获得了来自红杉资本千万美元级别的投资。5月，聚美优品转型为团购化妆品的B2C网站。至此大老爷们的"女人生意"也就算步入了正轨。

2014年5月16日，聚美优品正式在美国纽约证券交易所挂牌上市，31岁的陈欧，成为纽交所二百二十余年历史上最年轻的上市公司CEO。如今聚美优品的市值高达19亿美元，根据他持有约40％股份计算，其身家达到7.6亿美元（约合47亿元人民币）。2015年，陈欧以11亿美元位列亚洲十大年轻富豪第六名。

[思考与讨论]

陈欧创业成长过程的多次决策，对你有什么启发？

复习思考题

1. 什么是决策？如何理解创业投资决策的内涵？

2. 决策过程包括哪几个阶段？决策过程受到哪些因素的影响？

3. 某企业计划生产一种新产品，预计年产销量可达 5 万件，年发生的固定成本为 800 万元、变动成本为 600 万元，该产品的市场销售价格为每件 320 元。请回答：(1)该企业的盈亏平衡点产销量是多少？(2)该企业生产该产品预计可盈利多少？

4. 某创业企业要进行技术改造投资，现有三个方案 A、B、C。已知这三个方案在市场情况为好、中、差时的收益值如表 5-7 所示。

表 5-7 方案收益值　　　　　　　　　　　　　　　　　　　　单位：万元

方案	市场状态		
	好	中	差
A	800	300	−200
B	500	200	0
C	300	150	100

问：如果市场为好、中、差的概率未知，试用悲观准则、乐观准则、遗憾值准则进行决策。

5. 结合一个创业投资决策的实际案例，用层次分析法进行决策，并对决策结果进行讨论。

第6章 创业融资

[学习目标]

通过本章学习,学生应理解融资的含义、条件与流程;创业融资的内涵与融资方式;创业企业在不同阶段的融资渠道与策略。

[创业励志名言]

创业的"魔鬼三角"是:团队、融资、商业模式。

——李彦宏

导入案例　阿凡题的创业与融资

为了解决"学生作业难、家长辅导难"的问题,陈李江和他的团队创办了阿凡题。阿凡题先后经历了:"拍照搜题",通过建立庞大的难题数据库,学生或家长拍照输入难题后,搜索引擎自动识别、匹配和解答;"智能解题"可以直接给出难题答案,用户上传手写公式或印刷体公式,阿凡题经过几秒的运算后,即可得出解答步骤以及答案;"真人答题"模式,最早采用"机器+人工"双引擎模式来答疑的产品,在答题的步骤中坚持引入老师提供优质服务。阿凡题以独特的教育方式,帮助孩子解决了学习问题,吸引了父母和老师的眼球,也吸引了投资人的眼球。自2013年底创立以来,秉持"为K12(教育专用名词,指从幼儿园到12年级)用户提供极致答疑体验"获得了大批用户。在创业的几年中,如果没有投资人的加入,阿凡题的成功之路必然不会这么顺利。2014年6月阿凡题APP正式上线前,团队已获得梅花创投和安芙兰创投总计1 000万元;在2014年年底获得A轮融资,A轮投资由安芙兰创投领投,融资额1 800万美元;2015年12月,获得腾讯众创空间"双百计划"孵化,并获得腾讯投资、深创投、凤凰祥瑞及朗玛峰共同参与的6 000万美元B轮投资。阿凡题找到了教育行业的"刚需"价值,凭着专业的技术和聚焦学生的定位,获得了极大的成功,这让阿凡题从普通教育企业里脱颖而出,融资自然轻而易举。

资料来源：李金山、马定强、罗华，《融资就这么简单：策略＋操作＋案例》，北京：中国铁道出版社，2017.

第1节 融资概述

资金是企业经济活动的第一推动力、持续推动力。企业能否获得稳定的资金来源、及时足额筹集到生产要素组合所需要的资金，对经营和发展都是至关重要的。但很多企业发展中遇到的最大障碍是融资困境。在创业阶段，90%以上的初始资金都是由主要的业主、创业团队成员及其家庭提供的，银行贷款和其他金融机构或非金融机构的贷款所起的作用很小。由此看来，掌握融资策略与实务的重要性和迫切性显而易见。

一、融资的内涵

融资，就是指为支付超过现金的购货款而采取的货币交易手段，或为取得资产而集资所采取的货币手段。其概念有广义和狭义之分。

从狭义上讲，融资是指一个企业的资金筹集的行为与过程。也就是企业根据自身的生产经营状况、资金拥有的状况，以及公司未来经营发展的需要，通过科学的预测和决策，采用一定的方式，从一定的渠道向公司的投资人和债权人去筹集资金，组织资金供应，以保证企业能正常运转和经营管理活动需要。企业想要发展、扩张，就必须依靠融资。

从广义上讲，融资也称金融，就是货币资金的融通。是指货币资金的持有者和需求者之间，直接或间接地进行资金融通的活动。通过这种活动，当事人通过各种方式到金融市场上筹措或贷放资金，资金在持有者之间双向流动、以余补缺。

二、融资的目的

融资是一个过程，但在融资之前，必须明确企业融资的目的是什么，只有找到融资的目的，项目的融资开展才会顺利。因此，企业筹集资金的动机应该遵循一定的原则，通过一定的渠道和一定的方式去进行。

从发展角度来看，企业进行融资的基本目的是为了自身生产与资本经营的维持和发展，但就每一项具体融资活动而言，一般又受到特定动机的驱使。比如，企业为了正常的生产经营发生的资金周转而临时需要进行融资；企业为了添置设备、扩大规模、引进新技术和开发新产品进行融资；企业为了对外投资、兼并其他企业进行融资；企业为了偿付债务和调整资本结构进行融资；等等。无论企业的融资活动受何种动机驱使，最终都是为了获取经济效益，实现股东价值最大化。

概括起来讲，企业融资的目的一般有三个：企业扩张、企业还债以及其他动机（调整资本结构、资金周转等）。明确融资的目的仅是融资的开始，目标才是发展和开拓的商业机会。而企业内有着同样愿景理念的团队，才能对融资需求开展有效的工作。这一点不仅需要创业者有清楚的认识，而且也能确保在融资时代找到具有相同愿景和价值观的投资人,以对创业者成功和企业发展真正有所帮助。

三、融资的条件

天下没有免费的午餐,投资人只有看到了创业企业有利可图,他们才愿意"解囊相助"。因此,为了达到投资人的标准,创业者必须两手抓,一方面保证企业达到融资条件;另一方面正视企业的内在不足,多修炼内功。一般企业融资需要具备如表 6-1 所示的条件。

表 6-1 融资需要的具体条件

项 目	融资具体条件
融资需要的条件	申请人应当是经工商行政管理机关核准登记的企业法人,个体工商户或具有中华人民共和国国籍的具有完全民事行为能力的自然人
	企业融资项目的基本条件多数需要企业成立年限在 1 年以上
	申请人申请融资担保,应当具备产品有市场、生产经营有效益、不占/挪用融资资金、恪守信用等基本条件
	申请人最好拥有固定资产,能够提供无形抵押担保也是融资审核的重点
	有按期还本付息能力,如果融资前有债务未清偿,须让投资者认可偿还计划
	申请人的资金负债率不超过 70%
	融资额度不超过公司净资产的 60%
	企业申请人、主要股东,管理人员无重大违法违规行为

四、融资的基本流程

融资就是构成资本运转的重要环节。那么,在资本筹措的过程当中,操作者又应当遵循哪些基本流程呢?

第一,从执行主体上来说,融资可以区分为出资方和融资方。一般而言,我们所接触到的融资者大多是企业或者法人,这也就是所谓的"狭义融资"。对于亟待获取资金的融资者来说,需要针对自身的现有状况进行分析和评估,制定出合理的筹措规划。一般来说。融资方对于资金的需求都是基于以下三方面:企业需要扩大、企业需要还债以及两者兼有的混合目的。

在确定好融资目的并且做好协议规划之后,融资方将自己的方案通过官方渠道发布出去,向投资者和债权人发起资金募集。而对于投资者来说,需要针对企业发布的融筹信息进行了解和评估。对相关项目的风险预估以及收益期望进行综合考量,最终决定是否需要对该项目进行投资。

第二,在双方确定了融投意向之后。融投双方需要签署一份受国家律法支持的合作协议。一般而言,融投协议都是由筹资方事先确立的。对于这样一份文件,投资者务必仔细阅读。针对疑点详细咨询、核实,确认无歧义、无漏洞之后进行协议签订。

第三,协议签署之后,融投关系也就正式生效,融资方按照协议规定向投资者收取资金。至此,单向结构的融资过程也就结束了。

具体来看,创业者融资流程如图 6-1 所示。

创业者向投资机构(VC、天使投资等)提交创业申请作初步审查,企业内部须设立业务负责人,确定调查人 A、B,A 为融资经理,B 为风控经理(为以后投资人调查作准备)

投资机构对该项目有兴趣,创业者收到回复后提交完整的商业计划书,投资人进入审核阶段

投资机构认可商业计划书后分析创业者的生产及经营状况、财务状况、还款能力及信用记录,记录疑点重点,以便实地考察核实

投资机构与创业者用合同的形式锁定某一段时间做尽职调查工作。调查期间,创业者不能与其他投资机构讨论融资问题。投资人将派人对创业者公司、相关客户、供应商、生产流程、供电、环保等各方面做调查,创业者应向投资人提供调查便利

投资机构讨论通过后,进入价格谈判阶段

确定投资方式、投资条款与投资条件,并签署投资合同(双方各自所占股份;企业组织结构及双方各种担保职务;投资机构控制与保护等)

谈判结束,资金到账

图 6-1 融资基本流程图

第 2 节 创业融资的产生与发展

创业,最难在融资。无论是什么形式与内容的创业都离不开资金的支持。对于多数创业者来说,资金仍然是稀缺的资源,获取资金的技能和有关知识是创业者需要学习的重要内容之一。能否快速、高效地筹集到资金,是创业成功至关重要的因素。

一、创业融资的内涵

企业创立、生存和发展都离不开资金的支持,企业需要不断地进行融资。创业融资是指企业发展的早期或创业阶段的融资。创业融资的研究对象是创业企业的融资行为。具体行为包括在一定的融资风险下,如何取得资金,同时使融资成本最小,创业企业的价值最大化。

不同的创业融资行为形成不同的创业融资结构,创业融资行为是否合理可以通过创

业融资结构反映出来。融资方式则是指如何取得资金,即采用什么融资工具来取得资金。融资渠道展示出取得资金的客观可能性,即谁可以提供资金,融资方式解决用什么方式将客观存在的可能性转化为现实性,即如何将资金融到企业。创业融资能力指创业企业获取外部融资的能力,即投资者在创业企业有条件下愿意投资给企业的资金规模的最大额度。投资者愿意提供的限额越高,表明该创业企业的融资能力越强。

对创业者和创业企业来说,融资也是一种营销——营销自己。投资者最关心的是:有竞争力的产品、潜在的巨大市场、丰厚的现金流、规范的管理运作、能给人以信心的管理团队。创业企业在融资需求上也有别于其他企业,其特点主要表现在如下几个方面:

(一) 融资市场化

企业创业初期,自我积累的资金有限,不可能满足技术创新的高投入需求,必须从外部市场进行广泛的融资。

(二) 融资多元化

为了满足新创业企业多方面的融资需求,创业企业需要从多种渠道、以不同融资方式相结合筹集资金,建立完善的融资体系。

(三) 融资组合化

创业企业技术创新的风险产生于研究与开发活动的不确定性。这种风险的初始值最大,随着技术创新各阶段的依次顺利发展而逐渐减少。创业企业在融资过程中应当实施融资组合化,合理、有效的融资组合不但能够分散、转移风险,而且能够降低企业的融资成本和债务负担。

(四) 融资社会化

融资社会化是指创业企业的融资需要社会各方面的力量,特别是需要政府的引导和扶持。新创企业的发展不仅具有极高的成长性和效益性,而且对于国家经济发展具有极为重要的战略意义,新创企业融资离不开国家、机构甚至个人。

【案例 6-1】 连续创业成功的典范——携程的融资

携程创始之时,沈南鹏等四人共投资了 200 万元。在沈南鹏的努力下,携程成立才 3 个月,便得到了 IDG 第一笔 50 万美元的风险投资,2000 年 3 月,携程吸引到了以软银集团为首的 450 万美元的第二轮融资,11 月又引来了美国凯雷集团 1 100 万美元的第三笔投资。之后携程相继收购北京现代运通公司、北京海岸。三次融资,两次收购,成就了携程网霸业。美国东部纽约时间 2003 年 12 月,携程成为我国第一家在美国纳斯达克上市的旅游及增值服务的企业。

二、创业融资的产生

融资的首要前提是融资后的经营或投资总收益,必须大于融资所发生的融资费用、利息和不确定的风险成本。创业投资具有高投入的特点,当企业创立并运行一段时间后,由于研发活动的开展和人员开支的持续增加,资金难以为继,创业者需要寻找新的资金来源。一些创业企业在发展的早期,对资金的需求量是巨大的,但他们本身难以通过自身的资本积累等筹集到足够的资金。融资难是创业企业发展的瓶颈问题。究其原因,内部因素在于其多属发展初期,存在抗风险能力差、管理能力低下、资金需求量小、缺少担保财产等问题;外部因素则表现为现行投融资体系不完善、创业企业遭遇金融机构和监管部门的融资门槛高、成本高等问题。创业企业存在着不成熟性、不稳定性、不确定性,而且创业企业的风险不论是从风险外部环境还是从内部条件考虑,都要远高于一般的成熟企业。创业企业不论是选择股权融资还是债务融资,规模的优先及不成形的信用缺陷直接导致创业企业融资过程中面临进退两难的尴尬处境。创业企业与大型企业相比处于相对劣势。主要体现在创业企业创立时间短,规模小,信息的拥有量少。地位与规模的弱小以及信用低下等。

信息不对称与信息不透明是造成创业企业融资难的基本原因之一。金融交易是以信用为基础的资金的使用权和所有权的暂时分离或有条件的让渡,交易能否成功即出资者的资金能否如约收回及得到收益,关键取决于出资者对筹资者的信用、能力和投资项目的收益性等信息的了解程度。因此,交易双方所掌握的信息及其对称性就成为交易能否成功的关键因素和交易成本的主要来源。相对于出资者来说,筹资者往往对自身的信用和项目投资前景拥有信息优势,这种信息的不对称可能诱发筹资者在交易中的欺诈等道德风险。若出资者得不到筹资者可信的私人信息,或收集、证实这些信息的成本过高,交易要么根本无法进行,要么出资者会要求筹资者支付更高的风险补偿,从而增加筹资者的筹资成本。而过高的风险溢价还可能诱发金融交易中常见的逆向选择问题。与大企业相比,创业企业的经营信息更加不透明,向外部出资者披露其经营信息也更加困难,大多数创业企业很难向外部出资者提供可信的和合格的财务信息,创业企业大多建立的时间短,信用记录积累浅,社会知名度低,特别是一些年轻的创新型创业企业,其业务新且市场前景不明朗,即使经营者想让出资人清晰地了解企业的经营情况也会遇到信息表达上的困难。创业企业由于产权封闭和面临更加激烈的市场竞争,往往比大企业更加担心其商业机密被泄露,因此在向外界披露信息时也更为谨慎。以上特征决定创业企业的融资将承担更高的交易成本和更大的风险。若这些风险得不到足够的补偿,外部出资者就不会向创业企业投资;在进行融资决策和融资手段的选择时,为了避免将过多的投资收益让渡给外部投资者,会优先考虑采取内源性融资,而不是外源融资;同时,公司在考虑对外接纳外部融资时,在相同理论的支持下,会优先采取债务融资,其次考虑股权融资方式,简单地说就是把融资成本按照由低到高的次序,然后依次采取银行贷款、发行债券、发行股票的顺序来获取外部融资。内部融资对企业资本的形成具有原始性、自主性、低成本性和抗风险性等特点。相对于外部融资,它可以减少信息不对称问题及与此有关的激励问题,节约交易费用,降低融资成本,增强企业剩余控制权。但是,内部融资能力及其增长,要受到企业的盈利能力、净资产规模和未来收益预期等方面的制约。对于企业而言，没有定位、定位错误、定位超前都不行，只有基于自身所拥有的资源，确立清晰正确的定位，企业才能够做正确的事。对于任何一家创业公司而言，如何创造持久、强劲的现金流和利润率以保持公司的良好运营，是实现企业从优秀走向卓越的基本要求。

实际上，创业融资过程是一种以资金供求形式表现出来的资源配置过程。从企业自身目的看，企业的目的主要是为了满足企业发展。但在不同类型和成长阶段，企业的性质及其面临的外部不确定性因素存在着较大差异，对资本的需求表现出不同的规模特征，其融资结构和成本也必然不同，从而需要选择不同的融资方式以满足不同规模的融资需求。企业融资问题可以等价于企业与投资者之间存在的信息不对称问题。不同的融资方式是为了解决企业与投资者信息不对称问题。创业企业与大企业在融资问题上由于与投资者之间不同的信息不对称程度导致了解决其融资方式的差异，有些创业者再确定融资规模时，经常会低估融资需求，研究表明有30%～40%的公司出现低估融资规模。所以，对于处于创业期的创业企业来说，其融资问题的实质就是要找到适用于创业阶段的融资需求特征并能有效降低信息不对称程度的融资方式和手段，从而降低逆向选择和道德风险的发生，真正实现融资效率的提高。如果自有资本很少，那么赢得一定数量的权益性资本将是企业家外部融资的首要任务，因为这将有效地降低进一步融资的难度和成本。或者说，企业家的融资次序可能与企业家的初始条件密切相关，而一个教条化的最优融资次序也许并不存在。只有那些市场潜力足够大的创业企业，才对投资者，尤其是创业投资者有吸引力。当企业家才能还未被市场充分认同，资本积累又很有限，只有那些市场潜力非常大的企业才能够满足投资者非常大的最低报酬索取权要求。自此可见，企业家自有资本的主要功能并不是显示企业家的能力，而是在于为外部投资者提供了担保服务。从而弥补了其创意和能力显示不足的缺陷。

创业企业融资决策过程是一个动态的过程，融资决策程序就是按时间顺序进行的融资决策过程。第一步是融资时机的把握；第二步是确定融资的规模；第三步是制定各种可能的融资方案；第四步寻找、挑选和考察投资者，确定融资的来源；第五步是进行融资协议的谈判；第六步是实施和监督。

三、创业企业发展阶段及其融资策略

在创业企业发展的各个阶段，各式各样的金融渠道和金融机构都随着企业的成长而发挥着不同的作用，在创业企业的初期成长阶段。非正规金融、社区合作金融以及私人资本市场所发挥的作用往往要大于正规金融、大银行及公开资本市场。这是因为前者具有关系型特征的不完全契约，比后者的标准化契约具备更强的解决信息非对称问题的机制。因而能够降低创业企业的融资壁垒。创业企业的发展需要有一个多层次和多样化的金融体系来满足其不同发展阶段的融资需求，创业企业的发展与金融体制的结构状况有较强的关联。融资方式除了可解决企业资金需求外。不同融资方式对于企业的信誉、产品市场份额乃至获利能力影响大不相同。因此。应选择最有利于提高企业竞争力的融资方式。不同融资方式形成的不同资本结构直接影响资本成本，进而影响企业的市场价值。一般来说，只有当预期普通股利润增加的幅度超过财务风险增加的幅度时，借债才是有利的。

　　在创业企业创业初期，企业的信息基本上是封闭的，由于缺乏业务记录和财务审计，它主要依靠内源融资和非正式的天使融资；当企业进入成长阶段，随着规模的扩大，可用于抵押的资产增加，信息透明度的逐步提高，业务记录和财务审计的不断规范，企业的内源融资难以满足全部资金需求，这时企业开始选择外源融资，开始较多地依赖于来自金融中介的债务融资；在进入稳定增长的成熟阶段后，企业的业务记录和财务趋于完备，逐渐具备进入资本市场发行有价证券的资产规模和信息条件，随着来自资本市场可持续融资渠道的打通，企业债务融资的比重下降，股权融资的比重上升，部分优秀的创业企业逐步发展成为大企业。另外，融资环境的一系列因素也很重要，包括市场利率及期限结构、股市的水平和走势、政府的时政和货币政策、各类金融机构的状况等。创业者对融资环境的状况和变化应保持足够的敏感，要善于抓住其中的机遇和规避其中的威胁，合理分析和预测企业融资的各种有利和不利条件，以便把握住最佳的融资机会，从而选择出最有利的融资方式。

　　企业的生命周期与融资周期具有一定规律，企业在各成长阶段有其自身的内在特点和融资活动特征，各类投资者的投资风格和风险偏好也各有不同。具体来看，创业企业发展的阶段性，通常可以划分为五个阶段，即：种子期、起步期或创立期、成长期或扩张期、成熟期、公开上市或并购阶段。处在创业周期不同的阶段，可供选择的融资方式也不同。

（一）种子期

　　种子期即研究开发阶段，这一阶段基本处于试验和发展的中后期，企业可能刚刚组建或正在筹建，产生的多是实验室成果、样品和专利，没有正式的产品，没有销售收入，没有正式的销售渠道。同时企业面临的风险最大，能够存活至成功的比例较低，一是因为技术不成熟，是否能够量产，产品的性能是否达到预期存在不确定性；二是产品能否经得起市场的考验仍然存疑。企业自有资金具有鲜明的特点，即集中性。高新技术多依赖于政府专项拨款、科研机构和大学的科研基金、社会捐赠和被称作精灵投资者的个人创业投资家提供的股本金等。而其他普通的创业公司大部分来源于私人资本，如个人储蓄、家人和朋友等家庭投资。

　　这个阶段的单项投资金额要求较低，同时也伴随着极低的投资成功率。需要具备较强的冒险精神，资金方也往往会较多地干预企业的经营与决策。所以，规范的创业投资机构基本不涉足这一阶段，很少有投资者介入。

（二）起步期或创立期

　　起步期或创立期是产品开发成功、着手成立企业、开始试生产，进入技术创新后的产品试销阶段。这一阶段的经费投入显著增加，主要用于购买生产设备及批量市场推广。该阶段的风险主要是技术仍不成熟、产品性能不稳定、市场启动缓慢、订单较少，企业虽然已有现金流，但管理风险也开始凸显。这一阶段所需资金量较大，然而由于企业没有过往业绩，从银行贷款可能性很小，很多企业就失败在此阶段。但这正是一些偏好早期投资的风险投资（VC）愿意投入的阶段，风险资本恰如雪中送炭。

（三）成长期或扩张期

　　成长期或扩张期是初期产品已经销售成功，达到批量生产且有了一定的市场基础，但需要扩大生产规模、开发更具有竞争力的产品、扩大市场占有率,使企业进入快速成长和规模扩张的阶段。这一阶段的资本需求相对前两阶段大有增加,一方面是为扩大生产,另一方面是开拓市场、增加营销投入,以达到经济规模。这一阶段引进私募股权投资(PE)是主要的融资方式和来源,这包括起步期 VC 的增资和投资成长期的 VC 进入。战略投资者随着企业成长或扩张会以 PE 方式择机进入,银行等稳健资金也能提供项目融资或生产流动资金。另外,产品销售利润也可提供一部分扩大再生产的资金。

这一阶段的主要风险已不是技术风险,市场风险和管理风险明显加大。由于技术已经成熟,竞争者开始仿效,会夺走一部分市场。

风险投资机构和战略投资者在加盟后积极参与风险评估,派员进入董事会,参与重大事件的决策,选聘更换管理人员等、使企业股权结构和公司治理结构发生明显变化,内部管理逐渐规范、信息透明度显著提高,并通过这些手段规避或分散风险。这一阶段的风险相比前两个阶段大大减少,利润率也达到相当的水平,风险投资家在帮助增加企业价值的同时,也开始着手准备择机退出。

(四) 成熟期

成熟期是指技术成熟、市场稳定、经营良好、产品进入大工业化生产阶段。该阶段企业发展资金需要量很大,风险投资的资金量已不足以保证需求,不再增加投资了。一方面是因为企业产品的销售本身已能产生相当的现金流入,另一方面是因为这一阶段的技术成熟、市场稳定,企业已经有足够的资信能力去吸引投资银行积极介入,企业借助于投资银行的专业运作,可以引进资本实力强大的战略投资者,也可以在资本市场发行股票或债券。

在此阶段,随着各种风险的大幅降低,投资收益率逐渐走向平稳,已不再有第一阶段诱人的高额资本增值,不再具有足够的吸引力,风险投资在这一阶段之后将逐步退出,因为在这一阶段风险投资机构能够以较好的价格将股权转让给投资银行和公众股东,将企业的资本接力棒交给其他投资者。风险投资家经过与企业创业者的同甘共苦后,可以拿到丰厚的收益回报了。

(五) 公开上市或并购阶段

创业企业在经过快速发展的扩张期后,产品结构逐步完善,市场份额逐步增长,品牌形象逐步在消费者心中确立,企业的核心竞争优势已初步形成。在这个阶段,公司的各种风险较低,经营业绩好,企业增长更加稳定,通过公开发行股票(IPO)融资,可以被广大投资者接受,而此时为了要使企业规模进一步扩大,仍然需要一些资金。此时,公开上市融资是企业的最佳选择,标志着企业已经完成从私募股权资本市场向公开资本市场的历史性跨越,企业进入一个新的发展时期,并不断利用资本市场的融资功能,通过投资建设、收购兼并等形式,继续实现业务发展和规模扩张,其融资活动、股权结构、公司治理以及经营管理都会在更加公开、透明、规范和接受各方监管的环境中进行。

在此阶段,随着各种风险的大幅降低,投资收益率逐渐走向平稳,已不再有第一阶段诱人的高额资本增值,不再具有足够的吸引力,风险投资在这一阶段之后将逐步退出,因为在这一阶段风险投资机构能够以较好的价格将股权转让给投资银行和公众股东,将企业的资本接力棒交给其他投资者。风险投资家经过与企业创业者的同甘共苦后,可以拿到丰厚的收益回报了。

企业在不同发展阶段的融资活动特征及融资渠道如图6-2所示。

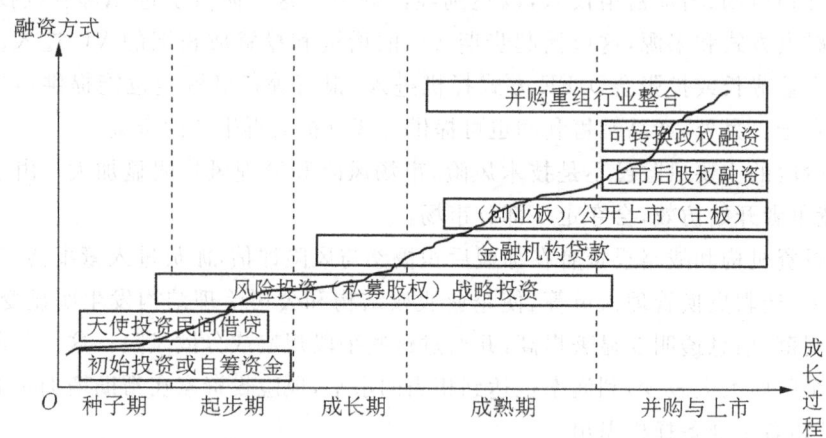

图6-2 企业不同生命周期的融资方式

创业企业具有规模小、技术高、资产少、风险高等特点,这些特征最终影响着企业的融资途径及企业融资策略扩大的方向。如图6-2所示,根据上述分析,企业在不同的发展阶段有针对性地采取不同的策略:在种子期主要的融资渠道包括创业者自筹资金、向亲朋好友融资、银行贷款等;在起步或创立期以天使投资为主,可根据自身情况吸引风险投资等战略投资,帮助企业尽快进入成长期,更好地促进企业声誉提升,吸引人才;而在成长或扩张期,以风险投资为主,因为自身不断地取得资产可供抵质押品增多,在快速成长的情况下也可以申请金融机构贷款加大杠杆助推;在成熟期,融资的方式也可以多元化,继续加大风险投资、金融机构贷款、融资租赁等融资方式都是可行的选项,并且可以申请公开上市及通过资本运作在行业内进行整合;进入上市与并购期通过首次公开发行股票(IPO)成为上市公司,因需要考虑天使投资及风险投资的退出,要加强企业的资本运作能力,在资本市场通过进一步的股权融资、可转债等等各类金融产品,创建多层次的融资体系。只有这样,创业企业才可以开拓出自己的融资途径,合理经营和发展壮大。

【案例6-2】 吴英命悬一线的要害:公募还是私募?

"亿万富姐"吴英,浙江本色控股集团有限公司法人,于2009年12月被金华市中级人民法院判处死刑。罪名:集资诈骗罪。吴英上诉,省高级人民法院维持死刑原判,在国内外引起轩然大波。直到时任国务院总理温家宝在党的十八大记者招待会上说要依法认真负责处理,吴英才保住一条命、改判死缓。吴英案命悬一线的要害问题:公募还是私募?如果是公募,融资对象是社会大众;如果是私募,融资对象是小圈子认识的特定少数对象。从这一点看,吴英不是公募。至于吴英高利贷的做法属于违规,在中国民间和投资机构普遍存在,不应判处死刑。

四、影响创业融资方式选择的重要因素

（一）企业的经营时间和发展阶段

一般来说,自主创业由于规模小、风险大、资产少,大多都通过私募的方式来获得创业的初始资本金。新创企业出于市场需求的不确定性和生产规模有限,难以承担高额负债成本,因而一定要重视企业的内部积累,避免过度地负债经营。当企业生产经营规模逐步扩大时,内源融资可能无法满足企业生产经营的需要,此时,外源融资将成为保障企业扩张的主要融资手段。如果企业的管理尚不够规范、透明度还不高,则间接融资将是新创企业主要的外源融资方式。

（二）企业所涉足的行业的情况与技术水平

由于不同行业的企业所面临的竞争环境、行业集中度及经营战略等不同,因此,不同行业的企业其最佳资本结构是不同的。科技产业、技术水平要求高的企业,经营风险较大,预期收益也较高,可考虑直接融资的方式;对于从事传统产业、技术水平要求相对较低的企业。经营风险较小,预期收益也较低,可考虑间接融资的方式。

（三）企业的潜在增长能力和发展前景

企业的潜在增长能力的高低和发展前景的好坏也会影响融资渠道的选择。对潜在增长能力高、发展前景好的高成长性企业来说,其对资金的需求也大,对外部资金的需求相当迫切,但短期内融资成本可能大于企业的收益,而从长期看,企业的利润会快速增长,企业会得到健康发展。因而,创业者在考虑融资时,不应仅仅考虑当年的盈利情况,而是要考虑长期的盈利可能,作出对企业生存和发展有利的选择。

（四）融资成本和风险

在债务融资中,投资者的债务在一定时期内收益是固定的;而在权益融资中,投资者的潜在收益是不受限制的。因此,在大多数情况下,权益融资的成本要比债务融资的成本高。就内源融资和外源融资比较而言,内源融资的成本相对更低。风险相对更小,而外源融资的成本相对更高、风险相对更大。所以,创业者在融资时,应充分考虑各种融资方式的成本和风险等特点,从中选择适合自身需求的融资渠道。

（五）融资环境的状况

融资环境是由影响融资的一系列因素构成的,包括市场利率及期限结构。股市的现状和走势、政府的财政政策和货币政策、各类金融机构的状况等。创业者对融资环境的状况和变化应保持足够的敏感度,要善于抓住其中的机遇和规避其中的风险,合理分析和预测企业融资的各种有利和不利条件,以便把握最佳的融资机会,从而选择出最有利的融资方式。

第3节 创业融资的主要方式

要想获得融资,最好的办法是找到适合企业融资的方法。创业融资方式是指创业企业融通资金的具体形式,即企业融资的渠道。创业融资可以从多角度进行分类,一般企业要想获得自身发展需要的资金,有以下几种方式:

一、内源融资和外源融资

按照融资过程中资金来源的方向,可以分为内源融资和外源融资。

(一)内源融资

内源融资是企业依靠其内部积累进行的融资。内源融资包括三种基本形式:资本金、折旧转化为重置投资和留存收益转化为新增投资。内源融资对企业资本的形成具有原始性、自主性、低成本性和抗风险性等特点。相对于外部融资,它可以减少信息不对称问题及与此有关的激励问题,节约交易费用,降低融资成本,增强企业剩余控制权。具体表现为:

1. 具有内生性

内源性融资是企业原始资本积累和剩余价值资本化过程,不需要其他金融中介,因而具有内生性。内源性融资取得的资金是企业产权所有者的自有资本,是企业承担民事责任和自主经营、自负盈亏的基础,也是企业进行外源性融资的保证,因为投资者将根据企业的内源性融资能力,来衡量对企业投资的风险,进而影响企业进行外源性融资时所能取得的融资规模和资本成本。

2. 融资成本较低

相对于外源性融资,内源性融资不需要支付利息或股利,不会减少企业的现金流量,也不需支付任何融资费用,因而融资成本相对较低。

3. 具有产权控制权

企业权益资本的多少及分散程度对企业剩余控制权和剩余索取权的分配有决定性作用。内源性融资具有产权的控制性特征,通过内源性融资方式融资,既可以避免因向银行贷款或向债权人发行债券而使债权人对企业进行相机控制,又可避免因对外股权融资而使原股东对企业控制权稀释,增加原股东的剩余索取权,使原股东享有更多的实际利益。

4. 有利于企业降低财务风险

财务风险是指企业由于举债而给企业财务成果带来的不确定性。企业进行内源性融资,不存在偿付风险,不会产生到期还本付息或支付股利的压力。企业内源性融资取得的资金在资本结构中所占比例越大,企业的财务风险越小。但是,内部融资能力及其增长,要受到企业的盈利能力、净资产规模和未来收益预期等方面的制约。在创业内源融资方面,中小企业自有资金不足,自我积累有限。

从世界范围来看,内源融资是企业首选的融资方式,是企业资金的重要来源。企业在创业阶段基本上是靠内源融资逐步发展壮大起来的。这是由于在创业阶段,企业的经营规模尚小,产品不成熟,且市场风险较大,因此,外源融资作为筹资不仅难度大且融资成本高,于是中小企业不得不把内源融资作为融资的主要方式。

(二) 外源融资

外源融资是指企业通过一定方式向企业之外的其他经济主体筹集资金。外源融资是处于起步和成长阶段的企业获取资金的重要渠道。包括银行贷款、发行股票、企业债券等,此外,企业之间的商业信用、融资租赁在一定意义上说也属于外源融资的范围。

外源融资克服了内源融资的一些缺点,外源融资的资金来源极其广泛,方式多种多样,使用灵活方便,可以满足资金短缺者的各种各样的资金需求,提高资金的使用效率。当然外源融资也存在一定的局限性,包括比较严格的融资条件,需要支付融资成本,存在一定融资风险等。外源融资的融资者必须符合一定的融资条件,特别是公开融资,比如,公开发行债券和股票,条件比较严格,不符合条件者很难获得资金供给。

企业融资是一个随自身的发展由内部融资到外部融资的交替变换过程。创业之处,主要依靠内源融资来积累,随着技术的进步和生产规模的扩大,单纯依靠内源融资往往很难满足企业的资金需求,此时,企业通过一定方式向企业之外的其他主体筹集资金,吸收其他经济主体的资金使之转化为自己投资,外源融资就成为企业获得资金的另一种重要方式。当企业具备相当规模后,自身有了较强的积累能力,则又会逐步缩小外源融资总量,转而依靠自身雄厚的积累资金来发展。

辩证地讲,内源融资是外源融资的保证,外源融资的规模和风险必须以内源融资的能力来衡量。如果不顾内源融资的能力而盲目地进行外源融资,不但无益于提高资源的利用率,而且将使企业陷入扩张与稳定的困境之中。通常是在内源融资不能满足要求时,才考虑外源融资渠道来解决。

二、直接融资和间接融资

按照融资有无金融中介,可以分为直接融资和间接融资。

(一) 直接融资

直接融资是指不经过任何金融中介机构,由政府、企事业单位及个人直接借给企业或投入企业的融资活动,即资金供求双方之间直接融通资金的方式。是资金盈余部门在金融市场购买资金短缺部门的直接证券,如商业期票、商业汇票、债券和股票等。另外,政府拨款、占用其他企业资金、民间借贷和内部集资也属于直接融资范畴。

直接融资的主要特点有:

(1) 直接性。就是筹资者从储蓄者手中获取资金,并在两者之间建立直接的融资关系。

(2) 长期性。通过直接融资方式获取的资金,其使用期限一般都在1年以上。

(3) 流通性。由于直接融资的工具主要是股票与债券,而股票和债券是可以在证券市场上流通的,因此直接融资具有流通性。

(4) 不可逆性。对于直接融资中的股票来讲,通过收买股票所取得的资金不需要还本,储蓄者欲取回本金只能借助流通市场,与发行者无直接关系。

利用直接融资的方式,企业处于主动地位,对融资的时间、数量、成本等均可主动做出选择,在总量上不受资金来源的限制。但也存在局限性,主要表现为易受融资双方资信的限制,受融资的时间、地点、范围的限制,同时其成本要高于间接融资。

在直接融资中,由于信息不对称,一方面投资者要求资金使用者的经营活动具有较高的透明度,不管规模大小,企业为达到较高的透明度所需支付的信息披露、社会公证等费用差别不大,因而创业企业筹集单位资金的费用相对就很高;另一方面,信息不透明程度越高,资金提供者所要求的风险补偿就越高,除了高科技企业外,大量劳动密集型的创业企业,也难以达到投资者的收益要求。

(二)间接融资

间接融资是指企业通过金融机构作为信用媒介,由最后借款人间接向最后贷款人进行的融资活动,如企业向银行、信托公司进行融资等。另外,像"融资租赁""票据贴现"也都属于间接融资。

间接融资具有与直接融资截然相反的特性,即间接性、集中性、安全性、周转性。即资金的初始供应者和资金的需求者不直接发生借贷关系,由中介机构把众多供应者的资金集中起来贷给需求者。由于银行或非银行金融机构资金实力雄厚,内部管理严格,可有效分散、管理风险,因此融资风险较小,信誉度高,稳定性强。

在间接融资中,由于金融媒介能够以较低的成本,在事先对资金的使用者进行甄别,并通过合同对资金使用者的行为进行约束,在事后则继续对资金使用者进行监督,因此,这种融资方式对资金使用者信息透明度的要求相对较低,因而银行信贷方式就成为创业企业外部融资的主要方式。

三、债务融资和股权融资

按照融资过程中形成的资金产权关系,可以分为债务融资和股权融资,这是企业融资最重要的划分方式。

(一)债务融资

债务融资是指企业通过向个人或机构投资者出售债券、票据筹集营运资金或资本开支。债务融资相对容易获得,同时具有时间短、利率高、额度小的特点。债务融资构成负债,企业要按期偿还约定的本息,债权人一般不参与企业的经营决策,对资金的运用也没有决策权。债务融资主要的渠道包括向政府借贷、向银行借贷、向亲朋好友借贷、向民间借贷、向社会公众发行债券、融资租赁等。向亲朋好友借钱是债权融资的最初阶段,发行债券则是最高阶段。

债务融资的特点为:

(1)短期债务融资的操作比较简单,具有时间短、利率高、额度小的特点,不能为企业提供长期持久的资金支持。

(2)企业通过债务融资所引入的资金形成公司的负债,必须根据借款协议按期归还本金并支付利息,在形式上采取的是有借有还的方式。

(3)债务融资形成债权人对企业的债权控制下,一般不影响企业的股东及股权结构。

(二)股权融资

股权融资是指向其他投资者出售企业的所有权,即用所有者的权益来交换资金。这将涉及企业的合伙人、所有者和投资者间分派企业的经营和管理责任。股权融资可以让企业创办人不必用现金回报其他投资者,而是与它们分享企业利润并承担管理责任,投资者以红利形式分得企业利润。后者主要以股票融资形式。对于创业企业而言,股权融资很适合企业初期发展。股权融资主要的渠道包括天使投资、风险投资、与其他企业合并、争取国家财政投资、公开向社会募集发行股票等。自己出资是股权融资的最初阶段,发行股票是最高阶段。

股权融资的特点在于:

(1) 股权融资引入资金不需偿还,不需要支付利息且不必按期还本,但需按企业的经营状况支付红利。

(2) 股权融资筹集的资金形成企业的股本,股本是企业从事生产经营活动和承担法人责任的基础,也是股东对企业实施股本控制和取得收益分配权以及剩余财产索取权的基础。

(3) 随着企业引入新股东,企业的股东构成和股份结构产生变化。

债务融资和股权融资有着不同的融资渠道,如表6-2所示。

表6-2 债务融资与股权融资方式

融资方式	债务融资	股权融资
融资渠道	(1) 银行贷款 (2) 信托贷款 (3) 民间融资 (4) 租赁融资 (5) 典当融资 (6) 小额贷款	(1) 风险投资 (2) 私募股权 (3) 众筹融资 (4) P2P融资 (5) 天使投资

(三) 债务融资与股权融资的区别

债务融资和股权融资是公司获取资金的不同融资方式。企业可以通过发行股票的方式向社会吸收资金,也可以通过发行债券或者向银行借款等方式融通资金。前者为公司的股权融资,而后者为公司债务融资,相应地形成了公司的股权资本和债务资本,这两种不同的资本持有者具有的权利和义务各有不同。债务与股权融资的选择主要涉及企业控制权的分散甚至转移。控制权改变不仅直接影响企业生产经营的自主性、独立性,原有股东的利益分配,而且当失去控股权时,还可能会影响到企业的效益与长远发展。

债务融资与股权融资体现了不同的产权关系。债务融资体现的是债权债务关系,银行作为信用中介,拥有对企业的相机控制权,即只有企业不能按合同履约时,其控制权才会转移到银行手中;股权融资体现的是所有权与控制权的关系,投资者是企业的股东,享有企业的剩余索取权和最终控制权。具体来看,债务融资与股权融资相比较,还有以下不同之处:

1. 债权人与股东在投票权上权利的不同

当公司处于持续经营的正常状态下,股东在决策中起主导作用,债权人不参与企业决策。但在公司持续经营受到威胁,尤其是当企业出现清偿违约及不能支付到期债务时,债权人将接管股东对企业的决策权。股东为避免让渡决策权,确保自己的剩余索取权不向债权人转移,将努力在企业融资安排及投资决策上尽可能保守。当然,这种约束或风险对不同的企业来说,意义不同。由于中国资本市场存在的缺陷,股权融资所产生的控股权转移的风险在中国大多数上市公司中几乎是不存在的。

2. 债权人与股东对公司的索取权不同

在收益权上,债权人的索取权为企业的固定收益,而股权则为剩余索取权,这对企业的决策行为有着重大的影响。股东为使自己的剩余索取权最大化,有可能会侵害债权人的权益,如进行有风险的投资,并将投资成功获得的利益归为己有,而将投资失败的风险转嫁于债权人承担。对公司索取权的不同,使得股票和债券的收益性和风险性产生了很大的区别。

3. 债权人与股东对权益主张的顺序不同

债权人有要求公司按期还本付息的权利,而股东收益的分配没有一定的强制性,股东投入的股本金作为公司永久性资金来源只能在市场上转让,不能随意抽回。公司一旦不能偿还到期的债务,就有可能进入破产清算,这时债权人优先于股东获得清偿。进入清偿或破产的公司由于资不抵债,亏损严重,可变现资产价值不能保证债权人投入的本利时,债权人的权益也将受到侵蚀,而股东可能变得一无所有。

4. 融资成本不同

债务融资支付的利息可以在公司所得税前开支,而股权的红利则在税后支付,因此,债务融资可产生税盾(tax shield)作用,对于降低公司的资本成本,利用财务杠杆提高公司的价值,增加每股盈余,实现股东财富的最大化有着积极的影响。但企业存在的大量的非债务税盾,如折旧费用、研究开发费用、广告费用等,会冲淡债权融资的这一优势。公司这种负债经营的优势要充分与负债经营带来的风险进行比较,从而确定公司应选择的最优资本结构。

5. 对股东权益的影响不同

债务融资一个突出的好处是,发行长期债不会摊薄公司的每股收益。每股收益的高低直接影响股票的市盈率的高低,在我国当前的证券监管体制与资本市场价值估价中,市盈率是市场评价上市公司股价的一个重要依据,也直接影响上市公司首次发行新股的价格、再次融资(配股和增发新股票)的价格。但在债务资本的边际成本超过债务融资的边际收益时,负债将带来负的收益,反而降低了股本收益率。

在下述几种情形下,企业采取股权融资是一种明智的选择:

第一,企业难以满足债务融资的要求(包括信用、资产、抵押等条件);

第二,企业经营风险和预期收益均较高,原有股东希望分散风险、共享收益,而债权人要求的收益率超出企业的承受能力;

第三,引入股权投资者有利于提高企业的竞争能力。如与一些拥有强大技术或市场营销力量的大企业合作,可使企业迅速做大做强。

融资方式越多意味着可供企业选择的融资机会越多。如果一个企业既能够获得商业信用和银行信用,又能够同时通过发行股票和债券直接进行融资,还能够利用贴现、租赁、补偿贸易等方式融资,那么就意味着该企业拥有更多的机会筹集到生产经营所需资金。

综合案例

创业公司 ModCloth 被沃尔玛收购背后的债务融资

2017年3月,沃尔玛为了不断发展其电子商务业务,收购了 ModCloth 的资产和业务。ModCloth 是美国一家以复古风格著称的流行服饰销售网站,由 Eric Koger 和 Susan Gregg Koger 夫妇于2002年在匹兹堡创立,网站以来自设计师品牌的复古风格连衣裙、配饰甚至是家居产品吸引存在浪漫幻想的女性消费,成立15年以来总共融资7800万美元,投资者包括 Norwest Venture Partners、Floodgate、First Round 和 Accel Partners 等知名投资基金,主要通过网站面向年轻女士出售流行服饰。2012年网站销售额首次突破1亿美元。不过进入2014年后,风格和路线相对小众的 Modcloth 的业绩增长戛然而止,创始人夫妇下台,由来自 Urban Outfitters Inc.的前高管和零售老兵 Matt Kaness 执掌。Matt Kaness 让 ModCloth 推出自营服装品牌,且提供完整码数,其中加大码产品选择丰富,把网站推向主流,2015年该电商销售额达1.5亿美元,2016年底更在德州奥斯丁开设第一家实体门店。经过2014年两轮裁员后,ModCloth 聘用约350名员工,公司以旧金山为总部,在洛杉矶和匹兹堡都设有办公室。

沃尔玛在交易公告中表示,ModCloth 及其员工将全数加入该集团,并继续由现有管理团队独立运营。沃尔玛又指出,ModCloth 的卖家若希望接触更广泛的消费者,现在就有机会通过 Jet.com 以及集团旗下的其他电子商务平台服务更多顾客。ModCloth 公司为了实现盈利采取了一系列的举措,包括裁员、更换管理层(包括 CTO、CEO 和 CFO)、开实体店等,但是公司仍然无法解决持续增长和盈利的矛盾,据公开报道显示,该公司已经完成七轮融资,从十位投资人处融资超过7800万美元。

沃尔玛没有公布收购 ModCloth 的价格,但知情人士透露收购价格在5000万美元到7500万美元之间。这就意味着该公司的投资人可能无法全身而退,包括 Norwest Venture Partners、FLOODGATE、First Round 和 Accel Partners 等著名投资人,而且其中 Norwest 和 Accel 也曾经是 Jet 的投资人,因为不仅收购金额没能达到公司7800万美元的融资规模,知情者称部分收购款还需要在收购后用来留住关键员工。

到底什么情况让创始人将公司拱手让给了沃尔玛旗下零售电商 Jet.com,让投资人血本无归?UnionSquare Venture 的 Fred Wilson 和 Axios(一家美国的新媒体公司)的 Dan Primack 都指出,如果一家初创企业无法实现预期增长,那么这笔债务就会像一颗定时炸弹一样随时会引爆。Dan Primack 在一篇博客中根据知情人士的披露简单还原了事情的来龙去脉:虽然债务融资从很多方面来说对于初创企业是有吸引力的,但同时也存在着风险。2013年,ModCloth 推进 C 轮融资,但是公司连续两个季度的不佳表现影响了融资,于是公司接受了2000万美元无担保的风险债务,ModCloth 将债务当作增长期的股权融

155

资款,而没有意识到该款项可能变成定时炸弹。当债务在 2015 年 4 月到期时,公司现有的投资人追加了投资,部分原因是要通过贷款展期将偿还的皮球踢到两年之后。当时的背景是公司连续四至五个季度盈利,并且刚刚引入一位新的 CEO,当公司损益表再次显示亏损的时候,公司再次尝试融资,但潜在的投资人将债务积压作为不愿意投资这个原本从"单位经济学"角度看值得投资的项目的原因。现有投资人本来可以再次出手相助,但他们选择不这么做。沃尔玛方面听说了这家公司债务融资即将到期的情况,赶紧冲过来抓住了机会。确切收购价格不详,但在偿还债务(并考虑到应收账款)后剩下的款项已经无法让各 VC 全身而退。

Primack 还做了两个简短的总结:对创业公司而言,债务融资本质上并没有问题,尤其是用来补充而不是取代股权融资的情况下。但是,创业公司必须认识到并不是所有的现金都是生而平等的(注:债权优先于股权,借的钱还清之前,公司其实不属于股东而属于公司债权人);ModCloth 成立于匹兹堡,后来将其总部搬迁至旧金山。如果公司留在"钢铁城",事情的结局真可能会有所不同,但是公司的一些奇怪的零售文化似乎真的与不计一切地"增长再增长"的风气有关。

著名 VC 和博客作家 Fred Wilson 在自己的博客上推荐粉丝阅读 Primack 的文章的同时还推荐了上述文章内容,并以自己的经历作为印证,"在我的职业生涯中,我曾经多次经历过这样的故事,我们如今在市场上再次看到这个故事重演"。他认为 Primack 关于分析债务融资取代股权融资做得非常到位,并且补充说,"并不是说债务融资不能做,而是说做债务融资时应该谨慎,并且睁大你的眼睛"。

这些公司的失败可以当作是对初创企业的一个警告。虽然债务融资很有吸引力,而且诸如 Uber、Airbnb 和滴滴出行这样的大公司都进行了巨额的债务融资,但是对于正在业务增长期的初创企业来说,债务融资一定要谨慎,一旦贷款到期,对于公司来说无疑是釜底抽薪,如果下一轮股权融资失败,对于整个公司来说就是致命的。

[思考与讨论]

1. 创业公司 ModCloth 选择债务融资为什么会带来问题?试分析它被沃尔玛收购背后的融资问题。

2. 结合案例,分析选择债务融资方式的最佳阶段以及选择债务融资时应该注意哪些问题?谈谈股权融资和债务融资两种不同融资方式的选择对创业公司的作用。

复习思考题

1. 什么是融资？融资对创业企业有哪些作用？
2. 什么是创业融资？创业融资有哪些不同的分类方式？
3. 简述债务融资与股权融资的特点与区别。
4. 试分析企业在不同生命周期过程中，应采用何种融资方式？并说明原因。
5. 谈谈创业企业进行融资时应该综合考虑哪些因素？

第 7 章　创业与债务融资

[学习目标]

通过本章学习,学生应理解债务融资的内涵及对创业企业的作用,掌握银行贷款、信托贷款、民间融资三种主要形式,了解融资租赁、典当融资、小额贷款公司等其他不同的融资方式。

[创业励志名言]

有人说,融资等于骗钱。我思考了一下,我觉得说服自己叫融资,没有说服自己叫骗钱。我觉得只要把真实的自己介绍出去就可以了。

——陈沛

导入案例　洛克菲勒敲开银行之门

美国"石油大王"洛克菲勒,是美国历史上甚至是世界上有记录以来第一个从白手起家到坐拥亿万资产的富翁,他是融资、并购、垄断的鼻祖,被称为"商界屠夫"。洛克菲勒和克拉克合伙开公司时,做的是谷物和牧草生意,那时两个人都很穷,所有的资金放在一起才 4 000 美元。洛克菲勒 19 岁时,公司开业没多久,美国中西部的农业区遭到了霜害,农作物几乎没有收成,公司更是没有生意可做,同行中有许多公司纷纷倒闭。克拉克虽然看在眼里,急在心中,但却不知所措。这时,有不少农民找上门来,要求用来年的谷物收入作抵押,请求支付定金,条件对公司相当有利,但棘手的问题是到哪里去弄这么一笔庞大的资金?克拉克心急如焚,洛克菲勒却自己想办法筹措资金去了。由于洛克菲勒从小练就出了独到的生意眼光,对于眼前的形势,他一下就嗅出了发财的味道。在克利夫兰有一位颇具声望的银行家叫汉迪,他与洛克菲勒都是虔诚的漫礼会教会的教徒,平日里志同道合,洛克菲勒决定去找他帮忙。听了洛克菲勒开诚布公地请求贷款,拯救农民的高谈阔论后,汉迪先生表示了同情。这位精明的银行家,终于生平第一次破例,在没有任何抵押品,甚至连货物证券也没有一张的情况下,凭着对朋友的信任,以"圣父、圣子、圣灵"的名义,贷了2 000美元给他。洛克菲勒从汉迪先生那里贷来了2 000美元,大他11岁的克拉克再也不敢高傲自大、以老大自居了。在洛克菲勒的努力下,公司在第一年的营业额就达到了45万美元。

资料来源:武岩,幕丽杰.中小企业融资指南[M].北京:金盾出版社,2009.

第1节 创业与债务融资概述

一、债务融资的内涵

(一) 债务融资的定义

债务融资是指通过银行或非银行金融机构贷款或发行债券等方式融入资金。债务融资可进一步细分为直接债务融资和间接债务融资两种模式。一般来说,对于预期收益较高,能够承担较高的融资成本,而且经营风险较大,要求融资的风险较低的企业倾向于选择股权融资方式;而对于传统企业,经营风险比较小,预期收益也较小的,一般选择融资成本较小的债务融资方式进行融资。

(二) 债务融资的特点

相对于股权融资,它具有以下几个特点:

(1) 短期性。债务融资筹集的资金具有使用上的时间性,需到期偿还。

(2) 可逆性。企业采用债务融资方式获取资金,负有到期还本付息的义务。

(3) 负担性。企业采用债务融资方式获取资金,需支付债务利息,从而形成企业的固定负担。

(4) 流通性。债券可以在流通市场上自由转让。

股权融资所得资金属于资本金,不需要还本付息,股东的收益来自税后盈利的分配,也就是股利;债务融资形成的是企业的负债,需要还本付息,其支付的利息进入财务费用,可以在税前扣除。

企业债务主要包括以下几种类型:商业信用、银行信贷、企业债券、租赁等。不同类型的债务对于约束代理成本各有其特点,而多样化的债务类型结构有助于债务之间的相互配合并实现债务代理成本的降低。

二、债务融资的范围

债务融资的范围主要包括以下几个方面:

(一) 长、短期银行借款

以向银行有偿借贷,确定归还期限等内容,而实现的临时性融资。一般来讲,借款偿还期在一年以内的为短期借款,借款期在一年以上的为长期借款。

(二) 发行金融债券

由借款单位提出,经央行批准,由主办银行发行的记名或非记名的金融债券。金融债券的特点是融资成本较低,但申请发行的条件较高,且发行周期较长。

（三）综合授信管理工作

它是指银行根据一定的条件，向公司提供各种金融和金融衍生工具的总称。综合授信一般适用于银行与企业之间建立的长期战略合作关系基础上，双方的相互支持和合作的过程，通常情况下，企业与银行双方以协议形式，明确双方的授信总额和授信范围，在办理具体的业务时，再订立合同。

（四）信用证等其他中间金融业务

信用证一般用于进、出口经济业务较多，施工企业此类金融品种使用较少。

（五）保函

保函是指由银行出具并承诺的，确认工程承包过程中，由于种种原因发生的工程赔付保证。保函有投标保函、履约保函、工程保修保函、工程预付款等形式。

三、创业与债务融资

在本书的第6章，我们已经将融资分为债务融资与股权融资。债务融资作为企业一项重要的财务政策，对企业的可持续增长具有重要影响，因此，合理地制定债务融资策略对于创业公司的持续、健康发展具有重要意义。本章重点内容是债务融资，介绍各种不同类型的债务融资方式、融资主体、具体操作流程、各债务融资方式之间的区别等。

创业融资对应于企业的发展，有非常明确的阶段性。在企业的发展历程中，每个阶段所需要的资金量和资金来源都是不同的，融资方式也不相同。当企业处于成长期，资金需求量更大，这段时期可以选择债务融资方式筹集资金，在扩张期融资的方式也可以多元化，风险投资、金融机构贷款、融资租赁等融资方式都是可行的选项。

一般而言，创业者常用的债务融资方式有：银行贷款、信托贷款、民间融资等，还有融资租赁、典当融资、小额贷款、商业信用和债券融资等其他不同的融资方式。

第2节 银行贷款

一、银行贷款的内涵

（一）银行贷款的定义

银行贷款是企业债务融资常见的一种方式。

银行贷款是指银行根据国家政策以一定的利率将资金贷放给资金需要者，并约定期限归还的一种经济行为。在很多国家，银行贷款在企业融资总额中所占比重都是最高的。如果需要一种风险低、成本小的资金，银行贷款是最合适的。建立良好的银企关系、合理利用银行贷款，是中小企业解决资金困难、取得经营成功的重要手段。

根据《贷款通则》的规定，借款人应当是经工商行政管理机关（或主管机关）核准登记的企（事）业法人、其他经济组织、个体工商户或具有中华人民共和国国籍的具有完全民事行为能力的自然人。

（二）银行贷款的特点

（1）手续较简单，融资速度快。

(2) 具有较强的灵活性。
(3) 融资成本较低。
(4) 银行贷款利息可以进入成本，取得所得税前抵减效应，从而相对减轻企业税负。
(5) 银行可根据企业的信用状况给予恰当的贷款，从而成为中小型企业长期资本的主要来源。

银行为了保护自身的财产安全和降低经营风险，保证存、贷款的正常流转，一般都要制定相应的保护性条款，这自然就构成了对企业使用贷款的约束。

二、银行贷款期限

贷款期限是指从贷款合同生效之日起，到最后一笔贷款本金或利息支付日止的这段时间。贷款期限一般分为五种：

(1) 短期贷款，指贷款期限在 1 年以内（含 1 年）的贷款。
(2) 中期贷款，指贷款期限在 1 年以上（不含 1 年）5 年以下（含 5 年）的贷款。
(3) 长期贷款，指贷款期限在 5 年（不含 5 年）以上的贷款。
(4) 自营贷款期限最长一般不得超过 10 年，超过 10 年应当报中国人民银行备案。
(5) 票据贴现的贴现期限最长不得超过 6 个月，贴现期限为从贴现之日起到票据到期日止。

在银行和借款人签订的贷款合同中，对贷款的提款期、宽限期和还款期要做出明确的规定。通常，提款期是从合同签订生效日起，到合同规定的最后一笔贷款本金的提取日止；宽限期是从贷款合同签订生效日起，到合同规定的第一笔贷款本金归还日止；还款期是从合同规定的第一笔贷款本金归还日起，到贷款本金和利息全部还清日止。

借款人应当按照贷款合同的规定按期足额归还贷款本金和利息。若不能按期归还贷款，借款人应当在贷款到期日之前，向银行提出展期，至于是否展期则由银行决定。申请保证贷款、抵押贷款、质押贷款展期的，还应由保证人、抵押人出具书面的同意证明。短期贷款展期期限累计不得超过原借款期限；中期贷款展期期限累计不得超过原借款期限的一半；长期贷款展期期限累计不得超过 3 年。若借款人未申请展期或申请展期未得到批准，其贷款从到期日次日起，转入逾期贷款账户，借款人提前归还贷款，应与银行协商。

三、银行贷款类型

从贷款方式来看，比较常见的银行贷款可以分为以下几种：

(一) 抵押贷款

抵押贷款是最常用的贷款方式。抵押贷款是指银行以借款人或第三人的财产作为抵押物而发放的贷款。抵押品通常包括有价证券、房地产、各种股票、国债券，以及货物的提单或其他各种证明物品所有权的单据。贷款到期，借款者必须如数归还，否则银行有权处理抵押品。

对于需要创业者来说，可以灵活地将个人消费贷款用于创业。银行对于抵押贷款的金额一般不超过抵押物评估价的 70%，贷款最高限额为 30 万元，贷款期限最长不超过 5 年。如果创业需要购置沿街商业房，可以拟购房子作抵押，向银行申请商用房贷款，贷款金额一般不超过拟购商业用房评估价值的 60%，贷款期限最长不超过 10 年。

（二）质押贷款

质押贷款是指银行以借款人或第三人的动产或权利为质押物而发放的贷款。可作为质押的质物包括：储蓄存单、国库券（国家有特殊规定的除外）、保险公司保单、国家重点建设债券、金融债券、AAA 级企业债券等有价证券。

例如，储蓄存单质押，是借贷人以储蓄存单作为质押物，从银行取得一定金额贷款，并按期归还贷款本息的一种信用业务。储蓄存单质押贷款的起点一般为 5 000 元，每笔贷款不超过质押面额的 80%。除此之外，国债质押贷款可贷国债面额的 90%；保险公司推出的保单质押贷款的金额不超过保险单当时现金价值的 80%。

（三）个人信用贷款

个人信用贷款是一种单凭借款人的信用，无须提供担保的信用贷款方式，一般以个人名义发起，向银行或其他金融机构申请贷款。通常，如果一个人想通过银行贷款，那么他必须说明贷款资金的用途。一般来说，银行在为个人提供贷款时，都会给贷款人规定资金的用途范围，比如银行会命令禁止贷款资金用于某些生产、经营以及投资领域等。另外，在贷款过程中，借款人都需要提供资金用途证明或者用途申明等，以确保银行的资金安全。目前，个人信用贷款是一种比较流行的贷款方式，申请此类贷款，通常情况下都需要借款人提供"一证三证明"，即二代身份证、工作证明、收入证明、贷款用途证明。在个人信用方面，银行要求贷款人不能有信用不良记录；在收入方面，银行制定了一定的条件限制，通常会要求贷款人的月均收入在 4 000 元以上，而贷款金额则可以为月均收入的 5～8 倍。

（四）创业贷款

创业贷款是指具有一定生产经营能力或已经从事生产经营活动的个人，因创业或再创业提出资金需求申请，经银行认可有效担保后而发放的一种专项贷款。

创业贷款主要是面向热衷于创业的大学生及个人的一种激励型贷款。一般利率较低。在很多地区，大学生创业贷款受到相关的政策扶持。一般来说，这种扶持对大学生创业贷款提供两种形式，一种是补贴式贷款，另一种是无息贷款，那么，对这类贷款来说，贷款人又需要提供哪些条件呢？这类贷款对贷款人的要求是：第一，贷款人是在读或者刚毕业两年内的大学生；第二，贷款人的学历需要大专及以上学历；第三，贷款人的年龄应满 18 周岁。相比于其他贷款形式，大学生创业贷款所需的申请条件较为简单，贷款的大学生提供的贷款资料包括学生证、成绩单以及对账单等。经过银行的相关审核后，贷款人很快就能获得贷款。符合条件的借款人，根据个人的资源状况和偿还能力，最高可获得单笔 50 万元的贷款支持。

（五）保证贷款

如果你没有存单、国债，也没有保单，但你的配偶或父母有一份较好的工作，有稳定的收入，这也是绝好的信贷资源。当前银行对高收入阶层情有独钟，律师、医生、公务员、事业单位员工以及金融行业人员均被列为信用贷款的优待对象，这些行业的从业人员只需找一至两个同事担保就可以在工行、建行等金融机构获得 10 万元左右的保证贷款，在准备好各种材料的情况下，当天即能获得批准，从而较快地获取创业资金。

【案例 7-1】 宁波银行"金色池塘"解决小微企业融资

宁波银行的"金色池塘"为小微企业提供了资金融通的新渠道。根据小微企业的生命周期,对资金周转速度要求较高,以及融资需求有"短、小、频、急"的特点,不断创新金融产品,开发了便捷融、贸易融、押余融、友保融、专保融、诚信融等融资类产品,已累计为万余户小微企业、个体工商户提供了高效的金融服务,大大缓解了企业的资金困难。

四、银行贷款的一般流程

具备了银行规定的贷款条件,就可以办理个人贷款。办理银行贷款的基本流程如下:

(一) 贷款申请

借款人向当地银行提出书面申请,填写"贷款申请书"。申请书的内容应当包括贷款金额、贷款用途、偿还能力及还款方式,同时还须向银行提交以下材料:

(1) 借款人及保证人基本情况。

(2) 财务部门或会计(审计)师事务所核准的上年度财务报告以及申请贷款前一期财务报告。

(3) 原有不合理占用贷款的纠正情况。

(4) 抵押物、质押物清单和有处分权人的同意抵押、质押的证明及保证人拟同意保证的有关证明文件。

(5) 项目建议书和可行性报告。

(6) 银行认为需要提供的其他有关材料。

(7) 固定资金贷款要在申请时附可行性研究报告、技术改造方案或经批准的计划任务书、初步设计和总核算。

(二) 银行审批

(1) 立项。该阶段的主要工作是确认审查目的、选定主要考察事项、制订并开始实施审查计划。

(2) 银行对借款人进行信用等级评估。信用等级是根据借款人的领导者素质、经济实力、资金结构、履约情况、经营效益和发展前景等因素来评定的。评级可以由贷款人独立进行、内部掌握,也可以由有关部门批准的评估机构进行。

(3) 进行可行性分析。这一阶段包括发现问题、探究原因、确定问题的性质及可能的影响程序等。其中,对企业的财务状况的分析最为重要,因为它是银行掌握和判断企业偿还能力的依据。

(4) 综合判断。审查人员对调查人员提供的材料进行核实,判断企业目前的状况、中期的盈亏和长期的发展,复测贷款的风险度,提出意见,按规定权限审批。

(5)进行贷前审查,确定能否贷款。银行贷前审查的方式多种多样,主要有直接调查、侧面调查等。贷前审查结束后,由银行经办人员写出贷款审查报告进行审批,并明确能否给予贷款。

(三)签订借款合同

若银行对借款申请进行审查后,认为各项均符合规定,并同意贷款,便与借款人签订借款合同。该合同包括担保合同、抵押合同等。在借款合同中约定贷款的种类、用途、金额、利率、期限、还款方式、借贷双方的权利和义务、违约责任、纠纷处理及双方认为需要约定的其他事项。借款合同自签订之日起即发生效力。

(四)贷款发放

借款合同签订后,双方即可按合同规定核实贷款。借款人提款时,由借款人填写银行统一制定的提款凭证,然后到银行办理提款手续。银行贷款从提取之日起开始计算利息。借款人取得借款后,必须严格遵守借款合同的条款。

(五)银行贷后检查

贷后检查是指银行在借款人提取贷款后,对其贷款提取情况和有关生产、经营情况、财务活动进行监督和跟踪调查。

(六)贷款的收回与延期

贷款到期时,借款人应按借款合同按期足额归还贷款本息。通常,银行在短期贷款到期前1个星期、中长期贷款到期前1个月,向借款人发送还本付息通知单。借款人应及时筹备资金,主动开出结算凭证,交银行办理还款手续。对于贷款到期而借款人未主动还款的,银行可采取主动扣款的办法,从借款人的存款账户中收回贷款本息。

借款人如因客观原因不能按期归还贷款,应按规定提前的天数向银行申请展期,填写展期金额及展期日期,交由银行审核办理。贷款结清后,办理抵押撤销手续。

总体而言,银行贷款的流程如图7-1所示。

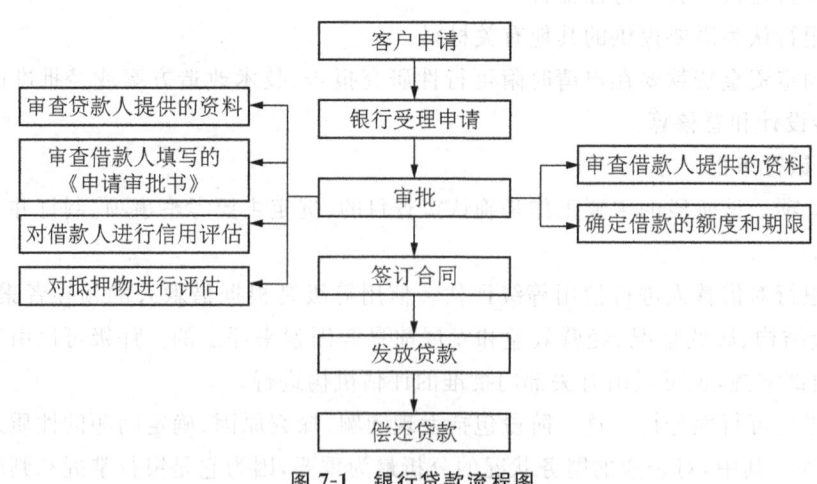

图 7-1 银行贷款流程图

总体上看,银行贷款方式对于创业者来说门槛较高。出于资金安全考虑,银行往往在贷款评估时非常严格。因为借款对企业获得的利润没有要求权,只是要求按期支付利息,到期归还本金,因此,银行往往更追求资金的安全性。实力雄厚、收益或现金流稳定的企业是银行欢迎的贷款对象。对于创业者来说,由于经营风险较高,银行一般不愿冒太大的风险借款,即使企业可能未来拥有非常强劲的成长趋势。不仅如此,银行在向创业者提供贷款时往往要求创业者必须提供抵押或担保,贷款发放额度也要根据具体担保方式决定。这些抵押方式都提高了创业者融资的门槛。同时,出于对资金安全的考虑,银行往往会监督资金的使用,它不允许企业将资金投入那些高风险的项目中去,因此,即使成功贷款的企业在资金使用方面也常常感到掣肘。

因为这些特点,对于新创企业来说,通过银行解决企业发展所需要的全部资金是比较困难的,尤其是对于准备创立或刚刚创立的企业而言。

第3节 信 托 贷 款

一、信托贷款的内涵

(一) 信托的定义

信托(trust)就是信用委托,是一种特殊的财产管理制度和法律行为,同时又是一种金融制度。信托与银行、保险、证券一起构成了现代金融体系。信托业务是一种以信用为基础的法律行为,一般涉及三方面当事人,即投入信用的委托人,受信于人的受托人,以及受益于人的受益人。

《信托法》第二条规定:"本法所称信托,是指委托人基于对受托人的信任,将其财产权委托给受托人,由受托人按委托人的意愿以自己的名义,为受益人的利益或者特定目的,进行管理或者处分的行为。"从《信托法》对信托的定义中可以得知:信托关系从属于委托关系,信托活动是一种基于信任而产生的委托活动。

(二) 信托贷款的定义

信托贷款是指委托人出于对受托人(信托公司)的信任,将其合法拥有的资金委托给受托人,由受托人按委托人的意愿以自己的名义,为受益人的利益或者特定的目的,将委托资金放贷给约定的借款人,并按照贷款合同约定收取本金和利息的行为。信托贷款的定义中,受托人专指信托公司,所委托的财产专指资金,委托财产管理的方式专指贷款。

信托贷款是指信托机构在国家规定的范围内,制订信托发行计划,募集资金,通过信托计划募集的信托资金,对自行审定的单位和项目发放的贷款。

在贷款信托担保关系中,存在委托人(贷款人)、受托人(信托担保公司)和受益人(借款人)三方当事人。信托财产既独立于委托人的财产,也独立于信托担保公司的财产。受托人享有信托财产普通法上的所有权,受益人享有衡平法上的源于所有权的受益权。受益人对信托财产享有的受益权是一种不同于债权的权利。当借款人无力偿还贷款时,贷款人有权要求信托担保公司以信托财产偿还贷款。

二、信托贷款与银行贷款的区别

同是融资方式,信托贷款与银行贷款有什么区别?创业者在融资时,该如何选择?

(一)资金来源不同

信托贷款是企业通过向信托机构申请获得的贷款,其基本来源为信托机构自委托人处募集的资金。银行贷款则是企业向银行申请贷款,银行资金来源于自有资金、存款资金及其他资金。一般而言,我们将银行贷款视为间接融资方式的一种,而信托贷款则为直接融资。

(二)利润收入不同

信托公司在整个信托法律关系中,是受托人,有点类似"中介地位"。通过信托募集来的资金产生收益之后,并非直接转换成信托公司的利润,因信托收益须按事先约定在收益的各方进行分配,其中受托人收益是信托公司该笔业务的手续费收入,再经过一系列的扣除后的最终余额,才能构成信托公司的业务利润。而银行贷款则不同,银行是贷款人即债权人,银行信贷的收入完全归放款银行,作为其业务收入,继而转化为利润。信托贷款的利润却不能直接、足额形成信托公司利润。因此,两种方式下信托机构、银行的收入是不同的。

(三)监管力度不同

信托贷款属于直接金融产品。信托贷款受到信托目的特定化的约束,资金从委托人到受托人到融资人手中,处于环行封闭运行状态,风险传递是线性的,不同信托项目之间风险互不交叉利益互不渗透。如果一个信托贷款项目发生风险,其他信托计划不受影响,甚至只有在信托公司具有过错时,才能影响其固有资产。风险的结构是局部化,而不是系统传染、扩散化。与之不同,银行贷款属于间接金融产品。资金从资金盈余方到资金短缺方经过银行中介,金融风险集中于银行。间接金融的风险具有传染效应、羊群效应,如果一家银行发生风险,可能迅速传递给其他银行,存款人在恐慌心理的驱动下,群体挤提容易造成系统性风险。因此,相关部门对银行贷款的监管较为严格,相比而言,信托贷款监管力度更小,这也使信托贷款更有灵活性。

(四)操作要求不同

银行贷款是比较标准化的产品,产品的价格即利率的弹性比较小,更多进行的工作是风险管控,因此发放银行贷款的审批流程须"规范化",银行贷款要经严格的审批,要求较为僵硬,同时要求提供的担保等条件更多,从借款人的角度衡量,则缺乏弹性。与银行"一刀切"的风格不同,信托贷款具有很强的灵活性,表现为定价灵活、风险与收益灵活匹配、放款灵活,满足客户的个性化需求。对于借款人而言,信托贷款的操作方式相对更为灵活、简单。信托公司发放信托贷款,常与借款人约定控制企业公章,以及限制担保、借贷、资产处置和关联交易等重大经营活动,实时掌握企业经营和财务状况,出现了所谓债权股份化的趋势,这是银行贷款所不具备的特点。

三、信托贷款的一般流程

(一)贷款申请

借款人需用贷款资金时,应按照贷款人要求的方式和内容提出贷款申请,并恪守诚实守信原则，承诺所提供材料的真实、完整、有效。申请基本内容通常包括：借款人名称、企业性质、经营范围，申请贷款的种类、期限、金额、方式、用途，用款计划，还本付息计划等，并根据贷款人要求提供其他相关资料。

（二）受理与调查

银行在接到借款人的借款申请后，应由分管客户关系管理的信贷员采用有效方式收集借款人的信息，对其资质、信用状况、财务状况、经营情况等进行调查分析，评定资信等级，评估项目效益和还本付息能力，同时也应对担保人的资信、财务状况进行分析，如果涉及抵质押物的还必须分析其权属状况、市场价值、变现能力等，并就具体信贷条件进行初步洽谈。

信贷员根据调查内容撰写书面报告，提出调查结论和信贷意见。

（三）风险评价

银行信贷人员将调查结论和初步贷款意见提交银行审批部门，由审批部门对贷前调查报告及贷款资料进行全面的风险评价，设置定量或定性的指标和标准，对借款人情况、还款来源、担保情况等进行审查，全面评价风险因素。风险评价隶属于贷款决策过程，是贷款全流程管理中的关键环节之一。

（四）贷款审批

银行要按照"审贷分离、分级审批"的原则对信贷资金的投向、金额、期限、利率等贷款内容和条件进行最终决策，逐级签署审批意见。

（五）签订合同

合同签订强调协议承诺原则。借款申请经审查批准后，银行与借款人应共同签订书面借款合同，作为明确借贷双方权利和义务的法律文件。其基本内容应包括金额、期限、利率、借款种类、用途、支付、还款保障及风险处置等要素和有关细节。对于保证担保贷款，银行还需与担保人签订书面担保合同；对于抵质押担保贷款，银行还须签订抵质押担保合同，并办理登记等相关法律手续。

（六）贷款发放

强调贷放分离、实贷实付。贷款人应设立独立的责任部门或岗位，负责贷款发放审核。贷款人在发放贷款前应确认借款人满足合同约定的提款条件，并按照合同约定的方式对贷款资金的支付实施管理与控制，监督贷款资金按约定用途使用。

（七）贷款支付

贷款人应设立独立的责任部门或岗位，负责贷款支付审核和支付操作。采用贷款人受托支付的，贷款人应审核交易资料是否符合合同约定条件。在审核通过后，将贷款资金通过借款人账户支付给借款人交易对象。采用借款人支付方式的，贷款人应要求借款人定期汇总报告贷款资金支付情况，并通过账户分析、凭证查验、现场调查等方式核查贷款支付是否符合约定用途。

（八）贷后管理

贷后管理是银行在贷款发放后对合同执行情况及借款人经营管理情况进行检查或监控的信贷管理行为。其主要内容包括监督借款人的贷款使用情况、跟踪掌握企业财务状况及其清偿能力、检查贷款抵押品和担保权益的完整性等三个方面。

其主要目的是督促借款人按合同约定用途合理使用贷款，及时发现并采取有效措施纠正、处理有问题贷款，并对贷款调查、审查与审批工作进行信息反馈，及时调整与借款人合作的策略与内容。贷款回收与处置直接关系到商业银行预期收益的实现和信贷资金的安全，贷款到期按合同约定足额归还本息，是借款人履行借款合同、维护信用关系当事人各方权益的基本要求。

银行应提前提示借款人到期还本付息；对贷款需要展期的，贷款人应审慎评估展期的合理性和可行性，科学确定展期期限，加强展期后管理；对于确因借款人暂时经营困难不能按期还款的，贷款人可与借款人协商贷款重组；对于不良贷款，贷款人要按照有关规定和方式，予以核销或保全处置。

第4节 民间融资

相比其他融资方式，民间融资是一种较容易获得发展资金的方式。然而，这一方式看似容易，却也相应伴随着较高的风险。

一、民间融资的内涵

民间融资是相对于国家依法批准设立的金融机构融资而言的，泛指非金融机构的自然人、企业及其他经济主体（财政除外）之间以货币资金为标的的价值转移及本息支付。民间融资是游离于国家正规金融机构之外的、以资金筹借为主的融资活动。据此定义，正常的企业间商业信用不在民间融资范畴之内。但如果商业信用时间超出合同约定时间并收取利息或其他报酬，同样会被纳入民间融资范畴。

民间金融包括所有未经注册、在央行控制之外的各种金融形式。"民间金融"的内涵一般包含在"非正式金融"中，非正式金融既包含民间金融形式也包含一些正规金融机构的非正式产品和形式。在中国由于民间金融的规模很大，所以有必要突出民间金融部分，而非笼统称之为非正式金融。

本书的定义为：民间融资，是指出资人与受资人之间在国家法定金融机构之外，以取得高额利息与取得使用权并支付约定利息为目的而采用民间借贷、民间票据融资、民间有价证券融资和社会集资等形式暂时改变资金所有权的金融行为。

二、民间融资的特点

民间融资既是一种古老的融资形式，又是适应民间各经济主体之间为解决生产、经营、投资、生活等方面的资金需求应运而生的一种融资形式，相对于国家信用、银行贷款，民间融资是一个非常广阔的无形市场，遍布广大的城市和乡村，它以融资方式的灵活性、融资范围的广泛性、融资渠道的多样性，在一定程度上弥补了银行信贷在社会资金配置上的一些不足。

（一）融资流程灵活简便

借贷手续灵活、简便，备受急需资金者青睐。据调查，民间借贷双方一般为本乡本土或亲朋好友，当借方需要资金时，或通过中介人或按自己意向说明资金用途、借款金额、还款能力及日期、利息,以口头或协议形式取得资金。因此,一般不需要手续,有手续的也是简单载明借贷双方、日期、还款金额或利息的简要凭据。民间借贷中一半以上是私下达成的交易,对借方来说,手续简便,在急需资金时办理非常方便,备受急需资金者青睐。

(二) 利率高、弹性大

一般而言,民间融资城镇利率高,乡村利率低。城镇借出利率年息一般在15%~30%之间,乡村借贷利率年息一般在10%~20%之间,年利率相差5%~10%;城镇民间融资金额大,乡村民间融资金额小。城镇借贷趋向书面化,大多数需签订书面协议,协议条款包括担保人(中介人)、借款额、利率、归还期、违约金,数额较大的还需要以房屋等实物作抵押等,而乡村因借贷互助性质居多,且多为亲戚、熟人朋友之间发生的借贷行为,一般以口头约定为主。

(三) 融资主体多元化

融资主体不仅有个人之间、个人与企业之间、企业与企业之间的融资,且出资人有工人、干部、工商个体户、企业等,甚至,参与民间融资的还有金融机构的工作人员,涉及面较广。

(四) 专业化趋势

由于民间融资的种种便利和在社会经济生活中所普遍发挥的现实作用,这一行为已在社会公众的思想观念上获得了广泛的认同,使得其逐渐由"地下""浮出水面"。特别是一些商业银行个人委托贷款业务的推出和宏观调控措施实施后中小企业资金严重紧张,客观上促进了民间融资流动更加活跃,使得由过去遮遮掩掩的"地下金融活动",逐渐转向半公开或公开。

(五) 融资行为渐趋理性

融资行为渐趋理性。由于民营中小企业的发展对民间融资的需求日益旺盛,并能提供较高的投资回报率,从而拓宽了民间融资理性选择的范围。同时,民间融资相关主体的风险意识也在不断提高,对信誉要求很高,形成了特定的民间融资市场准入制度,因此违约现象很少;另外,生产性融资比重不断上升,而利率水平也明显上升。

三、民间融资的方式

我国民间融资方式多种多样,概括来说,民间融资的方式一般有五种,分别为民间借贷、合会融资、民间有价证券融资、民间票据贴现融资和企业内部融资。针对不同人的需求,这五种方式都能有效满足人们的融资需求。

(一) 民间借贷

民间借贷是一种传统的民间融资方式,它主要可分为两种形式:一种是以帮助他人为目的的民间借贷,可简称为互助形式的民间借贷;另一种是以投资为目的的民间借贷,即人们俗称的"高利借贷"。

互助形式的民间借贷在农村比较常见,其特点是借贷规模较小,但涉及范围较大,涉及的资金可以是几百元,也可以是上万元。借贷双方通常是较为亲密的亲朋好友,由于短期的生活急需,才采取民间借贷的方式以解燃眉之急。而且这种借贷形式一般不需要签订书面合同,都是由借贷双方的口头协议达成。在互助形式的民间借贷中,借款人在借得资金后不需要计算利息,或者根据当地的约定以很低的利率计算利息。这种借贷也没有明确的还款日期,借款人什么时候资金充裕,就什么时候还钱。

高利借贷是民间借贷的主要形式,借贷的主体一般为个人、民营企业、非上市公司等。这种借贷大都是以投资营利为目的,具有很强的商业性质。借款的日期有长有短,可以是几个月,也可能是几年,但其利息通常是以月为单位来计算,且利率较高。高利借贷的利率标准较为复杂,可以参考同期金融机构贷款利率水平而定,也可以根据地区、季节、资金供求状况而定。这种贷款形式主要集中在资源丰富、商业发达的地区。

与银行借贷不同,民间借贷属于一种直接的融资渠道,而银行借贷则属于间接的融资渠道。同时,民间借贷也是一种传统的民间资本投资渠道,属于民间金融的一种形式。此外,民间借贷还可以从狭义和广义方面来解释。从狭义上说,民间借贷是一种民事法律行为,这种民事法律行为只介于公民之间,是一种按照约定而进行的货币或者其他有价证券的借贷。而广义的民间借贷不仅可以介于公民之间,还可以介于公民与法人之间或者公民与其他组织之间,但同样都是以货币或有价证券形式进行的借贷方式。在现实生活中,人们常提到和参与的一般都是广义上的民间借贷。

民间借贷对于创业者短期困难的解决有很大帮助。民间借贷手续灵活、方便,利率通过协商决定,借贷双方都能接受,因此,民间借贷对于资金供给方与需求方都有好处。但是另一方面,民间借贷的风险非常大,这主要是因为它的不规范性所引起的。在借贷时,如果是找亲戚朋友借钱,往往缺少一份正式、规范的借贷合同,这样,一旦借贷双方出现问题,就很容易造成纠纷,难以保证双方的利益。

（二）合会（抬会、标会）融资

合会,是在我国有着较为悠久历史的民间金融形式,是一种基于"血缘""地缘"关系的、带有互动合作性质的自发性群众融资组织。

合会是一种集储蓄和信贷于一体的古老的互助性融资形式。合会一般由一个自然人作为会首,出于某种目的,组织起有限数量的人员,每人每期拿出约定数额的会钱,每期有一个人能得到集中在一起的全部当期会钱(包括其他成员支付的利息),并分期支付相应的利息。谁在哪一期收到会钱,由抽签或者对利息进行投标等方式来确定。

民间合会并非我国独有,在国外称为"轮转基金"。就规模而言,融资数额较大的合会多分布在经济较为发达的东南沿海地区,犹以浙江、福建为多。我国不同地区的民间合会在称谓上也有所不同。具体来说,有"轮会""摇会""抬会"等多种叫法。传统合会的目的是进行金融互助和进行储蓄,演变过程中一部分会因为构成人员的相知程度不断降低逐步向投机性质发展。

（三）民间有价证券融资

有价证券融资一般是以存单、债券、股票、房地产等为主要内容进行融资,是当前民间借贷中一种典型性融资方式。这种融资方式的大致流程是,借款人将自己的存单、债券等抵押、质押给出款方以获得贷款。在这个过程中,相关借贷人之间可能会定向收取一定的差额利息或者手续费。

比如,一名民营企业家向某个出款方贷款10万元,而这位出款方不会直接将10万元现金打入民营企业家的账户,而是向民营企业家借出12万元存单,通过农村信用社办理质押贷款以获得5%的差额利息。

（四）民间票据贴现融资

银行汇票是票据贴现融资的主要载体。票据贴现融资是指企业以未到期的银行承兑汇票向另一家企业贴现，这是在金融机构外进行的票据流通和转让。根据我国《票据法》和《商业银行法》的有关规定，我国是禁止从事民间票据贴现业务的。但是，由于金融机构的"贴现"门槛高、风险管理和内部控制意识强，而民间票据贴现简单、方便、灵活、民间资本充足，使得民间票据贴现在各地悄然兴起，尤其受到中小企业的青睐。民间票据贴现不但为企业提供了一个新的融资渠道，也活跃了票据贴现市场。

由于银行汇票风险系数较低，加之银行办理贴现需要增值税票、购销合同等，要求严格，手续繁琐，时效性差，一些银行对小面额银行承兑汇票不予办理贴现，使小面额银行承兑汇票持票人（多为民营企业）的票据无法变现，影响资金周转，所以持票人宁愿持票到经营规模较大的民营商贸行融资，既不需要税票，也不需要购销合同，仅凭中间人的介绍和银行承兑汇票查询书，持票人可直接从借款人处拿到现金。

（五）企业内部融资（集股）

企业内部融资是当企业因为某些原因无法通过银行、信用社等渠道完成贷款时，面向企业职工所做的融资。这种融资方式可以以"保证金"为名向职工进行融资，集资的利率通常与同期贷款利率相当，或者略高于同期贷款利率。根据相关法律规定，该集资方式应该遵循自愿原则，合法有序地对企业职工进行集资，不得以行政命令等硬性手段强制企业职员执行，多数情况下，企业是以债券来筹集资金，并受到相关法律的保护。

第5节 其他类型的债务融资

一、融资租赁

对一些缺乏资金，但又想树立良好品牌形象的企业来说，如何用较少的资金获得先进的技术和设备是其应该考虑的事情。在众多的融资方式中，就有这样一种经济实惠、方便快捷的融资方式，这种融资方式虽然需要定期支付一定的资金，但却可以为企业带来更加实用的价值——利用较少的资金为企业引进先进的技术和设备。这种融资方式就是融资租赁。

（一）融资租赁的内涵

融资租赁是指出租方根据承租方对供货商、租赁物的选择，向供货商购买租赁物，提供给承租方使用，承租方在契约或者合同规定的期限内分期支付租金的融资方式。

融资租赁，是通过融资与融物的结合，兼具金融与贸易的双重职能，对提高企业的筹资融资效益，推动与促进企业的技术进步，有着十分明显的作用。融资租赁有直接购买租赁、售出后回租以及杠杆租赁。此外，还有租赁与补偿贸易相结合、租赁与加工装配相结合、租赁与包销相结合等多种租赁形式。融资租赁业务为企业技术改造开辟了一条新的融资渠道，采取融资融物相结合的新形式，提高了生产设备和技术的引进速度，还可以节约资金使用，提高资金利用率。

（二）融资租赁的特点

融资租赁看似核心为租赁，但从其本质上看是以融通资金为目的，它是为解决企业资金不足的问题而产生的。需要添置设备的企业只需付少量资金就得到所需设备进行生产，相当于为企业提供了一笔中长期贷款。一般而言，融资租赁比较适合生产、加工型中小企业，特别是那些有良好销售渠道、市场前景广阔，但是出现暂时困难或者需要及时购买设备扩大生产规模的中小企业。融资租赁与传统意义上的租赁相比，有如下特点：

（1）融资租赁具有较强的融资属性。

（2）融资租赁是一项至少涉及出租人、承租人和供货商的交易，三方相互关联、相互制约。

（3）租期较长。

（4）租金包括了设备的价款、租赁费和借款利息。

（5）设备的所有权如无特别约定，在法律上属于出租人，设备的使用权属于承租人，设备所有权与使用权长期分离。

（三）融资租赁的分类

1. 直接融资租赁

由承租人指定设备及生产厂家，委托出租人融通资金购买并提供设备，由承租人使用并支付租金，租赁期满由出租人向承租人转移设备所有权。它以出租人保留租赁物所有权和收取租金为条件，使承租人在租赁期内对租赁物取得占有、使用和收益的权利。这是一种最典型的融资租赁方式。

2. 经营性租赁

由出租人承担与租赁物相关的风险与收益。使用这种方式的企业不以最终拥有租赁物为目的，在其财务报表中不反映为固定资产。企业为了规避设备风险或者需要表外融资，或需要利用一些税收优惠政策，可以选择经营租赁方式。

3. 出售回租

出售回租，有时又称售后回租、回租赁等，是指物件的所有权人首先与租赁公司签订《买卖合同》，将物件卖给租赁公司，取得现金。然后，物件的原所有权人作为承租人，与该租赁公司签订《回租合同》，将该物件租回。承租人按《回租合同》还完全部租金，并付清物件的残值以后，重新取得物件的所有权。

4. 转租赁

以同一物件为标的物的多次融资租赁业务。在转租赁业务中，上一租赁合同的承租人同时又是下一租赁合同的出租人，称为转租人。转租人向其他出租人租入租赁物件再转租给第三人，转租人以收取租金差为目的。租赁物品的所有权归第一出租人。

5. 委托租赁

出租人接受委托人的资金或租赁标的物，根据委托人的书面委托，向委托人指定的承租人办理融资租赁业务。在租赁期内租赁标的物的所有权归委托人，出租人只收取手续费，不承担风险。

6. 分成租赁

一种结合投资的某些特点的创新性租赁形式。租赁公司与承租人之间在确定租金水平时,是以租赁设备的生产量与租赁设备相关收益来确定租金,而不是以固定或者浮动的利率来确定租金,设备生产量大或与租赁设备相关的收益高,租金就高,反之则少。

7. 项目融资租赁

承租人以项目自身的财产和效益为保证,与出租人签订项目融资租赁合同,出租人对承租人项目以外的财产和收益无追索权,租金的收取也只能以项目的现金流量和效益来确定。出卖人(即租赁物品生产商)通过自己控股的租赁公司采取这种方式推销产品,扩大市场份额。通信设备、大型医疗设备、运输设备甚至高速公路经营权都可以采用这种方法。其他还包括返还式租赁,又称售后租回融资租赁;融资转租赁,又称转融资租赁等。

(四) 融资租赁的流程

办理融资租赁一般要经过以下九个步骤。这些步骤并非绝对循序渐进,可能互有交叉,步骤之间的繁简可能有较大差异。

1. 选定租赁物

承租人(新创企业)根据自己的需要,确定所需物品(设备)的名称、种类、规格、数量、性能、技术指标、售后服务及交货日期等,并与有关供货商洽谈商议。

2. 选择租赁公司

当企业决定采用租赁方式获取某项设备时,就应去了解各个租赁公司的经营范围、业务能力、与其他金融机构的关系及租赁合同的资信情况,取得租赁公司的融资条件和租赁费率等资料,并加以比较,从而择优选定。

3. 办理租赁申请

企业选定租赁公司以后,便可向其提出申请,办理委托。这时,融资企业需填写租赁申请书。说明所需设备的具体要求及使用承租设备的具体经济效益、承租期限、支付租金的来源、企业的财务状况文件(包括连续2年经会计师事务所审计的资产负债表)、利润表和现金流量表等。承租人营业执照复印件、公司章程复印件、公司验资报告复印件、法人代表身份证明、项目可行性研究报告等。

4. 租赁业务受理

租赁公司收到客户申请及提交的资料后,在规定时间内做出是否受理的选择,然后对项目、客户等进行调查与评估。

5. 签订租赁合同

签订租赁合同是租赁程序的中心环节。租赁合同由承租企业与租赁公司签订。它是租赁业务的重要文件,具有法律效力。租赁项目审批通过后,租赁公司将与承租人商谈有关融资租赁合同的具体细节,签订租赁合同,以出租人提供的合同文本为基础,确定租赁物、核算金额、租赁期限、偿还条件等。

6. 签订购货合同

承租人与出租人订立委托协议,委托出租人按照自己确定的供货商、商定的条件和供货商签订购货合同。出租人以自己的名义与供货商签订购货合同,同时,承租人必须在购货合同上签名盖章。租赁和购货合同并非完全独立的两个合同,而是相互影响的两个合同。例如,购货合同不成立、无效或解除,租赁合同也因而解除;租赁合同不成立、无效或解除,则购货合同可以解除,但解除购货合同须经三方当事人同意。

7. 办理验货

为减少租赁设备的往返运输,租赁设备一般由供应厂商直接向承租企业发货,但发票、运输单据等仍应送交出租人,出租人则按规定条件向厂商支付设备货款。承租企业按购货协议收到租赁设备时,要进行验收,验收合格后签发交货及验收证书,并提交租赁公司,租赁公司据此向供应厂商支付设备价款。

8. 办理设备保险

租赁设备保险有两种:一种是由承租人直接向保险公司办理并支付保险费;另一种是由出租人就其租赁设备向保险公司申请办理,出租人代垫保险费,日后计入租金之内并从承租人那里陆续收回,如发生保险范围内的事故损失,由出租方向保险公司索赔,保险理赔费归出租人所有,用以抵偿承租人尚未交付的租金。

9. 项目后期管理

执行融资租赁合同,落实资金计划,按期支付租金。租赁期结束后,双方办理租赁物所有权转移手续,结束租赁关系。

二、典当融资

在所有融资手段中,典当融资的特点是快捷,因其救急性得到广大小微企业的青睐。

(一) 典当与典当融资的内涵

典当是以实物为抵押,以实物所有权转移的形式取得临时性贷款的一种融资方式。在现有的金融体系中,国家赋予了典当业合法的经营地位。根据商务部、公安部颁布,2005年4月1日起施行的《典当管理办法》的规定,所谓典当,是指当户将其动产、财产权利作为当物质押或者抵押给典当行,交付一定比例费用,取得当金,并在约定期限内支付当金利息、偿还当金、赎回当物的行为。

(二) 典当融资的特点

1. 融资方式相当灵活

相比银行贷款,典当融资更具灵活性。银行一般不开展动产抵押业务,不做小额贷款。对贷款人信用、贷款用途也有诸多限制。相比之下,典当行"认物不认人",没有过多烦琐的程序和死板的条件,大到几百万元,小到几百元的业务都欢迎,一切只取决于典当物品的真假优劣、市场价格及来源是否合法、权属是否明确。典当行还可根据融资者的质(抵)押资产规模和资金途径,双方共同协商确定一个合理的贷款数量并可随时调整,以保证其资金运作既充裕又不必负担额外的利息和费用。

2. 对创业企业的信用要求几乎为零

作为一种以实物所有权转移的形式取得临时性贷款的融资方式,典当融资有着独特的优势:对创业企业的信用要求几乎为零,只注重典当物品是否货真价实,而且不问贷款用途,融资者可自由使用资金,从而大大提高了资金的使用率。

3. 提供周全的配套服务

其他融资方式往往只解决资金问题,相比之下,典当融资却是个"多面手"。以"创业融资宝"为例,针对不少创业人员缺乏市场经验和经营能力的实际困难,在提供融资服务的同时,帮助其分析创业市场的需求与供给状况,选择有前景的创业项目,量身定制创业方案,尽可能地规避投资风险,使其能够在创业路上走得顺当一些。

4. 融资手续简便,时效性强

客户无须提供财务报表和贷款用途等相关资料,只要提供符合规定的抵、质押物即可。其价值的评估主要由双方协商或请有关评估部门认定。没有烦琐耗时的层层审批,能在较短的时间内为急需资金的企业提供融资服务。客户取得当金一般可即时办理,立等可取。最短的10分钟之内就可办完一笔贷款。如涉及房地产和原材料作为质押物,最多7天内就能评估完毕,办完手续,取得当金。

5. 典当融资抵押品种类较多

一般商业银行只做不动产抵押,而典当行则动产与不动产抵押两者均可,只要是有价值的实物,如黄金饰品、古董、艺术品、硬木家具、房产、汽车、证券、机器设备、各种生产资料等物品都可以进行典当。人们可以把上述物资搭配成任意组合。典当行将根据它们总的抵押值,为客户提供贷款。由于它可以将客户的财产进行统一划价,因此相比银行只对同一类物品进行抵押的做法更加灵活方便。

6. 融资成本高

典当贷款通常都要缴纳较高的综合费用,其中不仅有保管费、保险费,还有典当交易的成本支出等。而且典当贷款的月利率普遍较高,因此,它的融资成本一般都会高于同期银行成本。

7. 融资额较小

典当融资的融资额度较小,因此,很难满足中小企业的长期发展需求。另外,典当融资的融资周期较短,往往是企业投入发展的资金还未起作用,当期就已经结束,这样很容易给企业带来还款压力。而且,随着时间的增加,典当成本也会跟着提高,在无法保证后续资金供应的情况下,往往会造成企业资金链的断裂。

然而,无论是优点还是缺点,都不能否定一点,典当融资可以以比银行更快捷、更方便的方式为企业融得资金;并且,企业在融资的过程中拥有较多的灵活性,可以为企业节省大量的精力和时间。这样一来,企业不仅能以较快的速度为自身筹得发展资金,还能节省更多的时间和精力用于考虑企业未来的发展。

【案例 7-2】

典当融资:
创业者的"速泡面"

周先生是位通信设备代理商,争取到了一款品牌新手机的代理权,可是问题在于要在三天内付清货款才能拿货,而他的资金投资在另一商业项目上,他可不甘心失去这得来不易的代理权。周先生脑子转到了自己的那辆"宝马"车上,于是,他马上开车来到典当行。业务员了解情况后告诉他:当天就可以办理典当拿到资金。周先生大喜过望,立即着手办理典当手续,交纳相关证件、填表、把车开到指定仓库、签合同,领当金。不出半天的工夫,他就拿到了他急需的50万元,一个月后来赎当,这笔当金帮他赚了近10万元。

(三)典当融资与银行贷款的区别

典当是以实物为抵押,以实物所有权转移的形式取得临时性贷款的一种融资方式。与银行贷款相比,典当贷款成本高、贷款规模小,但典当也有银行贷款所无法相比的优势。

首先,与银行贷款相比,典当贷款成本高、贷款规模小。与银行对借款人的资信条件近乎苛刻的要求相比,典当行对客户的信用要求几乎为零,典当行只注重典当物品是否货真价实。一般商业银行只做不动产抵押,而典当行则可以动产与不动产质押二者兼为。

其次,到典当行典当物品的起点低,千元、百元的物品都可以当。与银行相反,典当行更注重对个人客户和中小企业服务。

第三,与银行贷款手续繁杂、审批周期长相比,典当贷款手续十分简便,大多立等可取,即使是不动产抵押,也比银行要便捷许多。

第四,客户向银行借款时,贷款的用途不能超越银行指定的范围。而典当行则不问贷款的用途,钱使用起来十分自由。周而复始,大大提高了资金使用率。

第五,典当也有一定的缺点,除贷款月利率外,典当贷款还需要缴纳较高的综合费用,包括保管费、保险费、典当交易的成本支出等,因此,它的融资成本高于银行贷款。

三、小额贷款公司

(一)小额贷款公司的内涵

小额贷款本来是个普通的概念,是相对大额贷款而言的数额较小的贷款,如商业银行数额较小的贷款,也叫小额贷款。这里的"小额贷款"专指小额贷款公司的贷款,即小额贷款公司将小额金钱出借给借款人,借款人到期返还本金并支付利息的行为。

小额贷款公司是由自然人、企业法人与其他社会组织投资设立,不吸收公众存款,经营小额贷款业务的有限责任公司或股份有限公司。与银行相比,小额贷款公司更为便捷、迅速,适合中小企业、个体工商户的资金需求;与民间借贷相比,小额贷款更加规范、贷款利息可双方协商。小额贷款公司是企业法人,有独立的法人财产,享有法人财产权,以全部财产对其债务承担民事责任。小额贷款公司股东依法享有资产收益、参与重大决策和选择管理者等权利,以其认缴的出资额或认购的股份为限对公司承担责任。

贷款的种类有:

(1)工薪阶层的个人贷款服务。拥有数量众多的网点,拥有员工全程帮助整个贷款流程。也可以方便地在网上申请贷款。提供高达15万元人民币或更多的贷款,贷款期限分12个月或18个月。一般能在申请的当天放款。

(2)小企业主的免抵押、免担保的贷款服务。无论经营小公司还是摊点,只要经营时间超过六个月,都可以申请高达30万元人民币的贷款。一般能在两到三天内放款。

(3)循环信用。客户可以在预定的限额内,方便地还款或重贷,而无需支付违约金。对于时常需要额外现金的客户以及需要灵活还款、随时取现的客户来说是最好的选择。

(二) 小额贷款公司的特点

在小额贷款法律关系中，贷款人只能是小额贷款公司，而借款人可以是自然人、法人或者其他组织。小额贷款营业制度和放贷操作规程接近商业银行，如借款人需提供的资料，信贷人员贷前调查，办理放贷手续，审贷部门审查，签订借款合同等，与商业银行放贷没有多大区别。但小额贷款公司与商业银行比较，有以下几个特点：

1. 只贷不存

商业银行贷款资金主要来源于公众存款，小额贷款公司的贷款资金来源为股东缴纳的资本金、捐赠资金以及来自不超过两个银行业金融机构的融入资金。从实践情况来看，小额贷款公司获得捐赠资金是极少的，从银行业金融机构获得融入资金也受到限制。《关于小额贷款公司试点的指导意见》虽然许可小额贷款公司向银行业金融机构融入资金的余额为资本净额的50%，但在实际操作中多数达不到这个比率，所以小额贷款的资金主要是股东缴纳的资本金，即小额贷款公司股东的自有资金。

2. 小额分散

小额贷款公司发放贷款实行"小额分散"经营原则。所谓的"小额"，是指同一借款人的贷款余额不得超过小额贷款公司资本净额的5%。比如，资本净额为1个亿，同一借款人的贷款余额不得超过500万元，如果超过这个比率放贷，则认为是违规大额放贷。《关于小额贷款公司试点的指导意见》限定这个比率，促使小额贷款公司"分散"放贷。"小额分散"虽然限制了小额贷款业务，但有利于风险的控制，也有利于小额贷款以更广泛的社会面为中小企业提供金融服务。如果许可小额贷款公司与商业银行一样大额贷款，那就不叫"小额贷款"了，小额贷款也就没有自身特色了。

3. 民间借贷性质

小额贷款虽有企业融资性质，但本质还是民间借贷，主要理由：一是小额贷款公司的贷款资金主要来源为股东缴纳的资本金，而其股东作为自然人、企业法人和其他社会组织所缴纳的资本金，从广义上看是民间资金，小额贷款公司利用股东缴纳的资本金发放贷款，实际上是放贷民间资金。因小额贷款公司属于非银行类金融机构，所以其贷款不是银行贷款而是民间借贷。二是贷款利率高于银行类金融机构的贷款利率，但低于民间贷款利率的平均水平。小额贷款公司按照市场化原则进行经营，贷款利率上限放开，但不得超过中国人民银行公布的贷款基准利率的4倍；下限为贷款基准利率的0.9倍；具体浮动幅度按照市场原则自主确定。

四、商业信用

(一) 商业信用的内涵

商业信用是指企业在正常的经营活动和商品交易中由于延期付款或预收账款所形成的企业常见的信贷关系。

商业信用的基本形式主要有赊购和预收货款。

1. 赊购

赊购是指购买商品时不付现金，由买卖双方商定货款在未来指定期限内一次或者分为几次还款。对买方来说，获得延期付款的资金融通便利，要付出较高的货价，实际是短期融资的成本。企业在资金不足而又急需劳动对象和劳动工具时,可以采取赊购的方式,获得需要的商品。公司在赊购商品时,先从卖者手中获得商品,并不向卖者支付现款,而是在一定的期限内付清货款,即货款的延期支付。在这个过程中,从赊购商品到支付货款,有一段或长或短的时间间隔,所以对赊购商品的公司来讲,实际上等于获得了一笔贷款,只是这笔贷款不是从银行获得,而是从出卖商品的公司那里获得的。

有些企业在赊销商品时,规定了现金折扣的办法,即购货方若在货款到期前提前付款,可以按发票金额享受一定优惠(折扣)。购买者若能提前归还货款,就可以减少一笔支出,若不能提前归还,则只能放弃优惠价格,而多支付款项。现金折扣又称销售折扣,是指企业为了鼓励购买方在信用期内早日付款而给予一定折扣,它是一种催账手段。现金折扣的条件通常写成:"现金折扣/折扣期限,n/偿付期限",如"3/10,2/20,n/30","3/10"是指在 10 天内付款,可享受 3% 的折扣;"2/20"是指 11 天以 20 天以内付款,可享受 2% 的折扣;"n/30"是指允许赊账的最长时间为 30 天,且 20 天以上到 30 天以内付款,则不享受现金折扣优惠,按原价付款。现金折扣一般为发票金额的 1%~5%。对于购买方来说,接受现金折扣无异于得到一笔理财收益;若放弃现金折扣,在信用周期内,则可占用销售方的资金,相当于得到一笔贷款。

赊购是不出物、不出借据,只凭企业长期经营中建立的信誉和经济实力就从供应商方面获得短期资金来源,满足短期资金的需要。因此,企业在作赊购决策时,要对供应商提供的现金折扣条件进行权衡,充分考虑其对利润和资金成本的影响。

2. 预收货款

预收货款是指销货方按照合同或协议规定,在发出商品之前向购货方预先收取部分或全部货款的信用行为。即卖方向买方先借一笔款项,然后用商品归还。对卖方来说,这也是一种短期融资方式。

预收货款通常是买方在购买紧缺商品时乐意采用的一种方式,以便取得对货物的要求权。而卖方对于生产周期长、售价高的商品,经常要向买方预收货款,以缓解公司资金占用过多的压力。

(二)商业信用融资的特点

(1)商业信用是商品生产者之间或生产者向与销售者之间以商品形态提供的信用,贷出的资本就是待实现的商品资本。

(2)商业信用主要是职能资本家在商品买卖中相互提供的信用。

(3)商业信用的发展程度直接依存于商品生产和流通的状况。

(4)期限较短。采用商业信用筹集资金,期限一般都很短,如果企业要取得现金折扣,期限则更短。

(5)筹资数额较小。采用商业信用筹资一般只能筹集小额资金,而不能筹集大量的资金。

(6)有时成本较高。如果企业放弃现金折扣,必须付出非常高的资金成本。

五、债券融资

(一)债券融资的内涵

企业债券,也称公司债券,是企业依照法定程序发行、约定在一定期限内还本付息的有价证券,表示发债企业和投资人之间的一种债权债务关系。债券持有人不参与企业的经营管理,但有权按期收回约定的本息。在企业破产清算时,债权人优先于股东享有对企业剩余财产的索取权。企业债券与股票一样,同属有价证券,可以自由转让。

(二)债券融资的特点

(1)债券融资与信贷融资的资金提供者不同。债券融资的资金提供者可以是个人、企业,也可以是金融机构、机关团体、事业单位等。因为该种融资方式主要是政府和企业通过发行债券来吸收资金,因此其资金提供者的类别较多。而信贷融资的资金提供者一般是商业银行。

(2)债券融资的缺点是融资较缓慢。政府和企业在发行债券时要经过有关部门的审批,因此中间程序较多。另外,债券融资往往都要做一些印刷、宣传工作,这样一来,又将延缓融资期限,降低融资效率。相比之下,信贷融资更加迅速方便。因为信贷融资的手续相对较少,流程也更简单,只要借贷双方达成协定,便可随时随地贷款。因此,如果企业想迅速获得资金,通过银行信贷融资会更加合适。

(3)在融资的期限结构和融资数量方面,债券融资与银行信贷融资有较大区别。概括地说,银行一般不做巨额长期贷款,只做中短期贷款。另外,越是发展不佳的企业越是难以通过银行信贷融资。例如,国外的一些财务状况不佳、负债比率过高的企业,其银行贷款的利率更高,有时甚至贷不到款。而债券融资的周期主要是中长期,所以其资金流速较慢,却更加稳定,规避风险的能力也更强。

(4)通过债券融资所获得的资金有较宽泛的使用范围,一般不受债权人的具体限制,企业可以自由安排使用。而银行信贷融资却恰恰相反,其资金的使用范围较为狭窄,通常都会受到银行多项条款的限制,因此,通过这种方式融得的资金需要谨慎使用。

(5)债券融资与银行信贷融资在抵押担保条件上也有一定的差别。大多数情况下,政府债券、金融债券以及大企业债券的资信度较高,在高信誉的保证下通常不需要再作担保。而银行信贷融资的要求则比较严格,一般都需要作财产担保,或是由担保人提供担保,还可能由第三方机构作担保。

债券融资和股票融资都属于直接融资,也都是企业主要的融资方式。然而,在资本市场上,企业对债券融资更加偏爱。通常,企业的债券融资额比股权融资额高出数倍,这种现象出现的原因是企业的债券融资比股票融资在财务上更有优势。

综合案例

阿里巴巴"娱乐宝"的金融模式

2014年,阿里巴巴开始进军文化娱乐产业。3月26日,阿里巴巴推出了一种全新概念的理财产品——"娱乐宝"。该产品以"100元即可投资热门影视剧""预期年化收益率7%"等广告字眼,迅速吸引了广大网民的关注。在短短的四天里,阿里巴巴的"娱乐宝"引爆销售,总共吸收了超过70万份有效订单,成功完成了7 300万元的资金目标。2014年6月10日,阿里巴巴乘胜追击,推出了"娱乐宝"二期。该产品依旧保持一期的基础,并提升了每个项目的投资上限,由一期的1 000元提升至二期的2 000元。据报道,在上线的数百小时里,"娱乐宝"二期的92万份已全部售罄,顺利完成了9 200万元的资金目标。通过2014年上半年的两期发售,阿里巴巴"娱乐宝"合计筹集了1.65亿元资金。阿里巴巴"娱乐宝"的成功,是电商行业在互联网金融模式上的大胆尝试,值得深入了解和研究。

简单而言,阿里巴巴"娱乐宝"通过保险渠道将所筹集的资金给予信托基金公司,再由信托基金公司将其投放于影视、网络游戏等项目。具体而言,阿里巴巴与国华人寿保险公司合作,推出一款名为"国华华瑞1号终身寿险(投资连结型)A款"的产品。与传统的保险产品一样,该产品具有保障的特点,其给予投保人意外身故的保险金。然而,有别于传统的保险产品,该产品同时兼有投资的特点。国华人寿保险公司将筹集的保费通过信托基金的渠道投资于电影和网络游戏等项目中,使该产品的收益价值取决于上述这些项目的收益水平。在保险学上,这种保险产品称为投连险,其更倾向于以投资为目的,属于保险公司提供的一种新型理财产品。

需要注意的是,"国华华瑞1号终身寿险(投资连结型)A款"不保本、不保底,同时其投资连结的领域也极具风险,因此,其属于高风险的理财产品。该产品一期投资的项目包括四部国产电影和一个网络游戏,而二期投资的项目包含五部国产电影。就以国产电影产业为例,有关统计显示,国产电影在2007年至2013年累计的投资回报率约为-42%,整体处于亏损状态;与此同时,成功上映比率仅约为5%,有绝大部分国产电影最终无法上映。虽然近几年国产电影成功上映比率有所提高,但年均也不超过10%,即每10部国产电影里最终能成功上映的只有一部,这意味着投资国产电影风险极高,而阿里巴巴"娱乐宝"实则存在不少风险。

所谓投连险是保险公司为投资者提供的有别于传统保险,能为投资者带来保险保障和投资收益的一个整合理财计划。阿里巴巴"娱乐宝"先后分别通过保险公司和信托基金公司等渠道将募集的资金进行影视和网络游戏等项目的投资,无疑增加了交易成本。阿里巴巴之所以选择这种做法原因在于:

首先,信托基金公司的资金信托计划门槛普遍较高。在200份的上限限制之下,信托基金公司不容易募集到足够的资金。如果阿里巴巴直接通过信托基金公司投资影视和网络游戏等项目,无疑将使"娱乐宝"成为小众的高风险产品。而如果阿里巴巴绕开信托基金公司,直接选择保险公司渠道投资上述项目,虽然能够降低购买门槛,增加购买人数,使"娱乐宝"更容易被大众所接受;但鉴于目前保监会对保险公司高风险投资活动的限制,而国产电影产业又属于高风险投资领域,恐怕保险公司所筹集的资金最终也无法投放于上述产业;那么,阿里巴巴"娱乐宝"就失去了"娱乐"的意义。然而,利用投连险与信托计划的结合,先后分别通过保险公司和信托基金公司等渠道进行投资,阿里巴巴能够有效解决单纯依靠信托基金公司的"小众问题"和单纯依靠保险公司的"投资限制问题"。

其次,电影产业本身就是一个高投入、高成本的产业,一部电影的成本少则数十百万元、多则数百千万元不等。一般情况下,电影的资金投入越大,其制作和宣传越得到保证,电影最终也越容易受到大众的追捧,票房收益也越高。因此,阿里巴巴"娱乐宝"投资电影产业想要取得成功,需要大量投入风险资本。然而,绝大多数的投资者都属于风险规避者,投资的时候需要减少不确定性,以减少损失或增加收益。那么,阿里巴巴要吸引大众投资者的资金,就需要解决风险规避这一问题。由于保险公司是传统的金融中介,具有小额资金集聚的规模经济和风险转移的功能,因此,通过保险公司的理财产品,阿里巴巴可以聚集大众的小额资金,变成一笔大额资本,然后再通过信托基金公司进行电影产业等高风险领域的投资。而要实现这一风险投资,关键就是要设计一种既能为投资者提供保障,又能满足阿里巴巴投资影视、网络游戏等高风险项目的理财产品,投连险与信托计划的结合就能满足上述要求。阿里巴巴"娱乐宝"的内在产品"国华华瑞1号终身寿险(投资连结型)A款"就是一种投连险。通过该投连险,购买者能够获得身故保证金,终身有效;而国华人寿保险公司还会将购买者缴纳的保费交由信托基金公司进行影视、网络游戏等项目的投资,获取预期收益。此外,该产品给每位投资者设置了资金限额,每位投资者的最大购买金额分别为一期1 000元、二期2 000元,从而为投资者防范资金风险。

蓝裕平.投融资策划理论与实务[M].广州:广东经济出版社,2015.

[思考与讨论]

1. 结合阿里巴巴"娱乐宝"的案例,分析"保险+信托"相结合的P2B(个人对企业)信贷模式有何优点和风险?

2. 阿里巴巴"娱乐宝"的P2B信贷模式与P2P(个人对个人)模式有何种区别?与产品众筹模式等其他互联网金融模式又有何不同之处?

复习思考题

1. 银行贷款的一般流程是什么?从贷款方式来看,比较常见的银行贷款有哪些?
2. 什么是信托贷款?信托贷款与银行贷款有何区别?
3. 民间融资的含义和特点是什么?民间融资有哪些不同的类型?
4. 什么是典当融资?典当融资与银行贷款有哪些区别?
5. 融资租赁的概念、特点和分类分别是什么?
6. 创业者选择债务融资时,还有哪些其他的融资方式?分别阐述各种融资方式的特点。

第8章 创业与股权融资

[学习目标]

通过本章学习,学生应理解股权融资的内涵和主要方法,股权设计的原则、程序以及股权激励,风险投资的内涵和运作过程,私募股权的内涵和流程。

[创业励志名言]

如果投资人比创业者还要聪明的话,那么这个企业基本上就算是完蛋了。

——羊东

 导入案例　　　　　新三板之现状

全国中小企业股份转让系统(即新三板)是经国务院批准,依据证券法设立的全国性证券交易场所,2012年9月20日正式注册成立,2013年1月16日正式揭牌运营,是继上海证券交易所、深圳证券交易所之后第三家全国性证券交易场所。在场所性质和法律定位上,全国股份转让系统与证券交易所是相同的,都是多层次资本市场体系的重要组成部分。截至2017年3月31日,新三板挂牌公司总数达到11 023家,所有挂牌公司总股本达到6 294.33亿股,其中无限售股本为2 728.95亿股。与此同时,2017年一季度新三板挂牌公司累计股票发行金额达到287.65亿元,总共有763家公司在新三板实现了融资。尽管新三板挂牌公司的融资能力低于上市公司,但是在政策支持和IPO预期下,新三板受到了中小企业、风险投资和私募股权的青睐和追捧。

第1节 创业与股权融资概述

一、股权融资内涵

股权融资是指企业的股东愿意出让部分企业所有权,通过企业增资的方式引进新的股东,同时使总股本增加的融资方式,即出资者通过购买融资企业的股票实现资金的融通。资金融通后,出资者获得融资企业的部分股权并成为股东,同时行使与股权相匹配的股东权利,并享有企业剩余收益的分配权以及从股票转让中获得收益。与此同时,融资企业在获得资金后可以进行扩大再生产,增强企业的盈利能力。

股权融资所获得的资金,企业无须还本付息,但新股东将与老股东同样分享企业的盈利与增长。股权融资这一特点决定了其用途的广泛性,既可以充实企业的营运资金,也可以用于企业的投资活动。与股权融资不同,债权融资所获得的资金,企业首先要承担资金的利息,另外在借款到期后要向债权人偿还资金的本金,从而其用途主要是解决企业营运资金短缺的问题,而不是用于资本项下的开支。因而,股权融资在创业企业融资方式中具备一定的优势。

股权融资按融资的渠道来划分,主要有两大类:

第一,公开市场发售。所谓公开市场发售就是通过股票市场向公众投资者发行企业的股票来募集资金,包括我们常说的企业的上市、上市企业的增发和配股都是利用公开市场进行股权融资的具体形式。

第二,私募发售。所谓私募发售,是指企业自行寻找特定的投资人,吸引其通过增资入股企业的融资方式。因为绝大多数股票市场对于申请发行股票的企业都有一定的条件要求,例如《首次公开发行股票并上市管理办法》要求公司上市前股本总额不少于人民币3 000万元,因此对大多数中小企业尤其创业企业来说,较难达到上市发行股票的门槛,私募成为创业企业以及民营中小企业进行股权融资的主要方式。

二、股权融资特点

(一) 期限长

股权融资筹措的资金在期限上具有永久性,无到期日,不存在到期还本付息的压力。股权资金是公司永久性资本,在公司持续经营期内都无需偿还,除非公司解散或破产。

(二) 风险小

企业采用股权融资无须还本,投资人欲收回本金,需借助于流通市场。

由于我国证券市场规模相对较小,在投资工具单一和投资热情高涨并存的背景下,股票市场的市盈率和股价长时间维持在较高的水平,这可为股权融资企业及时足额地募集到资金,且股权资金没有固定的到期日,一般也不用支付固定的股利,从而财务风险很小。

(三) 负担轻

股权融资没有固定的股利负担,股利的支付与否和支付多少视公司的经营需要而定。而且即使公司有盈利,股利的发放还需要股东大会投票表决,否则不发放股利。

三、股权融资的主要方法

随着市场体系和监管制度的完善,产权市场为投融资者搭建的交易平台日益成熟,越来越多的初创企业和中小企业转向产权市场,通过股权融资缓解企业的资金饥渴,解决融资难题。在进行股权融资时,主要有以下几种方法。

(一)产权交易融资

产权交易是企业财产所有者以产权为商品而进行的一种市场经营活动,它遵循等价交换的原则,属于一种产权经营行为,其经营主体是企业财产所有者或所有者的代理。目前,产权交易作为一种市场经济条件下的经营活动,在内容上可以分为两个不同层次:第一个层次是企业财产所有权的转让;第二个层次是在保持企业财产所有权不变的前提下,实行企业财产经营权的转让。产权交易作为一种市场经营活动,可通过购买式、承担债务式、吸收进股式、控股式以及承担安排全部职工等方式进行交易。

(二)股权出让融资

股权出让融资是指企业出让企业部分股权,以筹集企业所需要的资金。企业进行股权出让融资,实际上是吸引直接投资、引入新的合作者的过程,但这将对企业的发展目标、经营管理方式产生重大的影响。例如,可以吸引大型企业的投资,大企业投资小企业的方式一般是收购、兼并、战略联盟、联营。收购兼并的主要方式包括全面收购公司股权、部分收购企业股权、增资扩股等形式。除此之外,还可以通过吸收产业投资基金、政府投资、个人投资以及外商投资等形式进行股权出让。

(三)增资扩股融资

增资扩股融资,是指中小企业根据发展的需要,扩大股本,融入所需资金。

增资扩股利用直接投资所筹集的资金属于自有资本,与借入资金比较,更能提高企业的资信和借款能力,对扩大经营规模、壮大实力具有重要作用。而且资本金没有固定支付的压力,财务风险较小。增资扩股吸收直接投资不仅可以筹集现金,而且能够直接获得其所需要的先进设备和技术,与仅筹集现金的方式比较,能更快地形成生产经营能力。然而,虽然资本金的报酬支付较灵活,但投资者需要分享收益,从而资本成本较高,特别是企业经营状况好,盈利较多时更是如此。除此之外,采用增资扩股方式筹集资金,投资者一般都会要求获得与投资数量相适应的经营管理权,这是接受外来投资的代价之一。

(四)杠杆收购融资

杠杆收购融资简称杠杆融资,有时候也称作"杠杆收购贷款"。它是以企业兼并为活动背景的,是指某一企业拟收购其他企业进行结构调整和资产重组时,以被收购企业资产和将来的收益能力做抵押,从银行筹集部分资金用于收购行为的一种财务管理活动。在一般情况下,借入资金占收购资金总额的 70%~80%,其余部分为自有资金,通过财务杠杆效应便可成功的收购企业或其部分股权。通过杠杆收购方式重新组建后的公司总负债率为 85% 以上,且负债中主要成分为银行的借贷资金。在当前市场经济条件下企业日益朝着集约化、大型化的方向发展,生产的规模性已成为企业在激烈的竞争中立于不败之地的重要条件之一。对企业而言,采用杠杆收购这种先进的融资策略,不仅能迅速地筹措到资金,而且收购一家企业要比新建一家企业来得快、而且效率也高。

第 2 节 创业股权融资设计

一、股权设计的原则

（一）股权比例适当原则

1. 起初不要给资源承诺者大量股权

创业初期，企业迫切需要可以带来营业收入的直接资源，有些创业者可能很轻率地就拿公司的股权去交换对方的资源承诺，但是承诺的资源却不一定能够兑现。

创业公司价值需要整个团队长期投入时间和精力去实现，对于那些非全职参与创业的资源承诺者，不要一开始就释放过多的股权，可以优先考虑项目提成，谈利益合作，待资源导入达到一定的标准可适当地释放少部分股权。

2. 不要简单地按照各自出资比例分配股权

企业的利润主要是靠人才来创造的，初始的启动资金在创业初期非常重要，但是企业发展到一定阶段后，资金便不是问题了，而人才却非常重要。让有能力的合伙人为没有能力的合伙打工是不能长久的，而且这样的股权结构，引进投资人也是很难的。

3. 不宜给兼职人员过多的股权

一些创业公司在创业初期，存在一部分兼职人员参与创业的情况。对于这些兼职人员，不建议一开始就给予较高的股份，因为这些人即使水平再高、技术再好，他们并没有全幅心思为创业公司出力，最终是否加入创业公司还有很大的不确定性，甚至可能在后续的经营中会逐渐退出公司的经营。

对于这些兼职人员，建议可以采取先发放期权，待其全职参与公司经营后再行权。

4. 不要过早用普通股权激励早期的普通员工

早期普通员工流动性大，他们更关注涨工资而不是股权激励。对早期普通员工发放普通股权是非常不明智的，一是股权激励成本很高，二是激励效果有限。

在公司创业早期，公司股权没有市场公允价格可以参考，给员工发放普通股权对员工不仅起不到激励效果，可能还会起到负面效果，员工可能会认为公司是不想发工资，而是用股权来"忽悠"他们。

（二）明确公司内部角色原则

公司有几种角色必须要清晰而明确：创始人、联合创始人、员工、外部投资人，其中创始人和联合创始人必须要全职投入。

在一个创始团队中，既扮演出资人，又提供部分资源，有时还协助公司事务的人，是非常麻烦的。作为投资人，不管帮创业团队做了多少事，都是资本的增值部分，不能在投资人和创始人之间骑墙。

（三）股权架构干净原则

一个公司的股权大致分三类：创始人的股权、员工的期权和投资人的股权，彼此之间的股权要清晰分明。

作为创始人，在创始阶段可以出资也可以不出资，因为创始人是以过去的经验、资源以及未来对公司的全职投入作为条件来换得公司股权的,而且按照股权投资规则,创始人出小钱或不出钱占大股,投资人出大钱占小股。

(四) 明确股权的权和利原则

股权有两个核心利益:投票权("权")、收益权("利")。投票权,即表决权,就是根据所出资份额多少及约定享有相应的投票权,与控制公司的程度密切关联,包括一般投票权、相对控制权、绝对控制权;收益权,即分红权,就是根据所持股权份额享有相应比例的利益分配的权利。投票权决定分配权,因为控制了公司也就相应享有利益分配的决策权,这已为在大多数股权争夺的鲜活案例所证实。如知名的万科争夺战,戏称比美国大片还精彩,2016年万科股权之争牵涉资产数千亿元,十方混战,史无前例。王石与他的同事们,面对的是依托万能险迅速崛起,同时以敌意收购为目的,各种融资手段都使用到了最夸张地步的敌意收购对手。大股东华润的摇摆、独立董事的高度亮相、恒大地产不按规矩出牌……背后暗潮涌动。万科股权大战给我们带来的思考是:公司治理、制度性建设均存在缺陷。

(五) 避免极端的股权架构

1. 一股独大

"一股独大"是指在上市公司股本结构中,某个股东能够绝对控制公司运作,最典型的是家族企业,法律上只有一个股东,或者法律上体现的是两个人,但其实都是一家人。普遍认为,"一股独大"导致第一大股东完全支配了公司管理决策机制,形成一言堂,日常经营中一手遮天,容易出现诸如造假、不分配、肆意侵吞上市公司资产等漠视投资者利益和非法操纵行为,这是上市公司法人治理结构不平衡、不彻底、不完善的主要根源,也是证券市场资源配置效率低下等诸多弊端的源头。

2. 高度分散

有许多的股东,都持有少量的股份,从而股东大会能真正成为公司的最高权力机构,且可以充分行使法人治理的结构,这在一定程度上能够防止大股东欺负中小股东。然而,这种结构和第一种刚好相反,在公司经营决策的时候很难形成高效决策,经营效率较低。之所以如此,由于股权高度分散,股东参与上市公司治理需要花时间成本甚至金钱成本,而股东收益却有限,因此,股东一般会理性选择搭便车,对公司经营管理漠不关心,这不仅造成效率的低下,还容易导致经营者控制公司,形成内部人控制现象,由此带来"富了和尚穷了庙"、上市公司被坐吃山空"空壳化"等问题,还可能在公司发展过程遭遇很多意外的事件,例如被举牌。

3. 股权均分

对于创业企业而言,最差的股权结构当属在合伙人之间平均分配股权,即股权均分,如两个创始人五五开,三个创始人各三分之一,这都是经典的创业必然分裂的股权结构。这种股权为什么差到极致呢?因为每个合伙人对企业的贡献是不可能完全一样的,但如果股权均分,就意味着股权与合伙人的贡献是不对等的,合伙人一起创业,除了情怀,还包括对经济利益的追求,项目没做成,还好说,如果获得了成功,心态肯定会发生变化,这时候各种各样的问题就会暴露出来,最终都会以"分手"告终。

【案例 8-1】

某公司只有 2 个股东，双方各占 50% 的各一份。按照公司法规定，股东会决议需要过半数的表决权股东同意才有效。后来，两个股东因为其他原因导致争议，双方互不同意对方的提议，导致公司无法形成任何建议，导致经营不能正常进行。

4. 比较理想的状态

主导者作为一个相对的大股东，在天使轮的时候要绝对控股（一般认为在 60%～70% 以上），后面在不断稀释中，要保持相对控股权。因为，无论何时，公司都需要有一个稳定的核心，从而无论股权如何稀释，公司都要有向心力、有掌舵人，譬如任正非虽然仅持有华为 1.01% 的股权，但他始终是华为的灵魂人。从而，即使个人不行，也一定要把团队形成"一致行动人"，控制投票权。

二、股权设计的程序

（一）确定股权架构设计的目标

创业企业要设计一个股权架构，总的来说是要有利于公司整体的快速发展，而不是个别股东利益最大化。

1. 维护创始人控制权

这种控制权是有益的，其目的是保障公司有一个最终的决策者。用控制权，树立创始人在团队内部的影响力和话语权也是很有帮助的。

2. 凝聚合伙人团队

现在，创业竞争的加剧、节奏的加快，联合创业的成功率远高于个人创业。特别是在竞争白热化、智商情商财商遍地、每个团队都要夺命狂奔的时代，不可能在公司发展的过程中再慢慢找人。股权架构的设计，要能够凝聚好合伙人，才能让团队更有竞争力。

3. 让员工分享公司财富效应

有创始人和合伙人，对一个快速发展的创业企业来说还不够，需要有积极努力的员工，才能完成创业的使命。

4. 促进投资者进入

现在创业创新，很大一个特点就是有资本的助力，所以股权架构设计要考虑资本如何进入，因为投资人投出巨额资金，但往往只是小股东，所以需要有一些特设的安排。

5. 股权架构的设计要合规，不能构成公司上市障碍

以前在国内 IPO 很难，但是随着证券法的修改，在本土的资本市场，创业创新企业也会更加低门槛地上市，但是合规的要求不会降低，不能有法律的硬伤，特别是在股权架构方面。

（二）确定股权架构类型

据实务经验和研究，股权架构有三种类型：一元股权架构、二元股权架构以及 4×4 股权架构。

1. 一元股权架构

这是指股权的股权比例、表决权（投票权）、分红权均一体化。在这种架构下，任何股东的权利是根据股权比例而区别的。这也是最简单的架构，需要重点避免的就是公司僵局的问题。实务中存在几个表决权"节点"：一是一方股东持有出资比例达到 33.4% 以上的；二是只有两位股东且双方出资比例分别为 51% 和 49% 的；三是一方出资比例超过 66.7% 的；四是有两股东且各方出资比例均为 50% 的。在这里，第三种出资比例意味着，公司在任何情形下都不会形成僵局，因为表决权比例已经高达"三分之二"以上，对任何表决事项都可以单方形成有效的公司决议，除非公司章程对股东须"同意"的人数作出最低限制。最为糟糕的是第四种股权结构，在两股东各占 50% 表决权的机制下，意味着公司作出任何决议均必须由双方一致同意方可有效。

2. 二元股权架构

这是指股权在股权比例、表决权（投票权）、分红权之间做出不等比例的安排，将股东权利进行分离设计。我国的公司法修订后规定，章程可以约定同股不同权，当然，在股份公司下，只有不同类别的股东才能这样设计，同一类股票的权利应该是一致的。这种架构设计，适合那些需要将分红权给某些合伙人，但将决策权给创始人的多个联合创始人的情况。

3. 4×4 股权架构

这就是在二元股权架构的基础上，将公司的股东分为四个类型，创始人、合伙人、员工、投资人，针对他们的权利进行整体性安排，以实现前面提到的五大目标。这个名词，是一个比喻，大部分人应该知道 4×4 是啥意思，当然不是等于 16，这里是指汽车的四驱。为什么这么说呢？比如可以把每一个创业公司好比是一辆车，大家创业从事的行业就是赛道，创始人就是赛手。现在的创业创新，本质上是一场比赛，不管是越野赛还是 F1，创业者作为赛手，必须要好的赛车，而且必须是四驱的，那样动力足，克服困难阻力能力强。但是，现实中，很多创业公司还是一辆自行车或一辆三轮摩托车。四类这样的股东构成了 4×4 架构。

（三）合伙人股权分配

介绍分配前，先区分几个概念：股权、期权、限制性股权。股权是一开始就给技术合伙人，技术合伙人参与感和心理安全感较高。通常适用于创业合伙人（创始人与联合创始人）；期权一开始并不是股权，得经历成熟期与行权后才变成股权，技术合伙人参与感与心理安全感要低些，通常适用于非核心团队的员工；(限制性)股权是先发，如果发现不合适可以再收；期权是股权先不给，等符合条件再给。

在股权分配的最后，还要完善股权成熟机制。这里非常重要的一点就是，股权划分完了，必须要有相应的股权兑现，即约定兑现期，否则股权的分配没有意义。这是说，股权按照创始人在公司服务时间，逐步兑现给创始人。道理很简单，创业公司是靠人做出来的，服务公司了股权才全部给。离开公司了就不能全部得到预期应该给的股权。因为股权要留给真正做的人。一般的做法是按照 4 年兑现。比方说,工作满第一年后兑现 25%,然后可以按照每月兑现 2%。

这是对创业公司和团队自身的保护。谁也没办法保证,发起人都会陪公司走到最后。事实上,绝大多数情况是某个(些)发起人由于各种原因会离开。不想看到的情景是:2 个发起人辛苦了 5 年,终于做出了成绩,而一个干了几个月的就离开的原发起人,几年后回来说公司一部分股权是属于他的。

(四) 创始人控制安排

这就涉及有限责任公司的股东会与董事会这两个组织机构。创始人要控制公司,最简单、直接、有效的办法,是控股。公司的初始股权架构设计,首要解决的是创始人的持股权比例。创始人的持股类型包括绝对控制型(2/3 以上)、相对控制型(51% 以上)与消极控制型(34% 以上)三种。不控股,怎么办？是否也可以控制公司？投票权委托、一致行动人协议、有限合伙、AB 股计划等,都可以是备选方案。京东上市前用的是投票权委托,上市后用 AB 股,上市前后无缝对接。

(五) 设计员工股权激励计划

员工股权激励计划,是指通过企业员工获得公司股权的形式,使其享有一定的经济权利,使其能够以股东身份参与企业决策、分享利润、承担风险,从而使其尽心尽力地为公司的长期发展服务的一种激励方法。这种股权激励机制最大的好处就是可以把员工利益、企业利益和股东利益捆绑在一起,有利于增强核心员工稳定性、营造企业长远发展所需要的良好团队精神。

需要注意的是,在进行股权激励时,创始人需要以出让股权为代价,如若比例安排不当,控制权便会受到威胁。因此,企业想建立员工股权激励机制时,需要先注意以下一些问题。

1. 员工股权激励与股东投资机制的区别

员工股权激励机制与股东投资机制有着本质的不同,主要区别在于:员工股权激励是员工薪酬激励的一种,是以股权的方式体现员工的收益,但这种收益本质上还是对于员工贡献的衡量;而股东投资则是以股东的出资作为收益的基础,本质上是对于股东资本的衡量,所以,在选取员工股权激励机制时不能将员工股权激励等同于股东投资。

2. 员工股权激励的适用范围

员工股权激励机制是将企业的收益转化为员工收益的一种激励形式。在企业业务模式不稳定或业务短期内无法实现盈利的情况下,企业就无收益可以分配,某种程度上,会导致员工股权激励机制的失效;或者,会产生员工对于企业失去信心等负面作用。因此,企业在业务短期内无法实现盈利的情况下,慎用员工股权激励机制。

3. 不能将员工股权激励代替员工的基本薪酬福利

股权激励机制是员工激励机制的一种,是一种长期的激励机制,它的特点是实现周期长,有利于长期保留员工。但是,在实行过程中,注意股权激励机制并不能替代工资、福利等短期激励机制,核心员工的稳定与保留必须将短期激励与长期激励相结合执行,才是有效的方式。

现在,员工股权激励机制已经逐步成为企业员工长期激励的一个重要组成部分,越来越多的企业希望引入员工股权激励计划。但是,是否实行员工股权激励机制,需要根据企业的实际情况综合考虑。

三、股权激励

创业公司发展早期,资金都比较紧张,而资金不足带来最大的一个问题,就是人员流失,尤其是团队的高级管理人员、核心员工,他们的流失会为创业公司造成不可估量的影响。为提高团队凝聚力、用有限的薪资留住管理层及核心员工,企业家们绞尽脑汁、慢慢研究出了以公司股权为标的,向公司的高级管理人员及核心员工在内的其他成员进行长期激励的制度,即股权激励。一般情况下都是附带条件的激励,如员工需在企业干满多少年,或完成特定的目标才予以激励,当被激励的人员满足激励条件时,即可成为公司的股东,从而享有股东权利。

(一)特点

1. 长期激励

从员工薪酬结构看,股权激励是一种长期激励,员工职位越高,其对公司业绩影响就越大。股东为了使公司能持续发展,一般都采用长期激励的形式,将这些员工利益与公司利益紧密地联系在一起,构筑利益共同体,减少代理成本,充分有效发挥这些员工积极性和创造性,从而达到公司目标。

2. 人才价值的回报机制

人才的价值回报不是工资、奖金就能满足的,有效的办法是直接对这些人才实施股权激励,将他们的价值回报与公司持续增值紧密联系起来,通过公司增值来回报这些人才为企业发展所作出的贡献。

3. 公司控制权激励

通过股权激励,使员工参与关系到企业发展经营管理决策,使其拥有部分公司控制权后,不仅关注公司短期业绩,更加关注公司长远发展,并真正对此负责。

【案例 8-2】

1999 年 5 月,四通集团经营者以四通职工持股会名义投资 51%、四通集团投资 49%,成立北京四通投资有限公司。此后,四通投资购买了四通集团持有的香港四通 50.5%的股权。这被称为中国第一例典型的管理层收购。

(二)原则

1. 依法合规原则

这是最基本的原则。2016 年 8 月,证监会颁布了《上市公司股权激励管理办法》。根据这个管理办法,对于上市公司股权激励的模式、授予权益的价格,授予的程序以及其他方面都作了明确具体的规定。依法合规原则不可突破，否则你的方案将通不过证监会的备案或审批，另外还得接受证监会的处罚。尽管对于创业企业或非上市公司，股权激励没有什么特别的限制性规定。但是，方案本身的合法性需要符合《公司法》还有《合同法》《劳动法》的有关规定。任何激励方案如果违反了法律的规定、违背了规范的要求，很可能在法律上是无效的。不但不能达到股权激励的目的，也会给公司和激励对象带来不小的损失，也为双方之间的纠纷留下隐患。

2. 自愿参与原则

即企业不能强迫员工参加股权激励。当然，想强迫未必能强迫得了。现在的员工的权利意识很强，这里主要指的是：不能变相强迫，比如，对不参加股权激励的人升职、涨工资的时候区别对待，或者在工作中给人穿小鞋。如果变相强迫员工参加，要么是方案没有设计好，对员工没有吸引力，达不到激励效果。要么就是，员工对企业有其他想法。对于这些不参加激励计划的人，企业家们也不能对他们另眼相看。在该原则下，企业家需要做的就是，把具有合伙人心态的员工挑选出来，用股权来激励他们。对于那些职业经理人心态的员工，用合理的报酬和管理方法，发挥其作用。而对于工作消极，又给周围员工带来负能量的人，一定要坚决清除出公司的队伍。

3. 风险共担原则

股权激励的目的之一是利益共享，但是在设计股权激励方案的时候，也要尽量能够做到风险共担。比如说出资，出资是考验激励对象是否愿意与公司共进退的一种最有效的手段。不出钱的激励，谁都不会拒绝，但是是否真的能让员工珍惜这些股份，认识到这些股份的价值，还是要靠出钱。出了钱，就会有一定的风险。但是在实践操作过程中，尽量降低激励对象的风险，提高员工参加激励计划的积极性，也是非常重要的。

4. 激励与约束相结合原则

企业在设计股权激励方案时，大多数的时候都在思考是否能够激励到员工，能否充分调动员工的积极性，从而实现股权激励的目的。但是在考虑到股权激励方案的激励效果的同时，也应当注重约束机制的约定。

只有约束机制明确，才能够让员工在获得未来的收益的同时也应该考虑到自己的义务和责任，甚至可能产生的利益上的损失。最常见的约束机制包括对公司整体业绩条件的要求、对激励对象的个人绩效考核要求、对激励对象在公司服务期的要求、对激励对象勤勉尽责的要求等。如果激励对象违反了这些约束机制的要求，那么授予他的股份可能会剥夺回来，也有可能让激励对象退还其股份的收益，赔偿公司的经济损失等。

5. 不能妨碍公司的融资和进入资本市场原则

不能说每个企业都有进入资本市场的可能和未来上市的梦想。但是，绝大多数企业在可能的情况下，还是希望自己的公司在可能的情况下拥抱资本市场的。那么，设计的股权激励方案一定不能够成为公司获取外部融资和进入资本市场的障碍。

(三) 模式

1. 业绩股票

是指在年初确定一个较为合理的业绩目标，如果激励对象到年末时达到预定的目标，则公司授予其一定数量的股票或提取一定的奖励基金购买公司股票。业绩股票的流通变现通常有时间和数量限制。另一种与业绩股票在操作和作用上相类似的长期激励方式是业绩单位,它和业绩股票的区别在于业绩股票是授予股票,而业绩单位是授予现金。

2. 股票期权

是指公司授予激励对象的一种权利,激励对象可以在规定的时期内以事先确定的价格购买一定数量的本公司流通股票,也可以放弃这种权利。股票期权的行权也有时间和数量限制,且需激励对象自行为行权支出现金。目前在我国有些上市公司中应用的虚拟股票期权是虚拟股票和股票期权的结合,即公司授予激励对象的是一种虚拟的股票认购权,激励对象行权后获得的是虚拟股票。

3. 虚拟股票

是指公司授予激励对象一种虚拟的股票,激励对象可以据此享受一定数量的分红权和股价升值收益,但没有所有权,没有表决权,不能转让和出售,在离开企业时自动失效。

4. 股票增值权

是指公司授予激励对象的一种权利,如果公司股价上升,激励对象可通过行权获得相应数量的股价升值收益,激励对象不用为行权付出现金,行权后获得现金或等值的公司股票。

5. 限制性股票

是指事先授予激励对象一定数量的公司股票,但对股票的来源、抛售等有一些特殊限制,一般只有当激励对象完成特定目标(如扭亏为盈)后,激励对象才可抛售限制性股票并从中获益。

6. 延期支付

是指公司为激励对象设计一揽子薪酬收入计划,其中有一部分属于股权激励收入,股权激励收入不在当年发放,而是按公司股票公平市价折算成股票数量,在一定期限后,以公司股票形式或根据届时股票市值以现金方式支付给激励对象。

7. 经营者/员工持股

是指让激励对象持有一定数量的本公司的股票,这些股票是公司无偿赠予激励对象的、或者是公司补贴激励对象购买的、或者是激励对象自行出资购买的。激励对象在股票升值时可以受益,在股票贬值时受到损失。

8. 管理层/员工收购

是指公司管理层或全体员工利用杠杆融资购买本公司的股份,成为公司股东,与其他股东风险共担、利益共享,从而改变公司的股权结构、控制权结构和资产结构,实现持股经营。

9. 账面价值增值权

具体分为购买型和虚拟型两种。购买型是指激励对象在期初按每股净资产值实际购买一定数量的公司股份,在期末再按每股净资产期末值回售给公司。虚拟型是指激励对象在期初不需支出资金,公司授予激励对象一定数量的名义股份,在期末根据公司每股净资产的增量和名义股份的数量来计算激励对象的收益,并据此向激励对象支付现金。

以上第一至第八种为与证券市场相关的股权激励模式,在这些激励模式中,激励对象所获收益受公司股票价格的影响。而账面价值增值权是与证券市场无关的股权激励模式,激励对象所获收益仅与公司的一项财务指标——每股净资产值有关,而与股价无关。

(四) 价值

1. 创业公司

股权激励有利于缓解公司面临的薪酬压力。由于绝大多数非上市公司都属于中小型企业,它们普遍面临资金短缺的问题。因此,通过股权激励的方式,公司能够适当地降低经营成本,减少现金流出。与此同时,也可以提高公司经营业绩,留住绩效高、能力强的核心人才。

2. 原有股东

实行股权激励有利于降低职业经理人的"道德风险",从而实现所有权与经营权的分离。非上市公司往往存在一股独大的现象,公司的所有权与经营权高度统一,导致公司的"三会"制度等在很多情况下形同虚设。随着企业的发展、壮大,公司的经营权将逐渐向职业经理人转移。由于股东和经理人追求的目标是不一致的,股东和经理人之间存在"道德风险",需要通过激励和约束机制来引导和限制经理人行为。

3. 公司员工

实行股权激励有利于激发员工的积极性,实现自身价值。中小企业面临的最大问题之一就是人才的流动问题。由于待遇差距,很多中小企业很难吸引和留住高素质管理和科研人才。实践证明,实施股权激励计划后,由于员工的长期价值能够通过股权激励得到体现,员工的工作积极性会大幅提高,同时,由于股权激励的约束作用,员工对公司的忠诚度也会有所增强。

第3节 创业与风险投资

一、风险投资的内涵

所谓风险投资,简称 VC(venture capital),是指由职业金融家投入新兴的、迅速发展的、有巨大竞争潜力的企业中的一种权益资本。风险投资机构是风险投资体系(由投资者、风险投资机构、中介服务机构和风险企业构成)中最核心的机构,是连接资金来源与资金运用的金融中介,是风险投资最直接的参与者和实际操作者,同时也最直接地承担风险、分享收益。我国目前风险投资机构包括五类:政府出资的风险投资机构、民间出资的风险投资机构、外资设立的风险投资机构、上市公司出资的风险投资机构以及金融系统出资的风险投资机构。为鼓励风险投资,积极拓宽中小企业融资渠道,国家通过税收政策鼓励风险投资机构增加对中小企业的投资。

就风险投资的特征而言,主要有以下几种类型。

(一)"遍地开花式"风投

"遍地开花式"风投资金雄厚,一般手上都握有超过1亿美元的投资基金。通常来说,这些风投公司里的投资人之前都有过创业经验,他们的投资思维基本上可以归结为一句话——害怕错过下一个独角兽,毕竟有钱就是任性。

这类风投最适合刚刚创业的新手,有愿景,或敢于铤而走险的创业者,因为他们愿意为自己的未来赌一把,"让我们改变这个世界"就是这些创业者的信条。当然啦,这类风投通常会出现在诸如"年度最多投资榜单"上。

(二) "有背景的"风投

"有背景的"风投指的是政府气息浓重的风投公司,这类风投公司其实手头上也不差钱,但是如果想让他们给你投资,那么至少得等无数个"红头文件"批复。

通常来说,想要通过创业公司套现,或是有创业愿景的创业者会喜欢这种类型的风投,他们一般和政府有着非常可靠的关系,投资人通常会根据政府要求通过创业加速器/孵化器的形式注资,而且自己也会变成创业导师。

千万不要把这种类型风投的关系搞僵,即便他们不会害你,但是却能把你列入"黑名单"。他们会在业界传播你的名声,即便你的业务能够有所发展,公司也能够正常运营,但是想要获得其他风投投资的概率则大大降低了。

(三) "孵化式"风投

这种风投大多是从创业加速器/孵化器中分支出来的。他们的投资金额不会太大,但是会更紧密地支持创业者。基本上,创业者都是靠这类风投的投资才得以起步,并有所突破。为了让创业公司能够达到一定规模,这种风投公司会给投资者更多自治权,而不是去扮演导师的角色,他们更多的是关注那些刚开始创业、有远大愿景、执行力较强的创业者。

(四) "独角兽式"风投

这种风投是绝大多数创业者梦寐以求的。如果你看过电影《社交网络》,那么肖恩·帕克对马克·扎克伯格而言就是这种类型的风投,他会对创业者说:"你只想赚几百万美元?来吧,我们会赚几十亿!"这种风投通常有十分强大的关系网,人脉也很广。基本上,他们都是从创业者转型为投资人的,如果要举个例子的话,Lowercase Capital 应该算是这种类型的风投。

二、风投的运作过程

风险投资的运作包括融资、投资、管理、退出四个阶段。

(一) 融资阶段

融资阶段主要就是解决"钱从哪儿来"的问题。通常,提供风险资本来源的包括养老基金、保险公司、商业银行、投资银行、大公司、大学捐赠基金、富有的个人及家族等,在融资阶段,最重要的问题是如何解决投资者和管理人的权利义务及利益分配关系安排。

(二) 投资阶段

投资阶段就是解决"钱往哪儿去"的问题。专业的风险投资机构通过项目初步筛选、尽职调查、估值、谈判、条款设计、投资结构安排等一系列程序,把风险资本投向那些具有巨大增长潜力的创业企业。

(三) 管理阶段

管理阶段解决"价值增值"的问题。风险投资机构主要通过监管和服务实现价值增值,"监管"主要包括参与被投资企业董事会、在被投资企业业绩达不到预期目标时更换管理团队成员等手段,"服务"主要包括帮助被投资企业完善商业计划、公司治理结构以及帮助被投资企业获得后续融资等手段。价值增值型的管理是风险投资区别于其他投资的重要方面。

(四)退出阶段

退出阶段解决"收益如何实现"的问题。风险投资机构主要通过 IPO、股权转让和破产清算三种方式退出所投资的创业企业,实现投资收益。退出完成后,风险投资机构还需要将投资收益分配给提供风险资本的投资者。

三、风投的构成要素

风险资本、风险投资人、投资对象、投资期限、投资目的和投资方式构成了风险投资的六个要素。

(一)风险资本

风险资本是指由专业投资人提供给快速成长并且具有很大升值潜力的新兴公司的一种资本。风险资本通过购买股权、提供贷款或既购买股权又提供贷款的方式进入这些企业。

风险资本的来源因时因国而异。在美国,年金比重最高,占全部风险资本的46%,其次是国外资金、捐赠和公共基金以及大公司产业资金,分别占14%、12%和11%,个人和家庭资金占的比重较小,大约只占到了8%。与美国不同,欧洲国家的风险资本主要来源于银行、保险公司和年金,分别占全部风险资本的31%、14%和13%,其中,银行是欧洲风险资本最主要的来源,而个人和家庭资金只占到2%。而在日本,风险资本主要来源于金融机构和大公司资金,分别占36%和37%。其次是国外资金和证券公司资金,各占10%,而个人与家庭资金也只到7%。按投资方式分,风险资本分为直接投资资金和担保资金两类。前者以购买股权的方式进入被投资企业,多为私人资本;而后者以提供融资担保的方式对被投资企业进行扶助,并且多为政府资金。

(二)风险投资人

1. 风险投资人的类型

风险投资人大体可以分为以下四类。

(1)风险资本家,是指有组织地进行募集、管理风险资本,寻求、挑选投资项目,投资并监督、扶助被投资企业的人,他们是向其他企业家投资的企业家,与其他风险投资人一样,他们通过投资来获得利润。但不同的是,风险资本家所投出的资本全部归其自身所有,而不是受托管理的资本。

在风险投资中,风险资本家与创业者实际上是在共同创业。从风险资本家与创业者达成初步投资协议开始,双方就形成了一种合作关系,共同计划融资方案,寻找尚缺资金,以求最终实现投资。此后双方继续紧密合作,并随着投资过程的逐步进展,关系也越来越紧密,且共同的目标始终只有一个,即让企业顺利成长并使其最终成熟,从而使创业者圆其创业梦,风险资本家也得以撤出投资获得高额回报。

(2)风险投资公司,是指把所掌管的资金(风险资本)有效地投入富有盈利潜力的高科技企业,并通过后者的成功上市或被并购而获取资本报酬的企业。风险投资公司的种类有很多种,但是大部分公司通过风险投资基金来进行投资,这些基金一般以有限合伙制为组织形式,而风险投资公司则作为普通合伙人管理该基金的投资运作,并获得相应报酬。从所有权归属和隶属关系来看,风险投资公司自身的组织形式主要包括上市公司、私有制公司、银行附属公司、风险投资股份公司以及辛迪加组织等。

美国的红杉资本(Sequoia Capital)可能是最成功的风险投资公司之一。红杉资本已经在中国成立了红杉中国基金。管理合伙人是中国风险投资界比较成功的投资人张帆和沈南鹏。日本的软银投资公司,在世界上也被认为是成功的风险投资企业,该公司因为从投资美国的雅虎网站中获利颇丰。值得一提的是,该公司在中国投资不仅并购了好耶网络广告的分众传媒,而且阿里巴巴的马云也曾在1995年获得其风险投资。除此之外,中国大陆在海外上市的互联网企业都曾获得过风险投资的支持,如说腾讯的马化腾、百度的李彦宏、盛大的陈天桥和搜狐的张朝阳都曾获得过美国风险投资公司的资金支持。表8-1罗列了2017年中国知名风险投资机构。

表8-1 2017年中国知名风险投资机构

排名	名称	主要管理人	主要投资领域
1	深创投	孙东升	TMT、消费升级、生物医药、节能环保等
2	IDG资本	熊晓鸽	互联网与高科技、新型消费及服务、医疗健康、工业技术、文化旅游等
3	红杉资本中国基金	沈南鹏、周逵、计越	科技/传媒、医疗健康、消费品/服务、工业科技等
4	高瓴资本	张磊	消费与零售、科技创新、医疗健康等
5	金沙江创投	朱啸虎、丁健、林仁俊	消费互联网、企业服务、医疗健康等
6	达晨创投	肖冰、刘昼	TMT、医疗健康、消费服务、智能制造等
7	君联资本	朱立南、陈浩、王能光	TMT及创新消费、现代服务和智能制造、医疗健康、文化体育等
8	经纬中国	张颖、徐传陞、邵亦波	互联网、移动互联网、交易平台等
9	创新工场	李开复	人工智能、高科技、文体娱乐等
10	今日资本	徐新	消费品品牌、零售连锁、消费互联网等

资料来源:界面、今日头条

(3)产业附属投资公司,这类投资公司往往是一些非金融性实业公司下属的独立风险投资机构,他们代表母公司的利益进行投资。这类投资人通常主要将资金投向一些特定的行业。和传统风险投资一样,产业附属投资公司也同样要对被投资企业递交的投资建议书进行评估,深入企业作尽职调查并期待得到较高的回报。

(4)天使投资人,又称为投资天使(business angel),指具有一定净财富的个人或者机构,对具有巨大发展潜力的初创企业进行早期的直接投资,属于一种自发而又分散的民间投资方式。这类投资人通常投资于非常年轻的公司以帮助这些公司迅速启动。在风险投资领域,"天使投资人"这个词指的是企业家的第一批投资人,这些投资人在公司产品和业务成型之前就把资金投入进来。

2. 应回避的风险投资人类型

创业者在寻求和选择天使投资人时,应注意回避以下几类投资人。

(1) 鲨鱼型天使投资人。这种人是最坏的。他们参与早期投资的唯一目的就是要利用创业者在融资和交易经验方面的缺乏。如果长期负债过程变成了一个纯粹的折磨,那到时候你就得向投资人卑躬屈膝了。

(2) 官司型天使投资人。官司型天使投资人会找各种各样的借口把你告上法庭。这种天使投资人从来都不关心你公司可以提供的回报,而是试图通过恐吓、威胁和诉讼来赚钱。他们知道你没有资源跟他们斗,所以算定了你会投降。遇到这样的天使投资人,你就得跟你的律师保持紧密联系。

(3) 高人一等型天使投资人。有很多成功的商业人士出身的天使投资人相信自己比其他人有着明显的优越性。这些人通常是些霸道、消极的人,对你所做的每一个决策都会歇斯底里的挑剔。摊上这样的天使投资人,你千万别被吓着,做出错误的决策。

(4) 控制狂型天使投资人。这种天使投资人一开始像是你最好的新朋友。一旦你得到融资后犯了错误,他就会拿出协议,要求将赋予他更多的控制权的条款升级成他必须进入你的公司的条款,由他亲自掌控你的公司。这时,唯一能救你的就是你的董事会了。

(5) 教程式天使投资人。教程式天使投资人不是控制你,而是想在每一件事上都手把手地教你。这在投资之前提供辅导听起来不错。但他们给你开了支票后,就想一天24小时帮你。这就是最大的烦扰。最初,你对他们的投资表示感谢,也可能会对他们表示宽容,但是最终这种重担会把你压垮。跟他们保持距离是最好的解决办法。

(6) 过气天使。这样的天使投资人往往出现在每一次的经济扰动期。他们通常都是有资金流动问题的"空中飞人"。他们每天会参加一些俱乐部,但却背着债务。他们会跟你见面,而且会问你很多个问题,但是从来都不会跟你成交。跟他们打交道,你要学会结束谈话。

(7) 哑巴天使投资人。财富不是商业精英的代名词。你可以通过他们问的问题来判断他们是不是哑巴天使投资人。如果他们问一些肤浅的问题或者根本不懂业务,那就不可能跟他们形成成功的长期合作关系。但是不要忘记,有钱人通常会有些精明的朋友。

(8) 假扮型天使投资人。这种人到处都有,通常会扮成律师和会计师。他们根本没意向投资你的公司,而是会诱使你签署向你介绍真正投资人的收费协议。经纪人的工作往往是值得付费的,但是要认清谁是天使,千万别被误导。

(三) 投资对象

风险投资的产业领域主要是高新技术产业,比如软件、药品、通信技术领域。如果风险企业家能有一项受保护的先进技术或产品,那么他的企业就会引起风险投资公司更大的兴趣。这是因为高技术行业本身就有很高的利润,而领先的或受保护的高技术产品/服务更可以使风险企业很容易地进入市场,并在激烈的市场竞争中立于不败之地。因此,这些企业常常可以筹集到足够的资金以渡过难关。

【案例 8-3】

2016年12月23日,阿里巴巴集团旗下本地生活服务O2O平台口碑进行了新一轮融资,融资额约为12亿美元,估值为80亿美元。近年来,利用互联网订购外卖的用户越来越多,预约美容护理和寻找家政等本地生活服务也吸引了大量消费。本地生活服务O2O市场已经成为包括阿里巴巴、百度、腾讯在内的中国互联网公司的必争之地,具有非常大的空间。可见,对于创业项目而言,自身的成长性高低关键在于寻找持续增长的核心能力。

(四) 投资期限

风险投资人帮助企业成长,但他们最终寻求渠道将投资撤出,以实现增值。风险资本从投入被投资企业起到撤出投资为止所间隔的时间长短就称为风险投资的投资期限。作为股权投资的一种,风险投资的期限一般较长。其中,创业期风险投资通常在7~10年内进入成熟期,而后续投资大多只有几年的期限。

(五) 投资目的

风险投资虽然是一种股权投资,但投资的目的并不是为了获得企业的所有权,不是为了控股,更不是为了经营企业,而是通过投资和提供增值服务把投资企业作大,然后通过公开上市(IPO)、兼并收购或其他方式退出,在产权流动中实现投资回报。

(六) 投资方式

从投资性质看,风险投资的方式有三种:一是直接投资。二是提供贷款或贷款担保。三是提供一部分贷款或担保资金同时投入一部分风险资本购买被投资企业的股权。但不管是哪种投资方式,风险投资人一般都附带提供增值服务。风险投资还有两种不同的进入方式。第一种是将风险资本分期分批投入被投资企业,这种情况比较常见,既可以降低投资风险,又有利于加速资金周转;第二种是一次性投入。这种方式不常见,一般风险资本家和天使投资人可能采取这种方式,一次投入后,很难也不愿提供后续资金支持。

第4节 私 募 股 权

一、私募股权的内涵

私募股权(private equity,PE)也就是私募股权投资,从投资方式角度看,是指通过私募形式对私有企业,即非上市企业进行的权益性投资。在交易实施过程中,PE会附带考虑将来的退出机制,即通过公司首次公开发行股票(IPO)、兼并与收购(M&A)或管理层回购(MBO)等方式退出获利。简单来看,PE投资就是PE投资者寻找优秀的高成长性的未上市公司,注资其中,获得其一定比例的股份,推动公司发展、上市,此后通过转让股权获利。

广义的PE为涵盖企业首次公开发行前各阶段的权益投资,即对处于种子期、初创期、发展期、扩展期、成熟期和Pre-IPO各个时期企业所进行的投资。在中国,私募分为直接投资到中国境内目标企业的私募和通过在海外设立离岸公司方式进行的红筹私募。狭义的PE主要指对已经形成一定规模的,并产生稳定现金流的成熟企业的私募股权投资部分,主要是指创业投资后期的私募股权投资部分,而这其中并购基金和夹层资本在资金规模上占最大的一部分。在中国,PE主要是指这一类投资。

一般而言,私募股权具有以下特点。

(一)资金筹集的私募性与广泛性

私募股权投资资金主要通过非公开方式面向少数机构投资者或个人募集,其销售、赎回都是通过私下与投资者协商进行的;资金来源广泛,一般有富有的个人、风险基金、杠杆并购基金、战略投资者、养老基金和保险公司等。

(二)投资对象是有发展潜力的非上市企业

私募股权投资一般投资于私有公司即非上市企业,并且其项目选择的唯一标准是能否带来高额投资回报,而不拘泥于该项目是否应用了高科技和新技术。换言之,关键在于一种技术或相应产品是否具有好的市场前景而不仅在于技术的先进水平。

(三)融合权益性的资金支持和管理支持

私募股权基金多采用权益投资方式,对被投资企业的决策管理享有一定的表决权。反映在投资工具上,多采用普通股或者可转让优先股以及可转债的形式。私募股权投资者通常参与企业的管理,主要形式有参与到企业的董事会中,策划追加投资和海外上市,帮助制定企业发展策略和营销计划,监控财务业绩和经营状况,协助处理企业危机事件。目前一些著名的私募股权投资基金有着丰富的行业经验与资源,他们可以为企业提供有效的策略、融资、上市和人才方面的咨询和支持。

(四)流动性较差的中长期投资

私募股权投资期限较长,一般一个项目可达3~5年或更长,属中长期投资;投资流动性差,没有现成的市场供非上市公司股权的出让方与购买方直接达成交易。需要说明的是,私募股权投资本身从全球范围寻找可投资项目,并不区分国际国内。

二、私募股权的类型

根据被投资企业发展阶段划分,私募股权投资主要可分为创业风险投资(venture capital)、成长资本(development capital)、并购资本(buyout capital)、夹层投资(mezzanine capital)、Pre-IPO投资(Pre-IPO capital)以及上市后私募投资(private investment in public equity,PIPE)等类型。

(一)创业风险投资

投资创业风险投资主要投资技术创新项目和科技型初创企业,从最初的一个想法到形成概念体系,再到产品的成型,最后将产品推向市场。通过提供对初创的资金支持和咨询服务,使企业从研发阶段充分发展并得以壮大。由于创业企业的发展存在着财务、市场、营运以及技术等诸多方面的不确定性,因而具有很大的风险,这种投资能够持续的理由是投资利润丰厚,能够弥补其他项目的损失。

(二) 成长资本

成长期投资针对的是已经过了初创期发展至成长期的企业,其经营项目已从研发阶段过渡到市场推广阶段并产生一定的收益。成长期企业的商业模式已经得到证实而且仍然具有良好的成长潜力,通常是用 2~3 年的投资期寻求 4~6 倍的回报,一般投资已经有一定规模的营收和正现金流,通常投资规模为 500 万~2 000 万美元,具有可控的风险和可观的回报。成长资本也是中国私募股权投资中比例最大的部分,从 2008 年的数据看,成长资本占到了 60% 以上。

(三) 并购资本

并购资本主要专注于并购目标企业,通过收购目标企业股权,获得对目标企业的控制权,然后对其进行一定的重组改造提升企业价值,必要的时候可能更换企业管理层,成功之后持有一定时期后再出售。并购资本相当大比例投资于相对成熟的企业,这类投资包括帮助新股东融资以收购某企业、帮助企业融资以扩大规模或者是帮助企业进行资本重组以改善其营运的灵活性。并购资本涉及的资金规模较大,常达 10 亿美元左右,甚至更多。

(四) 夹层投资

夹层投资的目标主要是已经完成初步股权融资的企业。它是一种兼有债权投资和股权投资双重性质的投资方式,其实质是一种附有权益认购权的无担保长期债权。这种债权总是伴随相应的认股权证,投资人可依据事先约定的期限或触发条件,以事先约定的价格购买被投资公司的股权,或者将债权转换成股权。夹层投资的风险和收益低于股权投资,高于优先债权。在公司的财务报表上,夹层投资处于底层的股权资本和上层的优先债(高级债)之间,因而称为"夹层"。与风险投资不同的是,夹层投资很少寻求控股,一般也不愿长期持有股权,更倾向于迅速地退出。当企业在两轮融资之间,或者在希望上市之前的最后冲刺阶段,资金处于青黄不接的时刻,夹层投资者往往就会从天而降,带给企业最需要的现金,然后在企业进入新的发展期后全身而退。这也是它被称为"夹层"投资的另一个原因。夹层投资的操作模式风险相对较小,因此寻求的回报率也低一些,一般在 18%~28% 左右。

(五) Pre-IPO 投资

Pre-IPO 投资主要投资于企业上市前阶段,或者预期企业近期上市的企业规模与盈利已达到可上市水平的企业,其退出方式一般为上市后从公开资本市场上出售股票。一般而言,Pre-IPO 投资者主要有投行型投资基金和战略型投资基金两类。①投行型投资基金如高盛、摩根士坦利等投资基金,它们具有双重身份——既是私募股权投资者,又是投资银行家。作为投资银行家,他们能够为企业的 IPO 提供直接的帮助;而作为私募股权投资者的身份则为企业的股票进行了价值"背书",有助于提升公开市场上投资者对企业股票的信心,因此,投行型投资基金的引入往往有助于企业股票的成功发行。②战略型投资基金,致力于为企业提供管理、客户、技术等资源,协助企业在上市之前建立起规范的法人治理结构,或者为企业提供专业的财务咨询。Pre-IPO 投资具有风险小、回收快的优点,并且在企业股票受到投资者追捧的情况下,可以获得较高的投资回报。

(六) PIPE 投资

PIPE 是 private investment in public equity 的缩写,它是指投资于已上市公司股份的私募股权投资,以市场价格的一定折价率购买上市公司股份以扩大公司资本的一种投资方式。PIPE 投资分为传统型和结构型两种形式,传统型 PIPE 由发行人以设定价格向 PIPE 投资人发行优先股或普通股,结构型 PIPE 则是发行可转换为普通股或者优先股的可转债。相对于二次发行等传统的融资手段,PIPE 融资成本和融资效率相对较高,监管机构的审查较少,而且不需要昂贵的路演成本,这使得获得资本的成本和时间都大大降低。PIPE 比较适合一些不希望应付传统股权融资复杂程序的快速成长为中型企业的上市公司。

三、私募股权的优势

私募股权起源于西方发达国家,并且经过多年的实践,已经初具规模,具有了融资周期短、防止股权分散、引进有效管理等优势,极大地促进了欧美国际经济的发展。而私募股权进入我国时间不久,但已经具有了强势的发展劲头,更由于我国市场融资渠道单一等各方面的矛盾,使得私募股权基金更有发展的潜力,私募股权融资在我国主要有以下几个优势。

(一) 融资周期短、效率高

现在我国的私募股权主要是针对于发展中的中小企业,这些企业具有一个共同的特点就是处于成长阶段,资金需求量大并且风险较高,对于传统融资方式它们并没有足够的抵押或者信誉去申请贷款,并且传统融资方式的门槛较高,而且其中间还有一定的中介费用,大多数需要资金的企业都不能很好很快地取得自己需要的资金。中小企业所拥有的仅仅是一个未来发展的潜力,对于求稳的传统融资方式来说并不能完全满足它们的要求,所以使得大多数有很好发展前景的企业不能得到一个好的发展。而私募股权融资一般都是着重看企业的发展潜力和未来的回报能力,在选择企业的时候更重要的是看企业的创新性和能力,并且其融资的中间环节简单,一般都是投资者直接与企业接触,省去了中间环节,不会有其他的费用产生,这样如果私募股权融资机构认为一个企业可以投资,那么资金到位时间将大大缩短,同时资金的运用效率也将会大大地提升,从而形成一种良性的循环,这种方式更有利于我国现在经济的发展趋势。

(二) 加强企业的管理能力

现阶段我国企业还存在的一个弊端就是缺乏现代企业管理经验,缺少对企业的规划,主要原因是我国的职业经理人制度还未普及,这也是制约企业发展的因素。而私募股权投资基金在对企业的投资过程中不仅给企业带来了资金的帮助,还本着对企业自有资金投资安全的考虑,会对所投资企业进行一定的监督和管理,不仅避免了企业的股权分散问题,还能为企业提供先进的管理知识与领导者才能,让双方为使企业达到利益最大化的目标而一同努力。这些都是资金以外带来的附加价值,是私募股权融资特有的一种优势。

(三) 降低财务成本

发达国家企业的 CFO(首席财务官)的一个重要职责就是设计最优的企业资本结构,

从而降低财务成本。通过股权融资和债权融资的合理搭配,企业不仅可以降低财务风险,而且可以降低融资成本。获得私募股权融资后的企业会有更强的资产负债表,会更加容易获得银行贷款,进而降低贷款成本。

(四) 提升企业价值

一般的企业在私募股权融资以后,其影响力和知名度都会有一定的提升。因为私募股权基金在投资之前都会做一定的尽职调查,做好充分的分析和研究以后,确认该企业确实有一定的发展潜力和能力以后才会投资,这样就间接地对企业能力做出了一定的认可,让该企业在行业内有了更好的市场知名度,并且得到更多的客户的信任,从而提升企业自身的内在价值。正如现在国内现在推行的"PPP"模式,一些私募股权与政府合作,以政府资金投资企业,这些企业不仅可以得到政府的一定的帮助,还能拥有政府背景,使得企业融入更广的关系网,带来更多的客户资源。

四、创业企业进行私募股权的流程

(一) 事前准备

首先,创业企业和投资银行(或者融资顾问)签署服务协议。这份协议包含投资银行为企业获得私募股权融资提供的整体服务。之后,投资银行立刻开始和融资企业组建专职团队,准备专业的私募股权融资材料。

私募股权融资材料包括以下三项材料。

(1) 私募股权融资备忘录——关于公司的简介、结构、产品、业务、市场分析、竞争者分析等等;

(2) 历史财务数据——企业过去三年的审计过的财务报告;

(3) 财务预测——在融资资金到位后,企业未来三年销售收入和净利润的增长。(PE通常依赖这个预测去进行企业估值,所以这项工作是非常关键的。)

其次,投资银行与企业共同为企业设立一个目标估值,即企业愿意出让多少股份来获得多少资金。一般而言,企业出让不超过25%的股份,尽量减少股权稀释,以保证对企业的经营控制权。

再次,投资银行寻找相关PE的合伙人。投资银行会把融资材料同时发给多家PE,并与他们就该项目的融资事宜展开讨论。这个阶段的目标是使最优秀的PE合伙人能够对公司产生兴趣,并决定哪一家PE对公司有最大的兴趣,有可能给出最高的估值,有相关行业投资经验,能够帮助公司成功上市。

最后,过滤、筛选出几家最合适的投资者。这些投资者对企业所在行业非常了解,对公司非常看好,会给出最好的价钱。

(二) 意向确定

首先,安排PE的合伙人和企业主面对面的会谈。投资银行通常会派核心人员参加所有会议,给老板介绍PE的背景,帮助老板优化回答问题的方式,并且总结和PE的所有会议。

其次,实地考察。PE会去实地调查工厂,店铺或者其他的公司办公地点。这个阶段,老板不一定要参加,可以派相关人员陪同即可。但投行会全程陪同PE,保证他们的所有再次,投资意向书。目标是获得至少两到三家 PE 的投资意向书。投资意向书是 PE 向企业发出的一份初步的投资意向合同。这份合同会定义公司估值和一些条款(包括出让多少股份、股份类型,以及完成最终交易的日程表,等等)。最好的情况是,获得若干投资意向书,形成相当于拍卖形式的竞价,以期为企业获得最好的价格。

最后,投行会和企业主共同与私募股权投资基金谈判,帮助老板获得最好的价格和条款,并由企业主决定接受哪个私募股权投资基金的投资,并签订投资意向书。

(三)尽职调查与签署合同

首先,尽职调查开始。投资银行将协调组织这整个过程,并且保证公司的律师、审计师和 PE 的律师、审计师等相关人员紧密顺利地合作。

尽职调查包含以下三个方面。

(1)财务方面。由 PE 聘请并支付费用的会计师事务所完成。他们对企业的历史财务数据进行分析。

(2)法律方面。由 PE 聘请并支付费用的律师事务所完成。他们对企业的法律文件,注册文件,许可证及营业执照进行核实。

(3)经营方面。由 PE 方的人员完成。他们对企业的经营,战略和未来商业计划进行分析。

其次,在向 PE 以及他们聘请的法律和财务顾问发出这些尽职调查资料前,需要认真检查,以确认上述资料的准确性及充分反映企业的积极信息。而且,PE 对企业的尽职调查过程中,投资银行通常会进行日常监督和管理,以确保尽职调查的顺利进行和来自 PE 及企业老板的所有疑问都被解答。

再次,尽职调查结束后,PE 将会发给我们最终投资合同。这份合同超过 200 页,非常详细。投资银行会和企业老板一起与 PE 谈判并签署协议。这是一个强度非常高的谈判过程。

最后,签署最终合同,资金在 15 个工作日到公司账户上。在投资后,私募股权投资基金会向企业要求至少一个董事的席位。但是,老板在董事会会有过半数的董事席位。通常,董事会会议一年四次。在投资后,私募股权投资基金会要经过审计的企业年度财务报告。

综合案例

辽宁成大的股权激励意欲何为?

一、背景

辽宁成大全称辽宁成大股份有限公司,创立于 1993 年 8 月,其前身为 1991 年 3 月成立的辽宁省针棉毛织品进出口公司。它是"中国进出口额最大的 500 家企业之一",并且一直保持"AAA"级信誉和"守信用重合同"单位称号。

辽宁成大 2005 年的净资产收益率、资产负债率及总资产周转次数分别为 5.3%、51.42% 和 1.49。较之于可比公司,其盈利能力、资本结构、偿债能力、现金流量及成长能力都属于比较好的企业,唯独营运能力欠佳。2006 年 5 月份,辽宁成大首次提出了股权激励计划草案,并于 2006 年 7 月 11 日在第五届董事会第三次(临时)会议上获得通过。该计划将授予激励对象 4 050 万份股票期权,分三次授权,有效期是从股票期权第一次授权日起的八年时间。

二、方案初定

2006 年 5 月,辽宁成大股东大会上弥漫着无声的硝烟,多方为股权激励展开了激烈的"拉锯战"。经过多番妥协退让,辽宁成大首次提出了股权激励计划草案,并于 2006 年 9 月 6 日公告了他们的股权激励计划:

(一) 4 500 万股票期权"花落谁家"

本次股权激励的获授方主要是尚书志等的高管层和核心技术人员,激励计划涉及的 4 500 万份期权将被分为三次授予。激励对象获得授权的股票期权将关联的标的股票为 4 500 万股,全部来源于定向发行。而该股权激励计划草案签发时公司的总股本为 49 844.808 万股,计划草案涉及的股票占总股本的 9.03%,这近乎压线的符合《上市公司股权激励管理办法》第 12 条关于全部有效标的股票累计不得超过公司总股本 10% 的规定。这一次股权激励的对象共计 22 名。

(二) 三次授权安排"循序渐进"

2006 年 9 月 5 日,辽宁成大进行第一次授权安排,共计 2 340 万份股票期权将被授予激励名单中的职员。此次获授的股期权占授予总量的比例为 52%,标的股票占授予时辽宁成大总股本的比例为 4.69%。2006 年 12 月 8 日,辽宁成大又紧锣密鼓地进行第二次授权安排,共计 1 560 万份股票期权将被授予激励名单中的职员。本次获授的股票期权占授予总量的比例为 34.67%,标的股票占授予时辽宁成大总股本的比例为 3.13%。趁热打铁,辽宁成大于 2007 年 12 月 28 日进行了第三次授权安排,共计 600 万份股票期权将被授予激励名单中的职员。本次获授的股票期权占授予总量的比例为 13.33%,标的股票占授予时辽宁成大总股本的比例为 1.20%。这三次授权的每一份期权可以在授权日起算的 5 年内的可行权日,同时在符合行权条件的时候,用之前确定的行权价格来购得辽宁成大股票一股。

三、多番调整

《股权激励计划(草案)》经过多次调整:2006 年 7 月 17 日,公司第五届董事会第三次(临时)会议审议通过了《关于修改公司股权激励计划(草案)的议案》,授予激励对象期权数量由 4 500 万份调整为 4 050 万份。

后由于公司 2007 年 5 月 22 日实施 2006 年度分红派息和资本公积金转增股本方案,根据相关规定及公司 2006 年第二次临时股东大会的授权,董事会于 2007 年 12 月 27 日召开第五届董事会第二十次(临时)会议,将第一次激励对象获授的股票期权总数量由原来的 1 970 万份调整为 3 546 万份,将第二次激励对象获授的股票期权总数量由原来的 325 万份调整为 585 万份,将第三次激励对象获授的股票期权总数量由原来的不超过 600

万份调整为不超过1080万份。

四、激励与福利之争

四次行权后,辽宁成大较低的行权门槛和较高的高管福利引起了公众广泛的注意和讨论。但是辽宁成大的董事会秘书于占洋表示,"理论上讲,你是永远卖不完股票的"。在他看来,这是最重要的一点,因为这使得公司激励对象中的高管、董事在其任职期间永远无法完全变现手中股票,从而起到长期激励的作用。而且,他认为公司董事和高管"基本上没有卖股票"。现实情况果真如此吗?

《国有控股上市公司(境内)实施股权激励实行办法》第十六条第一款规定,在股权激励计划有效期内,高级管理人员个人股权激励预期收益水平,应控制在其薪酬总水平的30%以内。虽然有此明文规定,但是国企股权激励自诞生之日起,关于高管超额收益的争论在市场上就从未停止过。在辽宁成大的股权激励过程中,董事长尚书志先生获得了最多的期权份数。尚书志先生在整个股权激励计划中分别于第一、二、四次行权。仅以当日收盘价格计算账面含税收益则可得,尚书志先生在三次行权中共获得股份共计129.6万股,收益共计3598.112万元。除去个人所得税,尚书志先生账面收益为1978.96万元,从2006年提出股权激励计划到2010年尚书志先生行权完毕,5年时间其年均账面收益为395.79万元。

资料来源:本案例摘自中国管理案例共享中心案例库,作者为西南大学经济管理学院的毕茜。

[思考与讨论]

1. 请思考国有企业实施股权激励的动机一般是什么?
2. 分析辽宁成大股权激励方案的福利性与激励性。

复习思考题

1. 股权融资的主要方式及其特点包括哪些?
2. 阐述股权设计的一般程序。
3. 何为股权激励?其常见模式包括哪些类型?
4. 何为风险投资?其常见类型有哪些?
5. 风险投资人包括哪些类型?创业者在融资时应回避的投资人有哪些?
6. 阐述私募股权的类型及其特点。

第 9 章　创业与网络融资

[学习目标]

通过本章学习,学生应理解众筹的内涵及其主要模式,创业众筹的运作方式,P2P 融资的内涵,国内外常见的 P2P 运营模式。

[创业励志名言]

如我们的想象不够远,互联网的发展就会超出我们的想象。

——谢平

 导入案例  了解网络融资

20 世纪 90 年代以后,互联网开始普及应用,金融业也与时俱进,出现了新的融资方式——网络融资。一是传统金融机构借助互联网拓展业务,形成对传统融资渠道的补充;二是互联网企业开始涉足金融服务,为个人和企业提供基于互联网的融资服务。

网络融资涵盖了各种利用网络渠道和网络技术所进行的借贷交易活动,其中网络不仅包括因特网,也包括各种非因特网的网络,如证券交易所的交易网络、银行内部网络等。网络融资当前正处于方兴未艾的阶段,传统金融机构、互联网企业之间通过相互学习、相互补充以及相互竞争,不断开拓新的业务领域,为用户提供更具普惠性、便捷性、低成本的融资服务。

第1节 创业与网络融资概述

一、发展背景

我国电子商务的研究机构在电子商务的发展初期就提出了利用互联网融资的观点,明确指出互联网融资是利用金融机构和互联网媒介来为企业筹得资金的融资形式。贷款人通过递交自己的信息和贷款请求,通过网络融资平台来向商业银行等机构提出获取贷款的申请,金融机构通过核准后发放给企业贷款。

目前日益发展的电子商务系统为互联网融资渠道的发展提供了条件。电子商务平台作为企业或者个人在网上交易的媒介,利用服务平台体系,根据一定的服务和交易制度程序,为买卖供求双方提供优质的服务。服务的项目包括供求信息的搜集和发布、交易过程中的现金支付和货物配送等,建立平台的目的就是要为个人或企业构建一个高效沟通的平台媒介,创造一个信用良好的交易环境。这种商业模式可以有效降低企业成本、增加企业知名度、扩大企业销售份额、提高企业盈利能力。

根据商务部统计数据,2017年,我国网络零售市场交易规模达7.18万亿元,同比上年增长了32.2%,增速较去年提高了3个百分点。其中,实物商品的网上零售额达到5.48万亿元,增长28%,占社会消费品零售总额的比重为15%,比上一年提升2.4个百分点。对社会消费品零售总额增长的贡献率为37.9%,比上年提升7.6个百分点。我国电子商务研究机构认为,我国的互联网市场正在飞速发展,而且这种状态将一直保持下去,如图9-1所示。

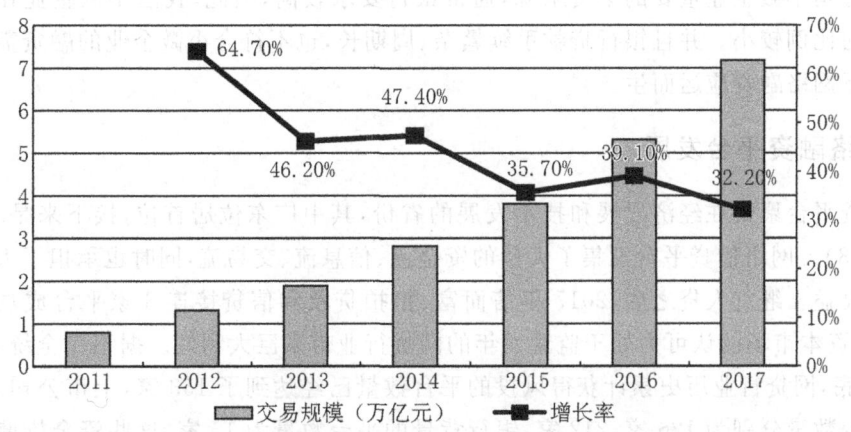

图9-1 2011—2017年中国网络零售市场交易规模

资料来源:万得数据库

电子商务平台主要服务于中小企业,尤其是小微企业,企业类型不受限制,可以是服装业也可以是高科技产业。据调查,55%的小微企业通过网络推销产品与服务,目前小微企业提高了对电子商务的关注度,应用电子商务平台的小微企业快速增加,其营收规模快速增长。2017年一季度中国中小企业B2B平台服务营收规模为63.7亿元,同比增长19.1%,环比下降5.4%,整体而言处于较高水平。

电子商务平台进一步提供了企业透明的交易记录、诚信状况,利用大数据、云计算可以实现对企业快速规模化的评估。在此背景下,网络融资应运而生,例如阿里小贷、京小贷虽然成立时间不长,但是已经取得了骄人的成绩。网络融资银行以很小的成本解决了信息不对称以及抵押品缺失的状况,大大提高了银行给小微企业提供资金的积极性。

基于此,近年来网贷融资的成交量有着突飞猛进的发展,蕴含巨大的发展潜力。截止到2017年12月,中国全年网贷行业成交量达到28 048.49亿元,相比2016年全年网贷成交量(20 638.72亿元)增长了35.9%,如图9-2所示。随着电子商务和传统业务线上化的发展,网络融资具有很大的发展前景,为小微企业和创业企业的发展提供了契机。

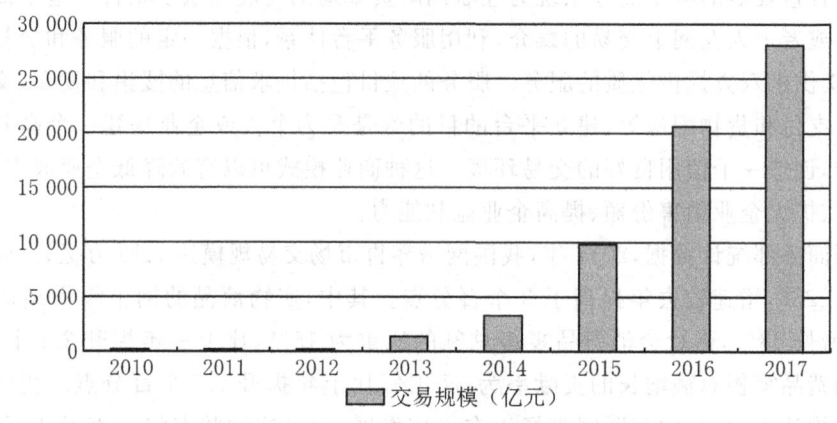

图 9-2　各年网贷成交量走势

银行是小微企业重要的集资来源,通常银行要求较高,因此,我国小微企业在银行各项贷款的比例较小。并且银行贷款手续繁杂、周期长,也不符合小微企业的融资需求。在此背景下网络融资应运而生。

二、网络融资平台发展

网贷平台聚集在经济发展和技术发展的省份,其中广东位居首位,接下来是北京、上海(图9-3)。网络借贷平台汇集了大量的资金流、信息流、交易流,同时也承担了大量的风险以及收益。继宜人贷之后,2017年信而富、拍拍贷及和信贷接连3家平台成功赴美上市,国外资本市场的认可为处于监管元年的网贷行业带来巨大利好。据不完全统计,截至2017年底,网贷行业历史累计获得风投的平台数量已经达到了153家,上市公司、国资入股的平台数量分别为126家、212家,银行背景的平台数量为15家,这些资金雄厚的企业加入促使网贷平台迅速做大(图9-4)。

网贷融资发展时间短暂,但是一直保持着高速的增长态势。近年来受网贷行业整改的影响,平台数有所减少。最近几年网贷平台数量情况,如图9-5所示。截至2017年12月底,网贷行业正常运营平台数量达到了1 931家,相比2016年底减少了517家,但退出行业的平台数量相比2016年大幅度减少,全年停业及问题平台数量为645家,而在2016年为1 713家,如图9-6所示。

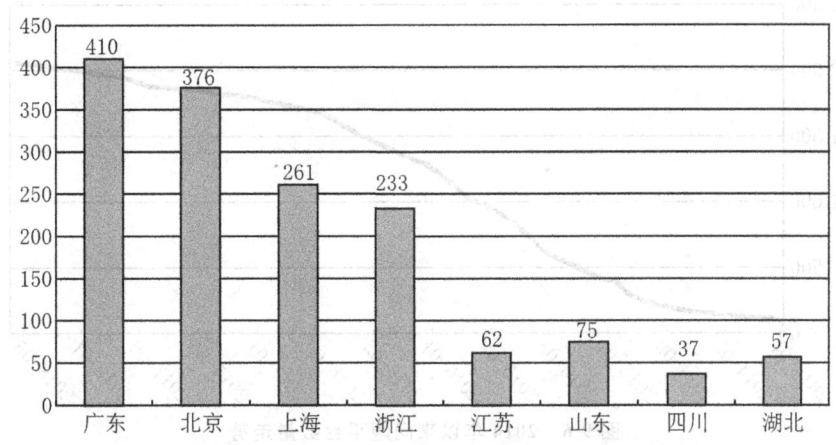

图 9-3 2017 年底各省正常运营平台数量

资料来源:万得数据库

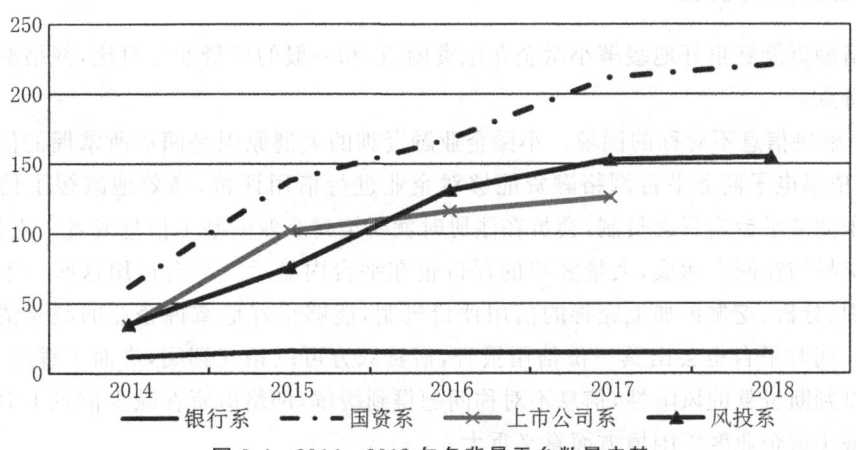

图 9-4 2014—2018 年各背景平台数量走势

资料来源:万得数据库

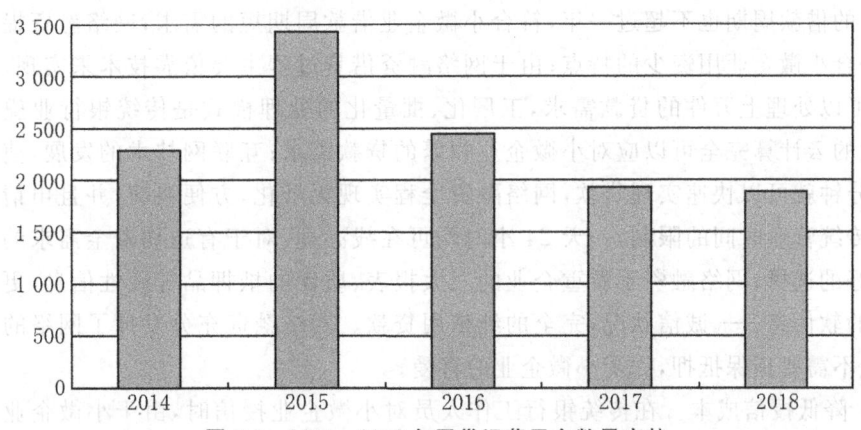

图 9-5 2014—2018 年网贷运营平台数量走势

资料来源:万得数据库

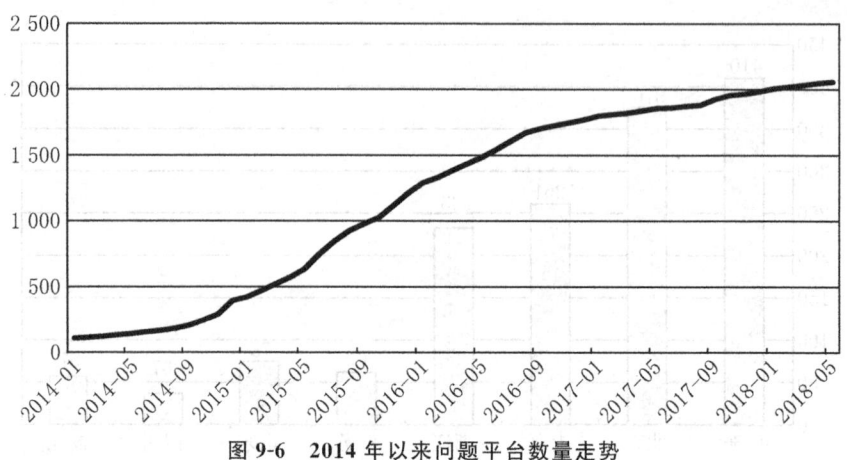

图 9-6　2014 年以来问题平台数量走势

资料来源：万得数据库

三、网络融资的优势

网络融资能够很好地缓解小微企业融资困境，和一般的信贷业务对比，网络融资有下面几大特点：

(1) 解决信息不对称的困境。小微企业融资难的关键原因是两边所掌握的信息不一致，通过依靠电子商务平台网络融资能够对企业进行信用评价，高效地减缓了信息不对称。电子商务平台实行会员制，会员在注册时就要填列企业的基本信息或者个人信息，企业买卖交易均在网上达成，大量客户的评价也在平台内显示。平台运用这些一手的信息经过整理、分析、挖掘再加上完善的信用评价机制，能够很好地掌握企业的经营情况和信用状况。同时平台也会出具一份信用报告，借贷双方可以相互翻阅，进而了解对方，贷款人就可以判断贷款的风险性，信息不对称问题得到缓解，网络融资在减少信息不对称进而有效缓解小微企业融资困境方面意义重大。

(2) 符合小微企业的融资特点。小微企业的融资特点是"短、少、频、急"，并且没有银行要求的"硬"件，网络融资刚好符合小微企业的融资需求。网络融资很多是按日结算利息，最长的借款周期也不超过一年，符合小微企业借款周期短的需求；网络融资提供小额贷款，符合小微企业用资少的特点；由于网络融资借贷过程主要依靠技术来实现，阿里小贷每天可以处理上万件的贷款需求，工厂化、批量化的处理模式是传统银行业望尘莫及的，强大的云计算完全可以应对小微企业频繁的贷款需求；互联网技术的发展，使得某些平台 3 分钟就可以快速实现贷款，网络融资全程实现无纸化，方便快捷，并且申请时间完全不受传统营业时间的限制，一天 24 小时均可在线办理，对于有迫切资金需求的小微企业是最好的选择；网络融资不看重企业的三大报表、质优的抵押品等硬性信息，更看重的是企业的软信息——诚信状况，完全的纯信用贷款。网络融资充分发挥了网络的快捷便利，并且不需要担保抵押，深受小微企业的喜爱。

(3) 降低授信成本。在传统银行工作人员对小微企业授信时，由于小微企业财务不规范、不透明，需要花费大批人力资源人工审核。大量的小微企业需要银行信贷人员逐个去核实，而银行的成本与贷款企业的数量相关而与贷款总额关系不大，因此银行的授信成本很高。而网络融资借助于企业在网站上的交易信息、资金流、物流、客户评价信息,运用自身的信用评价机制,以很小的成本解决了企业的信用问题。尤其是网络平台对不诚信企业的曝光,甚至关闭网店,使得企业的违约成本远大于违约的收益。网络平台的监督与严厉的处罚形成了一种制衡机制,这种机制使贷方更加规范,使借方不再担心信用问题。在网络融资中,企业信用数据库平台的建立可以批量对小微企业进行贷前评估,信用管理、信用风险管理,降低企业的信用调查成本,为解决小微企业融资难扫清了障碍。

与传统融资相比,网络融资除有上述优势之外,还有如下优点,具体如表 9-1 所示。

表 9-1 网络融资与传统融资的比较

融资渠道	传统融资	网络融资
贷款成功率	客户对政策法规、贷款产品、贷款流程不了解,并且需要担保抵押品,成功率低	成立专门的网站,贷款流程、所需条件一目了然,且是纯信用贷款,成功率高
贷款成本	托关系找人,额外成本高,小微企业的利率远高于基准利率	直接网上操作,额外成本低,利率较为灵活
办理周期	人工操作,程序繁琐,贷款审批周期长	无纸化、批量化操作,周期较短
便捷性	需要不断地往返于银行,并且只有在工作时间受理	通过网络,不用出门就可以办理,且不受时间地点的限制

第 2 节 创业与众筹融资

一、众筹的内涵

众筹融资方式是一种新的融资方式,是互联网信息时代出现的适合小微(初创)企业融资的融资方式,它通过特有的合约安排来管理风险,使得普通的大众投资者可以参与到原本只有创业投资基金和天使投资者能参与的对企业初创阶段的投资,因而也是实现普惠金融的重要手段。众筹融资方式和其他融资方式具有显著的不同,而现代意义上的众筹融资方式与传统意义上的众筹也有区别,下面从众筹融资的概念、本质特征和功能进行介绍。

(一)概念

众筹融资方式内涵包括了其概念、本质特征和功能。对众筹融资方式内涵的各个方面的研究在于揭示其与其他融资方式的区别,以对辨别众筹融资方式的真伪提出标准。

关于众筹融资方式,不同学者给出了不同的概念。2006 年 Kleemann 发明了"众筹(crowdfunding)"这个词,并将其定义为:众筹描述的是群体性的合作,人们通过互联网汇集资金,以支持由他人或组织发起的项目。关于众筹的各种定义,本文已在文献综述中详细叙述。根据对众筹融资方式的特点分析,就本教材而言,众筹的一个合适的定义可以描述为:众筹是小微(初创)企业或个人通过互联网众筹平台,以未来的产品或服务或一种可行的利润分享方式公开地向大众来筹集资金的一种融资行为。

众筹模式最早的产生可追溯至 18 世纪的新兴文艺作品"订购"模式。著名音乐家莫扎特、贝多芬就是采取这种方式先找订购者为其创作提供资金再制作乐谱的。订购者有资格获得签名乐谱也可以参加演奏会成为第一批听众。在欧洲国家乃至竞选募资等在一定意义上都属于众筹模式。虽然在过去的时间里,众筹模式没有成为完整的体系来被人们研究,没有形成成熟的商业模式特征。再发展到10多年前,众筹融资模式才被看待成融资模式的一种,并近两年在欧美国家迎来了黄金发展期。2010年至2016年,全球互联网众筹融资规模保持80%以上年复合增长率,于2016年达到1 989.6亿美元,比2015年增加866.5亿美元,同比增长77.2%(图9-7)。

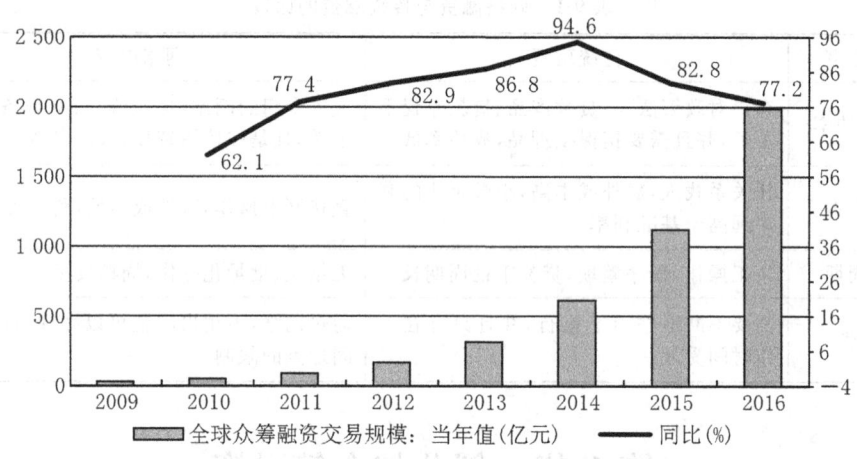

图9-7　2009—2016年全球众筹融资交易规模

资料来源:根据前瞻产业研究院数据整理所得。

欧洲国家众多众筹网络融资平台中,2009年在美国上线的Kickstarter最具代表性。Kickstarter网络平台上主要以漫画、音乐、电影等文艺产业项目为基础,平台上30%左右成功项目是音乐类融资。Kickstarter网站成立不到5年,2013年底共计众筹项目金额超10亿美元,单2013年一年就累积融资5亿美元,其中三分之二资金来自美国,英国和加拿大分列二、三位。平台还共计吸引了224个国家的570万位大众投资者,融资成功率接近50%。这些数据令人振奋,众筹不愧是一个值得借鉴和研究推广的富有活力的商业模式。

(二)本质特征

根据众筹融资方式的概念,以及目前世界各国众筹融资发展的实践,我们可以归纳出众筹这种融资方式的几个本质特征。

首先,众筹最大的本质特征是一种融资和投资方式,因而众筹的本质是金融。在互联网金融的概念中,众筹和P2P最符合金融的融资本质特征,而第三方支付则是金融的衍生支付功能,其他如纯互联网银行则代表了传统金融的互联网化,因而众筹和P2P在整个互联网金融的族类中最为重要。众筹被认为是互联网金融最为重要的领域,其理由就是众筹最能反映出互联网金融中金融的本质。众筹融资方式的众多功能中,融资和投资功能也是最为重要的功能。因此,判断某一行为是否是众筹,需要判断该行为的最根本目的是否是融资,否则,则是对众筹这一概念的滥用。

其次,众筹的融资主体是小微(初创)企业或个人。众筹的这个特征可以从两方面考虑。一是众筹的主体必须是小微(初创)企业或个人。大中型企业并不需要采用众筹这种形式来进行融资,大中型企业自有资本较多,财务体系健全,经营风险相对较小,产品研发和生产费用可以从多种渠道获得,且相对容易,不管是直接融资还是间接融资,大中型企业都有很强的融资议价能力,社会并不需要将众筹这种金融资源配置到大中型企业当中去。JOBS 法案及其后的美国众议院通过的众筹立法规定众筹融资的主体必须是初创企业,每年融资总额也不得超过 100 万美元;意大利的众筹监管规则规定存续超过两年的公司没有开展股权众筹的资格,开始运营后第二年产值超过 500 万欧元的公司也不能开展股权众筹融资。因此,可以看出各国主要将众筹融资的金融资源配置到小微(初创)企业中。二是从投资人角度,投资人参与众筹是基于对未来该小微(初创)企业或个人及其产品和服务的看好,或是追求未来商品(商品类众筹),或是追求未来利润的分享(收益类众筹)。股权类众筹被认为是天使投资的平民化。

再次,众筹的投资主体是民众。不同于天使投资和私募投资,众筹投资主体的门槛相对要低一些。商品类众筹对于投资者来说完全没有门槛;而股权类众筹基于对投资者的保护和投资者风险承受能力的考虑对投资者和融资者设了双向的限制。例如,意大利对股权众筹的投资者要求每人每个项目不得超过 500 欧元,每人每年不得超过 1 000 欧元投资。众筹的投资主体具有平民化特征,体现了互联网金融和新金融时代对于共享金融、经济发展理念的贯彻。

最后,众筹的融资行为是通过互联网进行的。众筹融资方式的一个存在基础是社区(或网络)。传统的众筹行为(old-fashioned crowdfunding)是基于线下,例如,中世纪著名画家利用教会网络来筹集资金作画,而现代意义上的众筹是完全基于线上,所有的众筹融资行为都要经过互联网众筹融资平台。从社区或网络的角度上来说,互联网的出现使其融资效率远远超过了传统教会、熟人社区网络。这就要求众筹融资首先是在线上面对广大投资者公开进行的;其次众筹融资者必须通过互联网众筹平台进行融资,投资者也必须通过互联网众筹平台进行投资;最后互联网众筹平台对于投资者和融资者在众筹融资的整个过程负有责任。

(三) 功能

众筹融资方式是互联网金融中重要的一部分,而互联网金融尽管是基于互联网技术,但并不能掩盖其金融的本质,因而,系统地讨论众筹融资方式的功能还是应该从金融功能的基本框架入手。

金融功能可以划分为四个具有递进关系的层次:基础功能、核心功能、扩展功能、衍生功能。金融的基础功能为服务功能和中介功能;金融的核心功能为资源配置功能;金融的扩展功能为经济调节和风险规避功能;金融的衍生功能为风险交易、信息传递、公司治理、引导消费、区域协调和财富再分配功能。

1. 投融资功能是基础功能

众筹平台能为融资者和投资者提供什么,融资者和投资者最需要什么,这应该是众筹融资方式的基本功能,也是辨别众筹概念是否被滥用的判别标准。众筹的基础功能涉及微观层面,是从融资者和投资者角度来出发的,其基础功能是:中介功能和服务功能,为小微（初创）企业融资提供便利，为广大投资者投资初创企业提供便利。众筹以及互联网金融涉及金融中介这个概念，这需要有更深入的讨论，意义重大，本书也将在接下来的章节中进行相关讨论和研究。在此处的中介功能指的是众筹融资方式以互联网众筹平台基于现代信息技术的平台建设和征信及风险管理能力来帮助小微（初创）企业以较低的交易成本来融资，来帮助投资者投资小微企业。而从作为融资者的小微（初创）企业来讲，融资功能是它们最为看重的功能。也因此，众筹融资方式的最基础功能就是融资和投资功能。

2. 资源配置功能是核心功能

资源配置功能主要通过金融体系的运作进行储蓄动员和项目选择从而达到资源配置目的。储蓄动员和项目选择既可以通过传统的银行等金融机构进行，也可以通过非银行金融机构或在非银行金融机构的辅助下直接通过资本市场来进行。互联网金融既不同于直接融资，又不同于间接融资，它的去中介化和平台化使得它成为金融的第三业态。无论众筹及互联网金融如何界定，它依然在资源配置上发挥主动性。众筹资源配置的功能依赖于两方面：一方面是众筹融资方式使得小微（初创）企业的融资成本降低；另一方面是互联网对于社区的重构。这种社区重构是基于网民的上网习惯（习惯上某些门户网站，浏览某一类的网页），基于共同价值观或兴趣而形成的网上社区，而这种网上社区使得金融资源可以跨区域主动流动。

3. 众筹融资方式的衍生功能

众筹融资方式能带给众筹的融资者其他的除融资之外的功能，例如，产品或服务的市场探路功能；广告功能；信息反馈功能；供应链金融功能。众筹融资方式也给投资者带来了社区福利。产品或服务的探路功能为小微（初创）企业正式将产品投放到市场之前提供市场对该产品或服务的接受信息。广告功能可以为融资者进行宣传，提高大众对厂商以及产品的关注度，扩展潜在的消费群体。信息反馈功能使得投资者可以及时向融资者提供产品或服务的质量反馈，同时提高风险管理的水平。供应链金融功能可以帮助小微（初创）企业连接产业上下游关系，帮助企业节省成本。这些都属于衍生功能，具体就不再一一介绍。

二、众筹融资的模式

网络众筹融资模式根据回报方式的不同，主要分为奖励类众筹模式、股权类众筹模式和捐赠类众筹模式。

（一）奖励类众筹模式

发起者以互联网为平台，在线发布新产品相关信息或服务信息，某些对该产品有兴趣的投资者可以事先预购，从而为项目的前期制作注入资金。在该模式中，文化类相关产品（电影、音乐、创意产品、新闻出版等）、智能电子产品是主流。众筹网、点名时间和追梦网是我国主要的基于以上众筹模式的平台。项目所有者通过该融资模式募集资金，同时获得一些产品进入市场的潜在信息，把握了产品的市场方向，为更好地进入市场做好基础。项目所有者可以通过众筹平台与客户产生互动，从而建立与客户亲密的联系，这种联系为产品成功推向市场奠定了坚实的基础，产品可以根据用户的意见有针对性地改进，以获得客户的忠诚度与产品依赖度为工作的宗旨。同时,该众筹模式还能够测量产品或创意是否有吸引力。在众筹融资的规定时间内,项目所有者可以通过融资和客户互动,对产品或创意进行快速且相对准确的评估,从而对错误的创意进行改进或彻底改变,通过这种双方的互动把项目做得更加贴近大众,满足群众的潜在需求。如果项目所有人成功获得第一轮融资金额,还可以转向 VC、PE 或天使投资等渠道进行融资。例如,滴滴打车就是成功的众筹转传统渠道的成功案例,这种方式的众筹在我国是比较合法的,因此通过预售或奖励融资的做法比较普遍。

我国奖励类众筹模式存在很多不足。首先,它更像是"团购+预售"的形式,这体现的是一种营销策略,而不是真正意义上的众筹融资。我国的淘宝网、京东商城以及各个领域的领头网站已经有团购的形式,积累了大量的客户流量和品牌知名度,奖励类众筹在该方向发展没有竞争优势。其次,我国奖励类众筹项目普遍是一次性募资,项目结束后不再尝试继续做大做强,那这次募资只是一次简单的"销售"活动,失去了我国众筹融资的本意,我国是鼓励发起人通过众筹融资募得所需资金,在后续项目运作中要加深与投资者和消费者关系,以便后期把该项目做得趋于成熟。因此,我国奖励类众筹要想健康发展,必须在融资模式方面有所突破。例如提高融资项目的创意门槛、提高募集资金数额与限制投资人数量等措施,以此提高融资项目的品质,满足发起人真正融资的需要。

(二) 股权类众筹模式

该模式目前主要的业务是服务于初创企业,尤其是在移动互联网、电子商务、移动PC、房地产等企业中应用比较广泛,这些企业大都处于初创成长期,项目借助于众筹平台,公布了投资者项目的相关情况,将信息暴露在大众面前,宣传面比较广,更可能使初创企业与中国顶尖的投资者进行直接的接触交流,因此,众筹平台使投资者通过平台找到目标项目,保证了项目的高质量与高层次。一些有潜力的项目通过众筹平台成功募资,项目公司一旦做大,便会吸引大股东前来投资,股权众筹为初创企业提供了资金与宣传的平台,股权众筹与天使投资、PE、VC 构成一条完整的融资生态链条,是多层次资本市场体系的一部分。我国主要的股权众筹平台有原始会、天使汇和大家投。虽然处于萌芽阶段,法律制度不健全,但是,由于更加贴近民间资本,具有自身的特色与竞争力,将会在不断完善中持续发展。

众筹实质上在网络平台上买卖股份完成投融资的目标,该行为性质往往触及了证券发行的几个风险点,因此常常介于我国法律非法集资与合法集资之间游荡,由于我国法律尚未对此做出相关规定,我国的众多股权众筹项目只能通过绕开非法集资的几个关键点开展项目,例如通过实名认证、投资资格认证、通过规定项目中的最低投资额度来严格控制投资者人数等特殊方式规避法律的限制。由于股权众筹融资模式的风险非常大,在美国,获得风险投资的创业企业在 5 年内的失败率平均达到 60%~80%。然而,一旦项目运行成功,收益率也是巨大的。这就需要投资者分散投资,例如投资于不少于 10~20 个项目;一些股权众筹平台规定投资人条件,只能是公司高管(年均收入不低于 30 万元)、金融人士、高净值人士(金融资产在 100 万元以上)、专业投资人有资格查看项目具体情况并参与其中,通过筛选优质的投资者,增加了项目成功的可能性。股权众筹是一项长期的投资活动,需要投资者巨大的耐心。投资人投资一家创业企业平均需要 5 年多才能退出,从而获得最终收益。即使投资企业发展顺利，只有在创业企业被收购、下一轮融资或者最终成功上市时，投资人才能够兑现收益、落袋为安。因此，股权众筹不适于普通上班族进行投资。

我国股权类众筹更多的是初创企业完成首轮募资，在此过程中扩大知名度，吸引PE、天使投资人对此进行第二轮融资。因此，我国股权众筹为初创企业提供了良好的发展平台。由于涉及的风险非常大，投资者审核门槛高，该模式在我国的发展并不普遍。

(三) 捐赠类众筹模式

非经济性回报的投资，主要是处于情感共鸣或自我内在价值的改变的阶段，对许多融资项目进行小额的"爱心投资"。主要功能是进行献爱心的信息传递与资源的有效配置。异于传统的募捐方式，基于捐赠的众筹模式由于往往为某一特定项目进行募捐，其捐款的具体用途很多投资者都是清楚的，同时，非政府部门对特定项目的运作过程持续进行跟踪并发布相关信息，投资者更愿意募捐更高数额，并保持更高的忠诚度。总之，基于捐赠的众筹的捐赠者是以非营利性的目的的，投资者更想要获得一种内在价值与存在感。该模式在国内是合法的，且已有了一定的发展，不过不适用于创业企业。著名艺术家刘成瑞在国内领先的众筹平台——众筹网上发起了"澜沧江计划"，救助偏远藏区盲童的眼疾。"澜沧江计划"众筹项目，只要在2014年9月3日前筹集到20 000元人民币即可宣布项目成功。上线仅五天，就已经有近百位网友表示了喜欢并对该项目进行了密切关注，筹得资金10 000多元。

【案例 9-1】

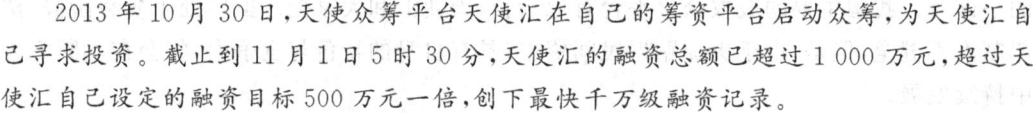

2013年10月30日，天使众筹平台天使汇在自己的筹资平台启动众筹，为天使汇自己寻求投资。截止到11月1日5时30分，天使汇的融资总额已超过1 000万元，超过天使汇自己设定的融资目标500万元一倍，创下最快千万级融资记录。

三、创业众筹融资的运作方式

众筹网络融资模式也是一种社交方式。通过平台的展示形成相遇，用项目共鸣度和信任感达成合作，通过平台的约定协议机制让"多数人帮助少数人"的各种融资需求成为实践可能。创业企业构建众筹网络融资模式有三个重要组成部分：项目发起人、出资人和众筹网络融资平台。

(一) 项目发起人

项目发起人是指在平台上发布有明确目标的项目的责任人。项目是必须可以完成且在一定期限内进行网络融资的非公益活动，例如出版一本书或生产电子产品等。项目不得做出股权、分红等形式的资本回报。项目发起人必须具备一定的条件(如国籍、年龄、银行账户、教育学历等),项目的自主性应为100%。项目发起人签订代理合同(所有的融资平台),明确双方的权利和义务。

项目发起人通常会是需要解决启动资金问题的创意团队或有创意项目的微型企业,但也存在个别企业发布项目的目的是为加强与公众的网络市场用户的互动和体验,产品的预销售和推广等其他功能得以扩展,项目发起人借助项目发布让公众(潜在用户)参与产品开发、试生产和推广等环节,借此使得项目产品获得更好的市场反应。

(二)出资人

出资人通常是一个数量庞大的互联网用户,是使用在线支付方法为他们感兴趣的创意项目投资的小投资者,每个投资者都已成为"天使投资人"。该项目的公共投资的成功实施后,投资者得到的不是资本报酬,而可能是一种产品的样品,如一张演唱会的票、一个专属签名的碟片或者一个个性化定制产品等。

参与出资的创作过程中,投资者付出了投资,提升了项目生产和营销效率的同时,让社会得到了原始的依靠传统的投融资模式无法推出的一个新产品,也能满足平台上出资人作为一个小众用户群体以往未能收获的更贴切和个性化的消费需求。

(三)众筹网络融资平台

众筹网络融资平台是一种中介,平台搭建起一个沟通的桥梁,既是项目发起人的指导者、监督者,也是利益的捍卫者,众筹是新兴发展的融资模式,平台承担了重要的责任,是复杂系统的控制者。

首先,平台要有一个强大的网络技术团队做支撑,按照有关法律、法规的规定,采取虚拟经营的方式,项目发起人在融资平台上提出融资需求,将创作和出版的大致信息发布在网页上,发布信息的前提就是要进行详细的实名审核,确保项目内容完善可行,有社会价值,并在实施全过程确保不能违反本准则和项目要求。其次,项目融资的成功,管理咨询的顺利展开和控制项目。最后,当项目不能执行,众筹平台有监督项目发起人返还投资者的责任和义务。

美国 Kickstarter 众筹融资网站的运营模式,就是由通过平台审核具备资格的项目发起人根据自身设计和创作提出项目概念和主体要求,然后由 Kickstarter 网站通过平台为项目发布视频、文字或图片等信息,吸引阅览平台的人关注,再促使具有网站审核资格的出资人参与项目投资,在规定时间内项目融资达到预先约定额度即视为项目成功,项目发起人在项目成功融资后可以用这笔钱对项目进行进一步开发、创作和生产,其中 Kickstarter 则向其收取5%的筹资额提成等项目发布费用。

四、众筹的参与动机及优势

众筹融资模式既然能得到创业者和投资者的热捧,自然有其独特的优势。整个众筹的市场中,参与者可以分为:创业者(发起者)、投资者(支持者)以及平台商。下面我们就来分析一下众筹的参与动机及优势。

(一)创业者

众筹融资模式对于创业者的吸引主要在于两个方面:更低的资本成本和更多的信息优势。

1. 更低的资本成本

通常,对于创业者而言,处于起步阶段的项目的融资渠道包括:个人存款、房屋抵押贷款、个人信用卡贷款、亲友借款、天使投资以及风险投资。相比这些传统的融资方式,众筹可以为创业者提供一个更低的资本成本,主要是因为:

首先,通过互联网渠道,创业者可以在全球的范围内向任何一个个人进行募集资金,这给予了创业者选择最佳的融资成本的机会。

其次,由于非股权式的众筹仅要求创业者给予投资者早期的产品、公开最新的进展并给予投资者参与的权利。这也就让创业者可以选择以多样化的方式去回馈投资者,而非一定为金钱和股权。

最后,众筹的模式还可以产生相对于传统融资模式更多的信息,而这些信息可能会刺激投资者的投资倾向,从而降低创业者的融资成本。例如,通过众筹平台,潜在的投资者可以看到大众对于融资项目的态度,从而判断项目的市场前景。如果一个融资项目有较多的潜在用户,自然投资者会对其有更高的投资倾向,以至于降低了项目的资本成本。

2. 更多的信息

除了上面提到的众筹融资模式产生的信息可以降低项目的资本成本,这些信息还可以给创业者带来更多的好处。

首先,投资者可以通过众筹的模式得到创业项目的早期产品,创业者则可以通过众筹平台提供的市场调研了解市场反应和需求。因此,通过众筹平台,创业者可以提高其产品在市场竞争中的成功率。

其次,通过预售等手段,创业者可以得到投资者以及用户对于其产品的反馈和建议,通过这些反馈和建议,创业者可以不断改进其产品,使其更符合客户的真实需求的同时也更具市场竞争力。

（二）投资者

对于投资者而言,众筹模式的吸引力在于以下几个方面:

1. 得到投资的机会

如果通过传统的投资渠道,风险投资者只能投资于当地的项目,而失去了投资于外地的优秀项目的机会。通过众筹平台,投资者可以从全球范围内选择合适的投资项目进行投资。

2. 第一时间得到早期产品

众筹有多种模式,其中以获得早期产品和预售产品的模式最为有代表性。尤其是对于非股权的众筹融资项目,投资者可能会第一时间收到其投资项目的产品。

3. 交流和参与感

对于许多投资者来说,众筹平台给他们提供了一个进行社交活动和参与投资项目的机会。很多投资者是为了参与一个其认为有意义的项目,获得参与感,而对融资项目进行投资的。

4. 博爱和慈善感

博爱和慈善感在众筹融资中扮演着重要的角色。很多投资者支持(投资)某个项目,不仅不能从中获得有形的产品,也没有对项目进行交流与参与。这类投资者仅仅是通过支持(投资)某个对社会(个人)有意的项目来实现自己的博爱和慈善感。

5. 标准化合同

正如之前所述,众筹融资项目的初期,大多数投资来自创业者的亲友。众筹平台采用标准化的合同并承担中介角色,降低了创业者与其亲朋之间借款还款中产生的不必要的社交成本。

(三) 平台商

对于众筹平台商而言,其参与众筹市场的动机更为单一。作为众筹市场中的中介,平台商的目标就是最大化融资成功的项目数和融资金额,从而以收取手续费的方式达到利润最大化的目标。这也就要求平台商要以降低虚假项目欺骗率、建立项目质量、建立更高效率的配对机制等方式来吸引创业者和投资者。

第 3 节　创业与 P2P 融资

一、P2P 融资的内涵

(一) 概念

P2P 的直接意思是"person to person""peer to peer"。P2P 最早指一种互联网技术,在这种技术模式下,人们可以直接连接到其他用户的计算机、交换文件(图 9-8),而用不着通过服务器去浏览与下载(图 9-9)。

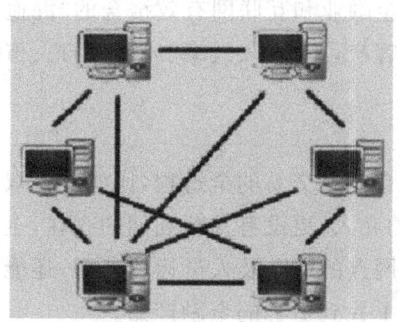
图 9-8　P2P 互联网技术

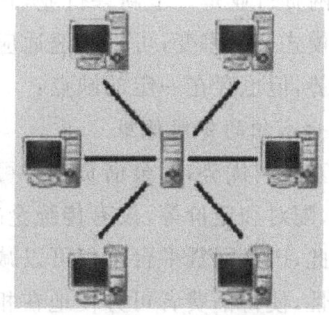
图 9-9　非 P2P 互联网技术

近年来,在国内外金融领域出现的 P2P 融资模式,是指在中介公司或网络平台的帮助下,社会个人(微型企业)与个人之间的一种民间借贷行为,如图 9-10 所示。

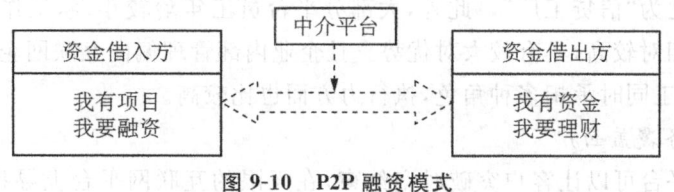
图 9-10　P2P 融资模式

作为一种新型融资模式,P2P 的原始形态源自互助借贷(social lending)模式——"标会"或"台会",在这种模式下,亲戚、朋友及社会团体之间通过小额信贷来解决对资金的短期需求。随着互联网技术的发展和普及,特别是借助 Web 2.0 技术,互助借贷平台从有限的人际范围拓展至更广阔的网络空间,参与人员、参与资金、社会影响范围也随之快速扩大。

很明显,P2P 融资绕过了传统的商业银行体系,体现了融资者与投资者之间的直接金融交易,属于非正规金融和影子银行体系,它在一定程度上满足了部分个人或微型企业的融资需求,同时也为部分个人投资者提供了投资工具。

P2P 融资模式与银行存贷款的区别:

(1) 银行通过吸收存款再进行贷款,实施了资产转换,因此属于间接融资性质,而 P2P 融资模式体现了当事人之间的直接借贷关系,因此属于直接融资性质。

(2) 银行存款流动性高于 P2P。即个人在银行存款,存款人可随时提取银行存款,而在 P2P 融资模式下,一般只有到期时,投资人才能收回本金。

(3) 银行属于正规金融,贷款风险主要由银行承担,存款人的收益基本没有风险,此外银行受到国家(银监会)比较严密的监管,因此贷款法律风险较小。而 P2P 融资模式借款风险理论上由资金出借人承担,目前并没有明确的监管和监管机构,因此,存在中介人不规范以及"跑路"等违约方面的风险。

(4) 由于银行存款有以上好处,其收益一般要低于 P2P。按照 2011 年 7 月之后国家公布的利率水平,银行年利率一般为 3.5%,而 P2P 融资的收益率在 10% 以上,最高可达 29%。

(二) 特点

P2P 网贷行业是一个新兴行业,它可说是金融业和互联网有效结合的"混血儿",因而自身商业模式灵活多变,可以快速适应市场和客户,在成本、效率、风险、用户、市场等方面有广泛优势,但也存在一定的缺点:

1. 平台承担的费用低廉

借于互联网优势,资金借贷双方可借助平台完成交易的全过程,比如实现双方信息纯线上筛选、配对和定价等,没有传统金融中介的介入,更没有垄断利润的存在,全面降低了成本。因此,P2P 网贷平台不仅可以减少布置网点的资金及人员运营费用,还能有效提高信息对称性,使得消费者可方便地在相关平台上找到适合的金融产品。

2. 业务办理效率高

归类于互联网金融下的 P2P 网贷平台凭借计算机自身优势,通过走标准化操作流程,便于客户自行操作,因此用户体验更好。不论您身在何处,只要一台能上网的电脑,抑或是一部手机便可自助操作整个流程,对于一些已经能够很好运用大数据的优秀平台,比如阿里小贷,就可通过大数据挖掘和引进的资信审核模型,实现秒批,放款效率高达 1 万笔/日,真可称之为"信贷工厂"。此外,大部分平台员工年龄较年轻,工作效率高,人才资本收益水平也相对较高,具有较大对优势。且企业内部管理偏向互联网企业管理方式,内部消耗较小,员工同时承担多种角色,执行力方面也比较高。

3. 平台业务覆盖面广

P2P 网贷平台可以让客户突破时空约束,在无限的互联网平台上寻找可能的金融资源,使金融服务更直接,加大了客户基础的广泛性。此外,该类平台客户以个人和小微企业为主,特别是一些容易被传统金融机构忽视的群体和企业,很好地覆盖了部分服务盲区,有利于提升资源配置效率,促进实体经济发展,弥补了传统金融服务的空白区域。

4. 平台规模发展快

随着我国计算机技术的快速发展,我国网贷平台和数量都出现了快速增长。以陆金所为例,自2012年3月上线来,截至2016年10月末,注册用户数已达2 600多万,累计交易资金达到2 000多亿元。

5. 平台运营风险大

首先,互联网载体风险系数大。如果我国网络安全问题频出的话,很容易导致大规模的金融犯罪。一旦遭遇黑客攻击,平台就会面临客户信息外泄及资金安全问题,严重影响平台正常运作。其次,信用风险。目前我国信用体系还很不健全,与P2P网贷相关的法律法规以及业务配套设施还有待完善,再加上互联网违约成本相对较低,容易引发恶意骗贷、跑路等问题。

【案例 9-2】

据投融界观察,P2P平台的普通借款主要是一些个人的房产借款、车辆借贷、个人信任等项目,资金额较小,还款时间也较短,由第三方机构做资金监管,所以可以大幅度降低投资人的风险,同时让P2P收益较高,因此可以在近两年获取巨额用户量。

和P2P借款项目不同的是,创业企业融资主要靠风投机构投资,一般开始由天使投资人进行小额注资,然后在接下来A轮、B轮融资接入大型风投机构,大规模融资。其中天使投资的资金一般在数十万到上百万元不等,与P2P的普通借款项目相比并没有明显的数额差距,但企业进行的AB轮融资,通常融资金额会达到千万甚至上亿元级别,对此P2P目前能涉及的还比较少。

二、国外 P2P 运营模式

国外的个人征信体系比较完善,P2P平台发展迅猛。P2P最初也是从国外发展起来,逐渐传到中国。目前,在国际上比较著名的P2P平台有美国的Prosper、英国的Zopa和美国的Kiva等。

(一) 美国的 Prosper

1. 平台介绍

Prosper成立于2006年2月5日,是美国最早成立的P2P网络借款平台。借款人通过平台进行借贷活动,金额从2 000到35 000美元,期限为3年或者5年。Prosper有一套信用评价机制,借款人通过输入个人信息,由第三方信用评级机构Experian对借款人进行信用评级,根据评级来确定借款者的利率。投资者通过购买收益权证凭据进行投资。

平台主要负责一系列中间事项，例如对借款人的信用评估、资金到期追偿等。Prosper 的收益主要来源于对借款人和投资人双向收取服务费和管理费，是一种单纯中介型 P2P 平台。

Prosper 由两家公司组成，包括 Prosper Marketplace（简称 PMI）和 Prosper Funding 两家公司。PMI 的收入来源于 Proper Funding 支付的讨债费以及 WebBank 支付的补偿费，Prosper Funding 的收入主要来源于服务费。

2. 特点

Prosper 平台一个显著的特点是通过票据完成借贷活动。资金出借方和融资方并不直接进行交易，而是由 Prosper 投资者购买其子公司 Prosper Funding 发行的票据，Prosper Funding 没有员工，主要依赖于第三方服务商处理平台的日常操作，其目的是为了破产隔离，保护投资者的借贷资金。一旦发生破产，投资者的资金不会牵连进去。投资者购买了票据就成为了 Prosper Funding 的债权人，而借款人则成为债务人。

Prosper 平台引入了 WebBank 这一服务机构，资金需求者和投资人并不是直接进行资金交易，而是由投资者将资金转入 WebBank 公司账户，再由公司账户转入资金需求者的账户中，降低了在划款这一环节的风险。

Prosper 平台规定了按月偿还的规则，分散了资金的偿还时间，从而一定程度上降低了风险。

Prosper 信息披露程度高，在网站上充分地公开了其数据，对于学术界的研究提供了数据支持，有利于对 P2P 平台的分析和研究。

3. 运营模式

Prosper Funding 的第三方服务机构很多，由 WebBank 代理发放贷款资金及贷款债权购买，由富国银行进行资产托管，开设了储蓄账户和 FBO 账户，分别管理借款人的还款资金和投资者的出借资金，Folio Investing 为票据的流通提供二级市场，提高了流动性，在二级市场上，投资者可以任何时候购买票据，价格可高可低，但需要支付 1% 的交易费。借贷交易涉及多个机构，从而有利于风险规避和风险分散化。其运营模式如图 9-11 所示。

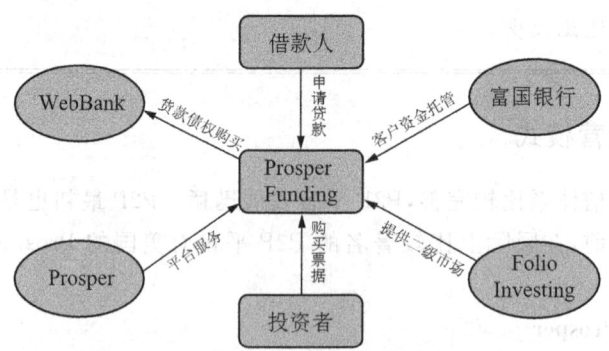

图 9-11 Prosper Funding 的运营模式

首先，借贷双方需要成为 Prosper 网站的会员，注册会员需要提供一系列真实且有效的信息，但无需实名制，通过双方账户进行交易，由第三方机构对注册人的信用等级评级，主要分为 AA、A、B、C、D、E 和 HR 这七个等级，评级越低，借款人的违约概率越高，从而借款利率在期限和金额相同的情况下也越高。

其次,由借款人根据自身需求通过个人账户发布贷款申请,由 PMI 对申请进行信贷审核和验证。

当投资者产生投资意愿时,通过个人账户进行投资,托管行 WebBank 通过公司账户审核、拨款到对应的资金需求者账户,由投资者购买 Prosper Funding 发行的票据,成为了 Prosper Funding 的债权人。借款人承担每月还款的任务。

(二) 英国的 Zopa

1. 平台介绍

Zopa 的灵感来源于 Bond Market 和 EBay,Bond Market 是一种融资渠道,而 Ebay 是一个交易市场,Zopa 的创始者试图将两者结合起来,在这种灵感碰撞下,Zopa 在 2005 年 3 月在英国伦敦成立了,也打开了英国的 P2P 市场,各种 P2P 网络借贷平台如雨后春笋般发展起来。

Zopa 是 Zone of Possible Agreement 的简写,从英文可以看出,Zopa 明确将自己定位为服务借款者和贷款者的中介和桥梁,在资金融入方和资金出借方寻求最大限度的一致。Zopa 在英国发展速度非常快,2007 年在美国和意大利成立分公司,2011 年加入英国 P2P 金融协会,Zopa 在英国发展得如此之快,与英国的经济状况密不可分,在英国,银行处于绝对的主导地位,五大行几乎垄断了英国的经济,中小微企业和小额借贷的需求无法满足,当 P2P 可以解决这个问题并被人们认可时,便发展迅猛,席卷整个英国。其次,Zopa 的发展离不开英国政府的支持,英国政府在 2012 年获得 9 万英镑助其运营、发放贷款。

Zopa 已经发展成为英国最大的 P2P 网络借贷平台。主要针对汽车贷款、信用卡贷款以及家庭贷款三种用途。

2. 特点

Zopa 与 Prosper 不同的是,Zopa 的利率不由交易双方制定,而是由网站决定利率,投资者的收益率以及贷款者的借款利率都由 Zopa 制定。投资者无法得知将自己的资金出借给谁,融资方也无法知道资金来自谁,由网站根据双方的要求和偏好进行自动匹配,省去了中间环节,借款者和贷款者能够快速匹配,更加灵活便利。

投资者的资金并不是匹配到一位借款者手中,而是分成 N 等份 10 英镑,分配到多个借款者手中,并且对借款人划分了信用等级,强制按月偿还,这些措施起到了风险防范和风险分散的作用,分摊到每个月偿还部分本金和利息也降低了借款者的还款压力。

在 Zopa 平台的借贷过程中,会出现三个利率,预期借款利率、实际借款利率以及投资者的投资回报率,Zopa 在借贷活动中是一种复合中介,而不仅仅是借贷双方交易的平台。

3. 运营模式

首先借款需求者通过 Zopa 平台的贷款计算器计算以下预期借款利率,若借款者能够接受预期利率,则可以在平台上提出借款申请。

Zopa 收到借款申请后,24 小时内,再根据借款人的信用状况、借款金额、借款期限,决定最终借贷利率,若借款人接受,则处于等待借款成功的状态。

Zopa 的投资期限分为 3 年期和 5 年期,投资者选择自己偏好的投资期限,将资金从个人账户划入 Zopa 账户。

Zopa 将每一位投资者的资金分为 N 等分 10 英镑,分散到多个借款者身上,当借款者需求的金额被分配满时,借款者就借款成功了。

借款者需履行每月还款的义务,投资者则可选择继续投资还是取出。

表 9-2 Zopa 详细信息

Zopa	借款者	投资者
金　额	1 000~20 000 英镑	10 英镑以上
年　限	2、3、4、5 年	3 年或 5 年
还款方式	按月偿还本息	
其　他	可随时提前还款	提前撤资按资金来定手续费

Zopa 根据借款者的信用评分,将借款者分配到六种贷款市场中,分别是 A*、A、B、C、D 和 E,等级越高代表信用度也越高,投资者虽然看不到具体的借款人,却可以看到自己的投资资金分散到哪个市场。Zopa 的运营情况如表 9-2 所示。

(三) 美国 Kiva

1. 平台介绍

Kiva 在 2006 年 1 月于美国旧金山成立,服务对象为贫困地区的中小微企业和个人。

Kiva 与 Prosper、Zopa 有着明显的区别,Kiva 是带有公益性质的 P2P 平台,并非以营利为目的。Zopa 主要是为了支持当地经济的发展、扶持贫困地区,贫困地区主要位于发展中国家。Kiva 将放款人提供的资金向贫困地区的中小微企业发放无息贷款,支持贫困地区经济的发展。同时,Kiva 平台也为爱心人士提供了机会,为帮助贫困地区脱贫提供了一条途径。

2. 特点

Kiva 最大的特点就是公益性质,Kiva 不收取手续费,运营资金也依靠企业捐赠。Kiva 对于世界经济与和平有着重大的意义,Kiva 不仅将发达国家和发展中国家联系在一起,同时也将世界经济联系到一起,Kiva 平台为爱心人士提供了一条途径,为资金提供了新的出路,让大家关爱他人,不仅仅关注到自己,更看到世界各个角落生活困苦的其他人,唤醒大家的爱心。

Kiva 平台的另一个特点是 Kiva 不直接与借款人发生交易,而是通过微金融机构来实现交易的,Kiva 平台将资金出借给小额贷款机构,小额贷款机构将资金出借给穷人,通过层层借贷的关系来实现这个交易的。

3. 运营模式

Kiva 主要和世界各地小额贷款机构合作。各小额贷款机构对贷款申请者的信息进行调查,并公布在 Kiva 网站,Kiva 平台根据资金需求者的贷款情况、经营时间、贷款金额等要素将借款人进行分级。资金出借者对 Kiva 平台上的借款对象进行挑选,将资金通过 Kiva 平台出借给相应的小额贷款机构,一般来说免息或者是很低的利息,这些小额贷款机构再将资金出借给贫困的人们。但是,目前的小额贷款机构数量较少,只有大规模地发展小额贷款机构,才能让更多的贫苦人群能够有机会接触到小额贷款机构,有途径让大家看到他们的难处和需求，Kva 平台将会发挥更大的作用。

Kiva 平台不以营利为目的，主要依靠捐赠来经营，愿意在 Kiva 平台出借资金的人本身是有空闲资金在手，并且并不追求利益，而是追求一种精神回报，他们致力于帮助发展中国家贫苦人民摆脱贫困和提高生活质量。Kiva 尽可能压缩运作成本，也通过广告挣钱维持运作，所以以免息或者很低的利率贷款给穷人是有可能并且得到认可的。

（四）国外 P2P 平台对比分析

与 Zopa 相比，Prosper 更加透明化，监管力度也更强，但是 Prosper 没有承诺追讨逾期未还的贷款，客户追回逾期贷款需要寻找专业的代收欠款的公司，费用由出借者本人承担。Proper 的风险控制有以下几个方面的特点。首先，通过 Prosper 评级，揭露不用评级下的借款人可能出现的违约率，方便投资者进行风险评估；其次，借款请求列表清晰透明，便于投资者选择出借对象，Prosper 平台鼓励出借人选择多个出借对象，以达到风险控制的目的；最后，Prosper 要求借款者按月偿还本息，及时跟踪借款人出现坏账的可能性。从监管方面来说，Prosper 比 Zopa 更加严格，Prosper 的贷款由 WebBank 发放的，而 WebBank 受到美国联邦存款保险公司的监管，同时，Prosper 还必须遵守相应的州或者联邦借贷法，多重监管使 Prosper 的运作更加规范。

Zopa 模式最大的不同之处是存在一个第三方专业放款人。借贷双方并不直接签订借款合同，而是由第三方将资金垫付给借款人，然后将债权转移给出借人。专业放款人的存在，能够有效地匹配借款人和贷款人的需求，提高借款效率，缩短借款周期，但是由于期限错配问题的存在，Zopa 模式会形成一个资金池，风险敞口比较大。

与 Zopa、Prosper 这类商业公司不同，Kiva 是非营利组织。Kiva 的愿景是通过互联网把全世界的人们连接起来，通过针对穷人或小企业主的小额贷款来缓解贫困。比较特别的是，Kiva 与世界各地的微金融组织、社会组织、学校和非营利组织合作，建立伙伴关系。一方面使所有的合作伙伴能获取低成本的资金，另一方面也可使合作伙伴通过 Kiva 网站向公众展示其风采，扩大影响与知名度。通过这些合作伙伴发放贷款、监督贷款使用情况、回收贷款，解决了信息不对称问题。

表 9-3 总结了国外 P2P 平台的不同。

表 9-3 国外 P2P 平台对比分析

平台	Prosper	Zopa	Kiva
性质	单纯中介	复合型中介	公益性平台
运营模式	采用在线拍卖模式，根据借款人信用状况进行分级，从 A 到 HR 七个等级，不同的等级对应着不同的利率	根据借款人的信用状况，通过贷款计算器计算出贷款人的利率，等级分为 A^*、A、B、C、D、E 六个等级	通过微金融机构将资金借给穷人，资金出借者和借款人不直接接触，通过小额借贷机构联系
盈利途径	向借贷双方收取手续费	向借贷双方收取手续费	不以营利为目的
利率决定	根据借方信用状况、借款期限来确定	通过贷款计算器计算，由 Zopa 平台决定	免息或极低的利率
服务对象	美国公民	美国公民	发展中国家和落后地区

三、国内 P2P 运营模式

国内的 P2P 平台起步较国外晚,2007 年拍拍贷在上海成立,标志着中国第一家 P2P 网络借贷平台正式成立,之后,P2P 平台高速发展。然而由于中国个人征信体系并不完善,行业监管不到位,P2P 平台跑路、倒闭的事情时有发生,P2P 平台在发展路上经历了调整和完善。国家近年提倡互联网金融的发展,也为 P2P 平台的发展提供了良好的环境和发展机遇。

下面选取具有代表性的主流 P2P 网络借贷平台进行介绍,以红岭创投、点融网以及宜信为例。

(一)复合中介模式——以红岭创投为例

1. 平台介绍

红岭创投于 2009 年 3 月正式上线运营。作为国内成立较早的互联网金融服务平台,红岭创投致力建立具有特色的互联网金融交易场所,为客户带来全新的投融资服务体验。红岭创投发展到今天,四十余家省级分公司布局全国,以其诚信、透明、自律、创新的特征赢得了良好的用户口碑,是国内行业规模较大的 P2P 品牌之一。

截止到 2018 年 3 月,已经有 250 万个投资者加入红岭,累计成功投资额达到 3 853 亿元,由红岭创投近 3 年成交数据(图 9-12)可以看出,从 2015 年突破 1 000 亿元到 2018 年的近 3 500 亿元,红岭创投发展速度快,成长迅速。

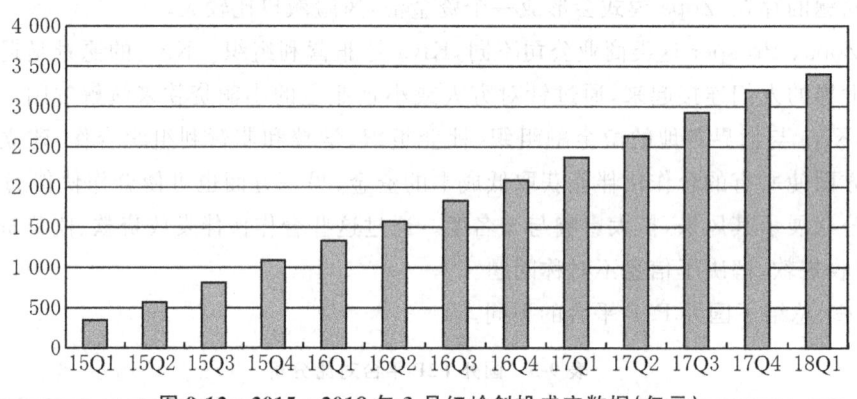

图 9-12　2015—2018 年 3 月红岭创投成交数据(亿元)

数据来源:红岭创投官网

投资金额按地域分布来看,江苏、湖北、山东、浙江这几个省份投资排名靠前;从借款方来看,以江苏、浙江、湖北、山东这几个省份居多,可见在这些地区 P2P 平台的接受度较高,红岭创投的民众认可度也较高。

2. 特色

红岭创投是有担保的复合模式中介平台,同时在中国是首创担保模式。担保模式是相对于纯中介模式而言的,在个人信用体系尚不完善的中国,在一定程度上控制了风险,提高了对投资者的保障,增强了对投资者的吸引力。较纯中介的模式,复合中介无疑降低了资金供给者的风险,也体现了一个企业的社会责任感,从长远的发展来看,客户资源将会越来越丰富,市场占有率也将不断提高。当借款人到期无法偿还本金和利息时,由第三方担保机构代为支付本金,提高了市场的信任度。但是红岭创投并不能自身提供担保,必须引进第三方担保机构。

红岭创投主打"安全、普惠、灵活"三个标语。所谓安全,是指有风险准备金保驾护航,5道风控审核,收益安心有保障;普惠是指投资门槛低,50元便可投资,预期年化收益率达到8%~12%;灵活是指借款期限灵活,从1天至30个月都可以,还有多种还款方式和债权转让功能。

3. 运营模式

首先借款者需提供实名信息,在红岭创投官网上进行实名制注册,成为红岭创投的会员,根据自己的需要在网站上提供贷款申请。

接着,由红岭创投平台对借款人的信息进行审核,当资金供给者有投资意向时,通过平台将资金借给资金需求者,由第三方担保公司进行担保。

借款者按约定方式偿还本金和利息。当借贷资金发生违约时,由第三方担保公司先行垫付本金和利息,将坏账转到担保公司,担保公司持有对坏账的追偿权,P2P平台并不参与对坏账的处理。

(二) 单纯中介模式——以点融网为例

1. 平台介绍

点融网成立于2012年,由Lending Club的联合创始人Soul Htite与上海私募基金合伙人郭宇航共同创立,总部位于上海。点融网是一种纯中介式的P2P平台,是借贷双方进行信息交流的场所,并不对投资者的本金和利息进行保障。点融网专注于两大业务:互联网借贷平台和银行解决方案。点融网旨在帮助个人和企业在互联网上轻松获得贷款,这是点融网的第一大业务,另一个业务便是帮助传统企业进行改造,将互联网技术与企业结合起来,提高企业的生产效率和竞争力。

根据点融网2016年年报,点融网的累计成交额达到162.3亿元,同比增长148%,2016年累计发放贷款109.9万笔,平均贷款额约为1.5万元,累计逾期率和当前逾期率仅为1.2010和2.4%。2016年下半年,监管措施和网贷新规的出台,逐渐规范了P2P平台的运营,许多P2P平台倒闭、跑路,对于规范经营的大平台来说,监管的完善,既是机遇又是挑战,P2P平台也出现了明显的回暖。

点融网在中国取得了不错的成绩,2015年与韩华集团合作,进入韩国市场,走出了国门,打开了海外市场。2016年3月25日,中国互联网金融协会成立,点融网也成为了该协会的常务理事单位之一。

2. 特色

点融网与红岭创投不同的是,点融网仅仅是信息中心,而非信用中介,点融网不介入借贷交易,也不替出借人分担借款人的信用风险。从借款方来说,借款人无需抵押资产,从投资者角度看,平台也不能保证投资人的资金安全。点融网,作为独立的第三方,所有交易均在线上完成。

点融网另一个特点是无本金担保,不对投资人本金提供任何形式的担保。投资者自负盈亏,平台不承担任何责任和风险。点融网为了适应P2P平台发展趋势,建立了风险互助准备金机制,针对部分借款人提供一定的保障。

点融网借款方便快捷。快速审批,超低利息,多种额度,灵活定制产品,满足不同借款需求,信息安全,借款流程受法律保护。

点融网的收入主要来源于借贷双方的手续费,对于投资者,收取利息收益的10%作为居间服务费,对于借款人,收取贷款金额2%起的审批费以及每月0.2%作为账户管理费。

点融网的借款者和投资者也并不直接接触,而是通过类似理财产品的方式将投资者的资金分散到各个借款者身上,点融网的明星产品团团赚便是这个原理。

3. 运营模式

首先,借款人需要在点融网平台上注册,成为借款人。点融网会根据借款人所需要的金额和基本信息,对借款人的还款能力和信用度进行评估,为借款申请者划定相应的利息区间,目前点融网的利息区间从6.24%至23.99%。点融网将信用等级分为A、B、C、D、E、F,等级越高,还款能力越强,违约概率越低。

接着,借款者提交相关材料,进行在线审批,审批完成后,借款者便可获得资金。个人类借款额度为300元到20万元,企业类借款额度从2万元到100万元。借款人按照约定的偿还方式,按时偿还本金和利息。

点融网的明星产品就是团团赚,根据投资人选择的投资策略,与借贷项目相匹配。团团赚的优点在于风险分散、资金灵活、资金利用最大化。团团赚将资金分散到几十万个借贷项目中,以技术方式大大降低了投资风险,风险互助准备金也是用于团团赚项目中投资者遭受损失的互助保障。同时,点融网可以通过债权转让的方式退出资金。当部分本金和利息偿还至投资者账户中,账户余额可以继续投资,实现资金利用效率最大化。

(三)债权转让模式——以宜信为例

1. 平台介绍

宜信公司成立于2006年,宜人贷由宜信公司在2012年推出,是宜信旗下专注于借贷服务的线上P2P平台。宜信充分发挥自己的信息优势和技术优势,旨在为借款者提供方便、快捷、高效的借款服务。宜信目前已在251个城市和93个农村地区建立起强大的全国协同服务网络,不仅仅专注于线上,而是线上线下共同发展,其优势在于通过线下走访和实地调查,降低了风险,但是实体店的高额运作成本,也增加了借款者的融资成本,减少了投资者的投资收益。2015年12月18日,宜人贷在美国纽约证券交易所上市,成为中国金融科技第一股。

宜人贷的使命是让更多人随时随地释放信用价值,愿景是成为每一个人的信用伙伴。截至2016年9月30日,宜人贷的累计借款总额达到257亿元。宜信盈利主要来源于平台服务费和利差。

2. 特点

和之前所分析的P2P平台不同,宜信主要发展线下业务,虽然2012年推出了线上业务——宜人贷,但是表现一般,支撑宜信发展的仍然是线下业务,通过人海战术撮合借贷双方的交易,而线上主要起到了宣传的作用。线下业务方便快捷、手续简单,宜信也迅速扩张和发展起来。

宜信的另一个特点就是其债权转让模式(图9-13)。宜信先以总裁唐宁的账户将资金出借给借款人，然后平台再将债权分割并转让给投资者，实现债权的转让。在借贷活动的过程中，债权实现了3次转让，第一次是借款人和唐宁之间建立起来的债权债务关系，第二次是唐宁个人与宜人贷之间的债权转让，通过债权转让与宜人贷建立一种债券信托关系，第三次则是宜人贷与投资者之间的转让，投资者根据自己的偏好、期限、金额和收益率，选择自己想要投资的标的，划出资金，宜人贷和投资者建立了一种资金信托关系。

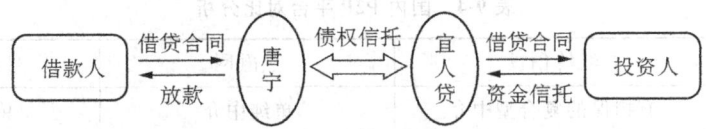

图 9-13 宜人贷债权转让模式

3. 运营模式

宜信主要采取线上线下相结合的模式，一方面，利用互联网的便利性和高效，将客户资源的拓展和交易程序通过线上系统来进行，从而简化了借款程序，提高了企业的知名度，将对借款人具体信息的审查和信用状况的评定，通过线下实地走访和调查的方式进行，这大大提高了借款者信息的真实度，降低了借款者的信用风险，在事前进行防范和控制，也在一定程度上规避了互联网的虚假性，增加了对投资者的吸引力。

宜人贷在扩展客户源上，还需依靠宜信的线下网点优势，宜人贷将自己的借款需求上报到宜信，宜信充分发挥其线下销售优势，寻找符合条件的借款者，并将其推荐至宜人贷线上平台。

（四）国内 P2P 平台对比分析

从以上的研究分析可以看出，红岭创投的本金垫付模式是其最大的亮点，红岭创投没有分类的各种借贷产品，但有一个职业担保人的制度，红岭创投本身不为借款标提供担保，但是资金超过一定数量的用户可以在红岭创投申请成为担保人，担保人可以参与担保借款标获利，与点融网以及宜信相比，增加了对投资者资金的保障，扩大了平台的吸引力，提高了企业竞争力，但是一旦出现大面积违约和逾期，贷款者的债权就转移到平台，红岭创投将面临较大的运营风险，高额风险准备金的提取，也压缩了平台的运营资金，从某种程度上，限制了平台的扩大和扩张。

点融网是单纯中介平台，点融网并不参与交易，坚持只做信息服务平台，不涉及具体金融业务，用户的借贷资金与本身公司的运营资金分开独立管理，风险由投资者承担，降低了平台自身运营的风险，这种模式的缺点在于，从社会责任的角度来说，点融网这一模式并不能长期存在，对于征信体系不完善的中国，如果平台还不采取一定的风险控制措施，市场秩序将会被扰乱，同时，投资者的资金安全缺乏保障，也会降低对投资者的吸引力，制约企业的发展。

宜信是一家集财富管理、信用风险评估与管理、信用数据整合服务、小额借款行业投资、小微借款咨询服务与交易促成、公益理财助农平台服务等业务于一体的综合性现代服务业企业，已经在 60 多个城市和 20 多个农村地区建立起强大的全国协同服务网络，为客户提供全方位、个性化的普惠金融与财富管理服务，为中国普惠金融提供了积极的探索。

这种模式,既利用了互联网的信息优势和技术优势,又发挥了线下的长处,通过事前对借款者的线下调查,控制风险,又通过线上方便快捷的运营系统简化了借款程序。债权转让模式也通过分散资金、金额期限的错配减低了投资风险。但是宜信的线下网店需要高额的运营成本,这种模式是一把双刃剑,有利有弊。

表 9-4 总结了国内 P2P 平台的不同。

表 9-4 国内 P2P 平台对比分析

平　　台	红岭创投	点融网	宜　信
性　　质	有担保的复合型中介	单纯中介	单纯中介
运营模式	线上有担保	线上无担保	线上线下相结合
收益来源	手续费、服务费	手续费、服务费	利差和平台收费
信贷审核力度	较严格	较宽松	严格
平台优势	本金垫付,保障投资者的利益	方便快捷、突破地域限制	线下网店便于事前的借款者信息审核和事后的债务追偿
违约赔偿	若借款者违约,先行垫付本金和利息	一般不承担本息补偿,条件投资者除外	担保赔付、处理抵押品
主要风险	担保关联风险	信用风险、网络风险	流动性风险、法律风险

第 4 节　其他类型的网络融资

一、银行提供的网络融资

商业银行提供的网络融资模式根据有无合作对象可以分为银行自建网络平台的网络融资模式、电子商务平台与商业银行合作的网络融资模式。

(一) 银行自建网络平台

银行自建的网络融资平台实现了整个流程的无纸化处理,不用客户频繁地往来于银行与企业之间,提高了工作效率,与传统的柜台式的业务办理相比有很大的优势。但是对于贷款的核心审核机制、风险控制仍然沿用传统的考核办法,只是贷款的过程线上化。由于对解决银企间信息不对称意义不大,并且银行利用网上银行开展网络融资服务,创业企业融资渠道并没有增加,不属于典型意义的网络融资,这里不详细介绍。

(二) 与电子商务平台合作

互联网技术的发展,为电商平台与银行的合作奠定了基础,两者之间信息与资金的交换为小微企业融资提供了新的渠道。以网上交易记录为依据,科学合理的信用评价体系降低了银行的风险成本,因此,银行出于自身利益的考虑也乐意开展此项业务。众所周知,小微企业信用状况缺失,并且缺乏符合银行要求的抵押品,这些因素时常困扰着银行业,通过电商平台与银行合作的网络融资这些难题都可以得到缓解。

第4节 其他类型的网络融资

  随着电子商务的发展,电商平台竞争愈加激烈,为了让平台内的商家与企业更好地发展,增强自身的竞争力,电商平台纷纷与商业银行合作为平台内的企业和个人提供资金支持。2007年,在电商行业非常有影响力的阿里巴巴首度开展了此项业务,与建行、工行携手利用阿里巴巴平台内部企业大量的浏览量、成交额、用户评价等历史交易数据建立起来的综合评价体系以及一系列完善的控制风险系统,创立"网络联保"形式为经过审核的小微企业提供贷款。这种不需要抵押品的纯信用贷款只需要三家企业组成一个团体就可以共同申请资金支持的创新模式和广阔的市场预期得到了大家的肯定。核心运行机制为企业通过商业银行的网上银行提出贷款申请,商业银行运用电子商务平台的信用评价系统做出信用评级,迅速对企业进行审核、授信、发放贷款,并进行在线监督,从而缓解小微企业的融资难。电商平台与商业银行合作的运行机制如图9-14所示。

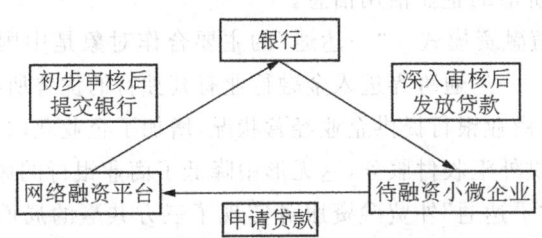

图9-14 电商平台与商业银行合作的运行机制

  2010年,由于分配利润与经营理念出现分歧,阿里巴巴与建行、工行的合作走到了终点,但是这种融资模式落地生花。敦煌网开通"e保通"服务,网盛生意宝的"贷款通"也颇具规模,金银岛"e单通"主要服务于大宗交易领域,2012年中国银行与京东商城共同为其服务的企业提供供应链融资。以下主要以几种规模大、影响力广泛的平台为例分析电子商务平台与商业银行合作的网络融资模式。

  (1)京东商城模式。2014年5月,京东在纳斯达克成功上市,2013年京东营业额超过1000亿元,注册会员1.2亿,京东商城有大量潜在的优质贷款客户。并且从2004年成立至今已经沉淀了十年的交易记录,形成了独立的物流体系,商业银行也需要扩展自己的业务范围,两者的结合消除了银企间的信息不对称。与此同时,京东商城开发了一套完整的评价体系,银行与企业在线联通,支付、交易都可以通过网络完成,形成了综合性的线上金融平台。

  京东金融主要针对B2B,针对不同的供应商的业务特点提供不同的金融服务,具体包括应收账款融资、订单融资等。运营模式如下:

  采购环节。当供应商向京东商城提供商品时,首先与京东商城签署合同,然后供应商就可以向银行提出贷款申请,银行就可以在签署的合同的基础上向企业发放贷款,最后贷款到期时,由京东商城偿还银行贷款。

  入库环节。商业银行在对入库单审核通过后,并以此为质押物,先行给供货商发放贷款,最后由京东商城还清欠款。

  结算环节。供货商签署订单后,以应收京东商城的货款为质押,向银行提出贷款申请。

在这种融资模式中,京东金融涉及了供应链的每一环节,完全缓解了小微企业的资金困境。

2013年,京东供应链金融发放了80亿元贷款,大部分的贷款期限不超过一个月,年化利率不超过10%。

(2) 网盛生意宝模式。网盛生意宝与中国银行、工商银行、杭州银行、苏州银行等银行合作为浙江区域内的小微企业提供"贷款通"服务。网盛生意宝是一家以行业分类为标准的电子商务公司,平台内建有中国化工网、中国医药网、中国服装网,也是一家具备高科技的互联网公司。"贷款通"手续简单、不需要抵押,并且也可以没有担保,尤为适合小微企业。该平台为企业提供贷款信息,进而对信息整理,对提升小微企业贷款的成功率和效率方面颇有帮助。但是"贷款通"与阿里小贷相比缺乏一套综合的信用评价体系,不能为商业银行提供非常有价值的企业信用信息。

(3) "一达通"外贸融资模式。"一达通"的主要合作对象是中国银行,其核心业务是服务于进出口型企业。一达通跨界进入金融行业有其独特的优势所在。其一是掌握了大量的企业交易信息,为商业银行提供企业经营状况,增加了企业获取贷款的速度。其二是平台为进出口企业提供外汇收付服务,这无形中降低了商业银行的风险,大大提升了商业银行的积极性。并且"一达通"外贸融资服务实现了三方共赢的局面,对于平台本身增加了融资服务可以吸引更多的外贸企业进入该平台,进而促进平台的发展。对于平台内的企业而言,快速而稳定的得到资金支持可以扩大企业的发展规模、促进产品的升级换代,反过来也可以提升平台的发展。对于商业银行而言,扩大了客户范围,增加了获取利润的途径。

(4) 金银岛"e"单通模式。金银岛模式主要经营短期融资,一共有两种模式。其一是网络订单融资,这是指会员可以以订单为质押向银行提出贷款申请。其二是网络仓单融资,是会员公司取得仓储公司发放的仓单后,可以在线向商业银行申请融资。金银岛拥有会员企业的资金流、物流、信息流等信息,是银行审核企业信用所依靠的标准。因此无需担保和抵押就可以实现在线信用评级、全程无纸化贷款流程,大大提高了贷款效率,有的甚至可以一天走完整个流程,获得银行资金。

(5) "阿里贷款"网络联保模式。阿里巴巴在电商行业内是一家特别具有影响力的公司,也是最早利用大量企业在网上的交易信息对其实施信用分级的公司,并且根据企业的信用状况与银行合作为信用合格的企业发放贷款,首次将信用转化为企业的一种具体的有形财富。网络联保是处于相同地域的三家企业组成一个整体申请贷款,有一方违约时其他两方代为行使还款义务。这样三家企业对互相的经营情况在贷款前就进行了详细的调查了解,并且能够在贷款中相互监督,很好地将银行的风险转移给了企业,同时也变相地解决了信息不对称的难题。网络联保的模式也是阿里的一大创新,提高了贷款成功率,而"资金风险池"的建立更是解决了银行的后顾之忧,阿里集团与政府共同注资成立风险池,当企业无力偿还欠款时,由风险池里的资金代为偿付,这一规定的出台更有助于企业通过贷款审批。阿里公司具备合理的诚信评价机制,阿里网贷使得小微企业通过自身的诚信获得银行的资金支持,解决了小微企业因无法提供规范的财务报表、抵押品而得不到商业银行资金的难题。

电商平台与银行是网络融资的两大主力,一个提供信用数据,一个提供资金,两者合作为小微企业融资难提供了新的解决途径。

二、网络小额贷款公司

网络小额贷款公司通过自身的电子商务平台提供的网络融资和电商平台与银行合作提供的网络融资最大的不同是前者的资金来源于电商自身,后者资金来源于与之合作的银行。两者的运行机制相差不大,首先是客户在线提出贷款申请,然后平台对企业的真实经营情况进行审核,其次是利用其平台内的交易记录进行信用评价,确定信用额度,最后对审核通过的企业提供贷款。当然平台也会在整个贷款流程中实时监督企业的交易状况,在线就可以掌握交易的资金流、物流、信息流等信息,方便快捷。并且工厂化、流程化的操作形式,大大缩短了贷款时间,符合小微企业用款"短、频、少、急"的要求,贷款过程实现自动化、无纸化操作,最快可以3分钟到账。阿里巴巴是最早以电商平台为支撑建立小贷公司的互联网公司,"平台+数据+小贷"的模式由此被其他电商企业模仿,因此这里以阿里巴巴为例对这一模式进行分析。

(一) 阿里巴巴简介

阿里巴巴最早于1999年成立于杭州,经过十多年的发展已经成为世界上顶级的互联网公司。2014年9月,阿里巴巴在美国上市,成为美国融资额最大的上市公司。阿里巴巴拥有24 000多人,在美国、日本、印度等的70个大中城市设有办事处。阿里巴巴通过旗下拥有的淘宝网、天猫商城、阿里国际、阿里中国等业务板块为数以百万计的产品需求者和产品供应商提供交易平台,阿里巴巴的具体业务框架如图9-15所示。

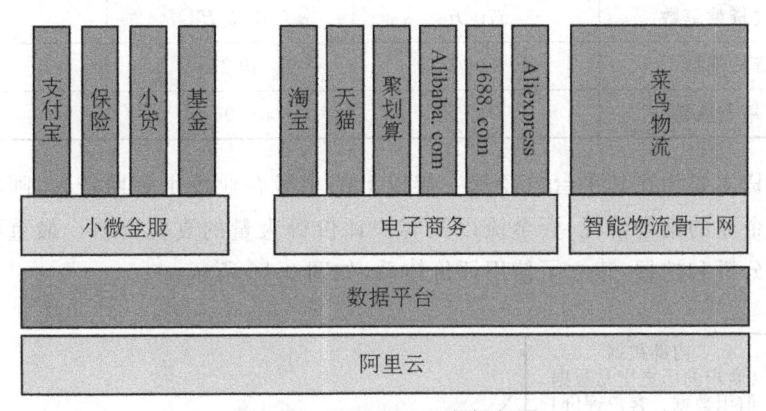

图9-15 阿里巴巴业务框架图

其中支付宝于2004年成立,是我国规模最大的支付系统。它以自身的信誉作担保,只有当买家收到货物并确认付款后,支付宝才会把款项付给卖家,打消了消费者的顾虑。同时支付宝与170多家金融机构合作,在线转账、支付、消费变得非常便捷。

(二) 阿里小贷

(1) 阿里巴巴2002—2007年间累积了大量的交易信息,首先是在2002年开展"诚信通"项目,这个项目主要为平台内部的企业建立诚信档案,并且连同交易记录一起晒在网上,采购商在线购买的重要的评判标准就是查阅企业的诚信状况。随后在2004年,阿里巴巴又提出更具体化的"诚信通"指数,对企业诚信的评估更趋科学合理化。与此同时,阿里巴巴的业绩逐步高升,仅在淘宝这一分支,在 2007 年就累积成交额高达 400 亿元,这些大量的真实的原始数据为阿里小贷开展信用贷款奠定了坚实的基础。

(2) 经验积累期(2007—2010 年)。2007 年,阿里巴巴首次涉足金融业,与建行、工行合作推出网络联保的形式为小微企业发放贷款。阿里巴巴为银行与客户搭建了沟通的桥梁,在为银行提供讯息的同时也为银行开辟了销售途径,很快熟悉了银行业的贷款流程、审核程序、风险控制系统等核心业务,这是阿里公司进入贷款业务的初步尝试。

(3) 独立成长期(2010 年至今)。经历过经验累积期,由于两者经营理念发生较大偏差,2010 年阿里巴巴与商业银行的合作告一段落,但是阿里巴巴有自身的交易平台、沉淀多年的交易记录以及潜在的优质客户、综合信用评价系统、雄厚的资金,因此,阿里巴巴很快就从合作失败的阴影里走了出来,它以"让天下没有难借的钱"为口号,先后于 2010 年、2011 年成立两家小额贷款公司。经过这几年的大力推广,截止到 2014 年 6 月,阿里小贷为企业提供了高达 2 000 亿元的资金支持,帮助 80 多万家小微企业度过了资金难关,如表 9-5 所示。

表 9-5　阿里小贷 2012—2014 年 6 月的经营数据

年　份	2012 年	2013 年	2014 年 6 月
累计服务企业数	12.9 万家	64 万家	80 万家
累计贷款总额	260 多亿元	1 500 亿元	2 000 亿元
不良贷款率	0.9%	0.87%	1%以下
累计投放贷款笔数	170 万	375 万	—
日均贷款笔数	9 000	10 274	—
平均每笔贷款额	7 000 元	40 000 元	—

阿里小贷主要为在其平台内经营一年以上的小微企业提供短期贷款,阿里小贷可以轻松地获得企业的销售情况、资金流以及客户评价等大量的真实资料。最重要的是将这些数据深度分析和挖掘,建立了信用评价体系,如图 9-16 所示。

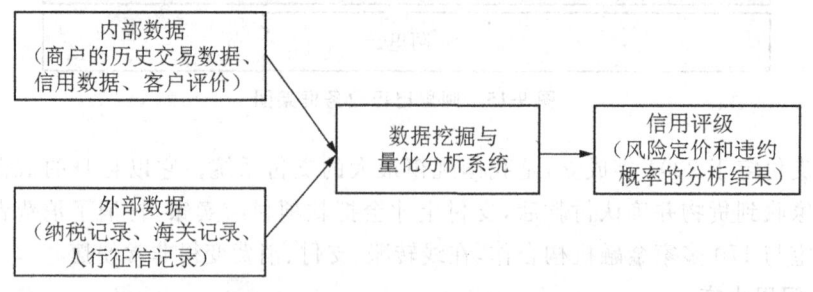

图 9-16　阿里小贷信用评级体系

阿里小贷的信用评价体系以很小的成本解决了双方信息不对称的难题,进而解决了平台内部小微企业融资难的问题,对于解决平台外部的小微企业的融资难也有一定的启发。阿里小贷的申请条件如表 9-6 所示。

表 9-6 阿里小贷的申请条件

工商注册地	北京、上海、天津、浙江、山东、江苏、广东
允许报名的组织	公司(企业)、个体经营户
阿里巴巴会员类型	阿里巴巴中国站会员或中国供应商会员,具有一定的操作记录
工商注册及从业年限	公司营业执照且注册时间满 1 年
备注	还需满足以下条件: (1) 申请人为企业法定代表人或个体工商户负责人,年龄在 18~65 周岁 (2) 申请人需为中国大陆居民 (3) 连续 12 个月总销售额不小于 100 万元

阿里小额贷款的额度现在为 2 万到 100 万元不等,贷款时间为 1 年。阿里小额贷款的形式为固定贷款和循环贷款。固定贷款是企业申请对贷款提出申请后,采取一次发放的形式,日利率一般为千分之五。循环贷款则采用备用金形式,不用就不收利息,日利率为千分之六。

综合案例

农资消费场景下的理财农场 P2P 模式创新

一、背景

近几年,国家大力推进农业现代化,土地流转加速,种植大户等新的农业经营主体形成,规模化的农业生产正逐渐成为新农村的发展趋势,集中性资金需求日益旺盛和迫切。随着国家政策支持和互联网技术的发展,农业互联网金融兴起,一些借贷平台针对农村缺乏有效抵押物、借款难等痛点,创新性地推出无抵押、放款快、期限灵活的创新型金融借贷产品,帮助种植户解决资金难题。理财农场是由农金圈推出的国内规模较大的农业垂直 P2P 平台。诺普信作为国内规模最大的农药制剂企业,参股建立该平台,为产业链下游的种植农户提供高效创新的融资、支付和信息等服务,在满足农户资金需求的基础上,加深他们对公司的黏性,也加快公司产品的销售流通。

二、农村金融——春寒绿意

近些年来,中国农村的土地政策改革进程在不断加快。2014 年,中央"一号文件"允许农村土地经营权作为抵押融资向金融机构申请贷款,并放开土地经营权流转使农村金融领域面临前所未有的发展机遇。在小农户转型成为大中农场主的过程中,他们在土地承包、农资采购、销售运输等方面存在大量的资金需求,而传统金融机构在农村的服务缺位使得这一新"痛点"越发突出。

随着农村金融蓝海逐渐显现，互联网巨头、农资上市公司、传统金融机构纷纷高调进入这一市场。蚂蚁金服、京东、宜信等巨头都在这个中国最广阔的战场上排兵布阵、攻城略地。京东金融推出"京农贷"，并已经在山东和四川进行试点，还进军农村理财市场，推出农村理财大赛活动。阿里巴巴在电子商务峰会上宣布启动"千县万村"计划，实行"农村发展"与"金融"双重叠加战略。宜信也推出的"宜农贷"也是试水"助农"金融的有益尝试。

国内农资上市公司诺普信于2015年年初以1 750万元增资"理财农场"P2P平台，为全国大、中型种植户提供专业化的"金融服务＋供应链整合"，在帮助种植户实现规模化生产、减少用肥用药污染、提升食品安全的同时，也让普通投资者分享现代农业发展的红利。

三、理财农场发展历程——星火燎原

理财农场于2015年3月15日上线，系国内率先实现"结合农业生产场景"的互联网金融平台，通过普惠金融的方式解决农村地区金融缺位问题。截至2016年7月19日，理财农场已为33万位用户提供理财服务，线上平台累计成交额超过40亿元，资金所投向的项目已经覆盖全国27个省区、一百三十多万公顷耕地。服务用户遍布全国27个省及自治区。从上线的第一个产品"种植贷"，到后续推出的"经销商贷""收储贷""农机贷""消费贷"等产品，只为解决农村地区多元化的农资消费和农资供应链金融需求。理财农场尊重借款人的借款期限要求，允许客户灵活选择贷款期限，1～24个月均可，按月计息。利息一般在年化5%～10%，各地经销商的贴息幅度不同。还款方式为按月付息，到期一次性归还本金。

理财农场以资金为切入点，专门针对种植模式，以农场主、大种植户为主要放贷对象的平台。理财农场目前的股权结构中诺普信持有35%，管理层及骨干员工合计持有65%。由于诺普信积累了海量的农业数据，为理财农场的起步和发展奠定了基础。诺普信在全国的3 000多家合作经销商和8 000多家零售店，从10万农场主中精选借款人，有效识别风险，将农户生产种植过程中的资金需求发布到理财农场平台，投资者的资金以P2P形式或金融机构联合贷款借给上述优质农户，帮助大中型种植户解决融资难题。

四、理财农场服务定位——直插死穴

理财农场通过互联网金融的形式介入解决了赊销问题，提高了整个农资供应链条的效率，理财农场目前包含三个产品——种植贷、农机贷和经销商贷。其中种植贷直接为一线农户提供融资服务，缓解了农资消费的资金压力，为种植业规模化提供了良好的资金支持。

文毅是安徽省全椒县的一个家庭农场经营者。2009年，中央"一号文件"提出要进行土地流转，原本在全椒县一国营农场工作的文毅敏锐地察觉到了其中的商机，于2010年成功流转了一百五十多公顷土地。付完租金，购买了化肥、种子、农药等农资产品后，农场就投入了运营。但农产品收成销售时，文毅却遇到了资金难题。

水稻成熟后，大规模采收需要收割机、烘干机等机器，还需要仓储，文毅是第一次干，没经验，也没资金，只能向银行申请贷款。但由于没有抵押物和担保，银行不给贷。最后他只能把预留的流动资金转投到固定资产上面。

第二季播种期如约而至，此时仓库建好、设备齐全，但文毅发现，他手里用于购买种子

等农资的资金一个子儿也没了。无奈之下,文毅只能向当地农资经销商威正公司请求赊销农资,以缓解流动资金困境。

2013年,文毅又筹了一笔钱,将农场规模扩大至400公顷,一跃成为当地最大的家庭农场。但流动资金问题加剧,经营也出现了困难,为此,他不得不再次向银行申请贷款。在进行了固定资产抵押,提交了一系列材料,并获得了当地政府和一个米厂的担保后,文毅分别从当地农行和农商行获得了100万元和350万元贷款。

文毅农场有400公顷土地,种植结构单一,一年两季,水稻和小麦轮种,每年的农资投入大概在300万元左右。做农场很难,投入大,风险高,一旦经营不善,连本都收不回来。而农资投入作为农业生产的必需品,一点都省不得。

2015年5月,合作经销商威正公司向文毅推荐理财农场,介绍说理财农场是专门针对种植模式,以农场主、大种植户为主要放贷对象的平台,不需要任何抵押,只需要提交简单的资料,由威正做担保后,7天内即可发放贷款。

抱着试试看的心理,文毅通过威正公司向理财农场提出了200万元的贷款申请,由威正公司担保,并向理财农场工作人员提交了银行流水、土地合同等资料。一周后,工作人员通知贷款已经拨放,他随时可以去蒋正处拿同等价值的农资产品。简单的手续,不可思议的放款速度,让文毅一度觉得不可能。理财农场工作人员告诉他,根据他的经营规模和种植结构,水稻播种期可以贷款200万元,待水稻收成后将贷款还清,下一季播种小麦时,还可以申请同等额度的贷款,保证作物整个种植生长期的良性发展。

文毅家庭农场的发展和其间遇到的融资难题是全国众多农场经营的一个缩影,也反映了规模化种植对资金需求的迫切。理财农场专注于农业领域的农资消费金融服务,能够解决在规模化种植中农资投入品的资金需求,同时通过引入优质、有实力的农资经销商作担保,保证了农资产品的质量,有助于形成种植生产的良性循环。

资料来源:中国管理案例共享中心案例库,作者为深圳大学管理学院的陈雪。

[思考与讨论]

1. "理财农场"是如何缓解借款农户与资金出让者之间存在着的"信息不对称"问题的?
2. 你认为这种基于实际交易场景的P2P模式还可以应用在哪些具体的行业或者市场?

复习思考题

1. 什么是众筹融资?其本质和功能包括哪些?

2. 就回报方式而言,众筹包括哪些常见类型?
3. 阐述众筹参与者的动机及其优势。
4. 何为 P2P? 其特点包括哪些?
5. 国内 P2P 常见的运营模式包括哪些?

第 10 章　创业投融资风险管理

[学习目标]

通过本章学习,学生应理解创业投资风险与融资风险的内涵,了解创业投资风险与融资风险的类型,掌握各类风险的规避办法。

[创业励志名言]

要永远相信:当所有人都冲进去的时候赶紧出来,所有人都不玩了再冲进去。

——李嘉诚

导入案例 ▶ 历时四载,金蝶错过上市融资好时机

　　1997年,金蝶就萌生了上市的想法,起初目标是大陆的 A 股市场,不过在仔细阅读了上市的条件后,金蝶自动放弃,选择了香港创业板。为此,金蝶在开曼群岛注册了一家公司,由它来控股国内的公司。鉴于裕兴绕道海外上市被证监会叫停的先例,2000年3月,金蝶规规矩矩地向证监会递交了申请材料,2000年7月得到批准,到2001年在香港创业板挂牌,整整过去了一年。此时的海外资本市场早已不如昔日的阳光明媚,对科技股也不再是满面春风,纳斯达克指数从最高的 5 130 点跌到了最低时 1 660 点,缩水 70%,而中国香港创业板也有同样的跌幅。金蝶一上市,就跌破发行价。投资有风险,融资同样有风险。金蝶上市融资失败,教训深刻,融资失败的原因值得总结。

第1节 创业投资风险

一、大学生的创业风险

大学生在创业阶段,通常会遇到种种风险。具体来讲,这些风险主要表现在:

(一)创业准备不足带来的风险

这类风险,首先表现在观念上,抱着投机心态、侥幸心理盲目开始创业,缺乏充分的心理准备。其次表现在创业技能准备不足方面,即缺乏创业基础知识、创业管理能力、行业经验积累等。再次表现在项目选择上,具有很大的盲目性。大学生初次创业,通常缺乏前期深入的市场调研和论证,或者不考虑个人实际资源的掌握情况,仅凭借自己的兴趣和主观臆断,盲目确定投资方向。

(二)创业的市场风险

市场风险主要是指由于市场环境变化、竞争加剧而产生的风险,具体包括:价格风险、竞争风险和需求风险。对大学生创业者来说,创业市场风险是指在一定成本水平下,在维持计划产品质量与产量、拥有设想的产品市场需求量与市场价格等方面,具有较大的不确定性。

(三)来自外部环境的风险

创业投资属于中长期投资,而在投资阶段,外部不可控因素,比如国家政策、市场经济景气程度等因素发生变化,都会增加大学生的创业风险。

(四)创业生产风险

这是指创业项目试生产阶段和生产运营阶段存在的技术、资源储量、能源和原材料供应、生产经营、劳动力状况等风险因素的总称。该风险主要表现为:资源风险、能源和原材料供应风险、技术风险及经营管理风险。

(五)大学生创业环境保护风险

主要是指由满足环保法规要求而增加的新资产投入或迫使项目停产等风险。随着公众愈来愈关注工业化进程对自然环境的影响,许多国家颁布了日益严厉的法令来控制辐射、废弃物、有害物质的排放及低效使用能源和不可再生资源。"污染者承担环境债务"的原则已被广泛接受。因此,也应该重视创业项目融资期内有可能出现的任何环境保护方面的风险。

二、创业投资风险——众筹股权投资中的主要风险

(一)认识上误解带来的风险

在众筹投资中,每个投资者投资的金额从几千元到几万元不等,认为投资少,风险小。正是这种心理,往往使投资者血本无归。如果购买理财产品,投资者通常情况下是不会血本无归,炒股也是一样,但股权众筹则不同。假如投资者入股的这家企业在经营过程中遇到危机,最终惨遭市场淘汰,资本也都耗尽,那么投资者只能空手而回了。通过股权众筹实现融资的多半是创业公司,只有极少数公司能够运营成功。此外,有投资者把众筹等同于理财产品,也会带来风险。造成这种情况,除投资者对众筹不了解原因外,也与项目

发起人为了吸引投资人参与其项目众筹,会向投资者承诺高于银行利率的报酬,同时隐藏项目运作中可能出现的问题等有关。在这种情况下,一些不明就里的投资者就会以为自己是在买进理财产品,抱着入股后坐等回报的天真想法而投资。

(二)股权众筹的投资者众多会给企业产生运营带来不良干扰

参与股权众筹的投资者数量庞大,彼此拥有不同的经济收入、教育水平,从事不同的工作等,这会使他们在看问题的角度、接受能力和对投资项目抱有的期望等方面存在很大差异。这种差异会扰乱企业运转的秩序。如果企业在发展中遇到暂时性困难,投资者的不良情绪会扩散放大,会给企业带来无法挽回的后果。

(三)股权众筹投资者的权益流动性较差,难以变现

一般来说,股票和基金的投资者权益容易转让,但股权众筹的流转限制性比较大。通常情况下,投资者只允许将其股权转给本公司股东,除非是经过董事会的允许,否则无法转让给公司外的人,这也就意味着投资者进行股权转让的范围非常有限,如果没有内部股东愿意或者双方在交易上达不成一致,那么投资者就无法转让。如果企业没有成功上市,一般而言,投资者是不会在固定周期得到回报的。

(四)没有严谨规范的入股方式,隐藏风险

现实中的股权众筹,发起方往往借助网络社交平台,争取身边亲朋好友支持。很多股权众筹的投资者单纯是给亲戚朋友帮忙,在没有看到项目、公司文件之前就已经将资金转到发起人的账户里,这种不严谨不规范的草率行为给日后发生纠纷埋下了隐患。

(五)投资者了解企业运作困难

几乎所有的股权众筹中都存在这方面问题,原因在于,通常情况下,每个投资者手中的股份都不会超过1‰,这就意味着众筹投资者无法参加公司董事会。通过股权众筹融资的创业公司在运营过程中也不会实时向投资者通报公司的发展状况,股权众筹投资者无法参与到公司的生产经营过程,也不能对公司的发展发表意见。其投资最终能否成功更不是自己所能掌控的。

(六)股权众筹投资者的股东身份,难以在法律形式上得到承认

股权众筹中存在一个不可调和的矛盾,即数量众多的股东与法律规定的股东上限之间的矛盾。现有的委托持股和持股平台持股两个解决方案都不能使所有的众筹股东的身份得以直接体现出来。在委托持股方案之中,因工商登记中只有实名股东的姓名,而没有众筹股东的姓名,致使众筹股东的合法身份可能难以获得法律承认。即使委托持股已经得到了法律的认可,有着一定的合法性,但仍然是一种内部约定委托,必须有一定的证明文件才能得到法律保障。如果这种内部约定仅为口头约定,或者没有足够的证据证明,那么一旦所委托的实名股东拒不认账,则其股东身份就被抹杀了。在持股平台持股方案中,众筹股东的身份虽然不会被完全抹杀掉,但其与公司并不是直接关系,而这种间接的身份其实并不能代表什么,自然也就不会对公司产生多大的影响。股东身份得不到体现,手中所持有的股份仅能凭此获得一定的分红和对应公司净资产增值,但无法参与公司决策表决,甚至连最基本的转让和出售都不能实现。

(七)股权众筹投资成功概率很低

即使是世界排名靠前的投资机构,其投资也无法达到百分之百成功,相比之下,那些

普通投资机构的投资成功概率可能仅有几十分之一。我国现阶段,通过股权众筹来实现融资的项目发起人多是年轻人,他们的打拼精神是值得鼓励的,但我们也要清楚,这些企业成功的概率只有百分之几。

因此,众筹投资有必要采取以下措施防范或规避风险:投资多元化、设定投资上限、做好尽职调查(主要是欺诈调查——公司的法人组织和组织架构、创始人以及核心团队的背景调查等)、了解市场潜力、明确退出策略、紧跟资深人士脚步(看行业老大投资什么)、相信自己的直觉、适时退出。

第 2 节 创业融资风险

创业融资风险是指新创企业因融资而引起的风险,是企业参与融资活动而带来的不确定性。创业融资风险主要包括两个层次的内容:一是负债融资引起的风险;二是股权融资导致的风险。

目前我国大学生创业融资渠道主要有政策基金、亲情融资、天使基金、合伙融资、风险投资、金融机构贷款等。每一个融资渠道本身都有其固有风险,而大学生作为创业者中的特殊群体,由于其自身发展、人生阅历等方面的局限,又在创业融资过程中增加了很多不确定性的风险。

一、大学生创业融资风险类型

(一)大学生创业信用风险

这主要是指有关融资参与方不能履行协定责任和义务而出现的风险。大学生在创业投资时,由于自身的特点,比如认知有限、不能够有效降低自身的经营风险、大学生创业投资所处的信息不对称环境等,导致很多金融机构不相信大学生创业投资,对大学生的信用产生了怀疑。所以采取了不利于大学生创业投资的贷款审批办法。这会给大学生创业投资的融资带来很大的风险。在当前的创业融资环境中,创业者急于得到资金用于企业启动或周转,不惜低价转卖股权和技术创意,对创业企业信誉产生负面影响,加大融资风险。

(二)大学生创业项目完工风险

这是指创业项目无法完工或延期完工或者完工后无法达到预期运行标准而带来的风险。创业项目的完工风险存在于项目建设阶段和试生产阶段。该风险对项目公司而言,意味着利息支出的增加、贷款偿还期限的延长和市场机会的错过。

(三)大学生创业金融风险

主要表现在项目融资中的利率风险和汇率风险。创业项目发起人与贷款人必须对金融市场上可能出现的各种变化,进行认真分析和预测,如汇率波动、利率上涨、通货膨胀、国际贸易政策的变化趋势等。这些因素会引发项目的金融风险。

(四)财务管理不善也导致融资风险

大学生初创企业规模小,监管机制不健全,易忽视财务制度的建设。如资金收支程序无章可循、资金计划与业务进度不匹配、不重视资金回收,无疑引发融资风险的产生。此外,大学生在选择融资对象上缺乏理智判断,在使用融入资金时缺乏风险意识,也是产生融资风险的主要根源。

（五）资本市场的融资政策不健全

大学生创业融资风险不仅来源于企业自身的局限性，资本市场发展缓慢且不完善同样也制约大学生创业融资渠道。在创业过程中，大学生和投资者之间普遍存在信息不对称，经营透明度低，对新创企业的融资造成巨大威胁。而当政府通过货币政策、产业政策等来调控市场经济时，有些政策会限制企业经营行为，进而影响新创企业融资活动，导致融资风险的产生。

二、大学生创业融资风险规避办法

（一）增强对创业融资风险认识，提高创业融资风险防范意识

创业融资会有风险，但风险发生也是有规律可循的。因此，正确理性认识创业风险，形成正确的创业融资观，提高创业融资风险防范意识，是规避创业融资风险的重要内容。创业融资风险防范意识的培养与形成，需要通过学习和教育来完成。因此，在高校的创业教育中，应予以重视。高校应积极给大学生创新创业实践提供更多的机会，重视创业风险尤其是创业融资风险教育，开设必要的创业风险防范课程。在教育的潜移默化中、在创新创业实践中，逐步培养大学生的创业风险意识，从而提升大学生创业融资风险防范能力。

（二）建立风险合理转移机制，以降低创业风险

风险转移是指风险承担主体将自身可能遭遇的损失或不确定性后果转嫁他人的风险处理方式。即创业企业将自己不能承担或不愿承担以及超过自身财务能力的风险损失或损失的经济补偿责任，以某种方式转移给其他单位或个人。如以租赁代替自己购买设备、成立有限责任公司等。转移风险的途径有三种：一是以合同的形式向其他主体转移；二是以投保的形式把风险全部或部分转移给保险公司；三是利用各种风险交易工具转移风险。

（三）健全新创企业管理机制，合理规避创业融资风险

创业者在发展初期应该建立行之有效的股权结构，防止少数股东通过资金或收购行为进行股权的控制。注意在融资对象或服务群体中，树立良好企业形象，维护大学生创业群体的良好社会信誉。在创业过程中遇到困难和障碍，应做到不逃避、不躲避，积极应对困难和障碍。对融资需求，需建有合理的融资评估机制，通过评估比较各种融资渠道的成本和风险，最终选择融资危险最小的渠道进行融资。

（四）争取创业融资政策支持，降低创业融资的风险

对大学生创业，各地政府都有相应扶持政策，如小额贷款、创业投资基金、税收优惠等。熟悉创业地区的融资政策以及其他政府扶持创业的优惠政策，充分利用这些政策，可以扩大创业融资渠道，规避融资风险，或减轻创业企业的资金负担。

第3节 创业投融资中的政策风险

一、银行等金融机构的政策限制带来的风险

我国金融机构在信贷管理方面上往往以"重约束、轻激励"为理念，大部分银行对小微

企业的资信认定主要以大企业的各项指标作为参照标准，用大企业的标准评定小微企业的信用等级。因此，银行对外贷款的门槛在无形中抬高，大部分大学生创业在初期很难达到银行发放贷款的条件，从而使大学生产生"惧贷、慎贷"的心理。

银行在对外放贷中要考虑贷款成本的问题。大型企业贷款量大，银行贷款成本相对较低，而中小企业和小微企业由于贷款额小，银行单位贷款成本明显偏高。中小企业和小微企业因违约风险较高以及带给银行的利润较少，加之现今信贷的额度越来越紧，因此在银行贷款难度很高。考虑到自身的经济利益，银行更愿意为大企业发放大额贷款，对初创企业的贷款积极性必然就不高。大学生创业者创办的往往是中小企业或小微企业，企业成立初期往往信用等级较低，缺乏担保抵押，很难成为银行信贷的主要对象。这就会导致部分大学生因为资金的问题而暂时搁浅创业计划，甚至中途放弃创业计划。

二、社会企业及个人投资者的投资高标准带来的风险

初创企业借款的特点是"少、急、频"，加之大学生创业者很难找到贷款担保，虽然各商业银行相继出台了一系列对于大学生创业贷款的优惠政策，但各行普遍反映信贷支持大学创业的风险较高。所以，有些大学生不会选择去银行贷款，而是选择寻找大企业或者个人投资者为自己的项目投入资金。但是，大学生在推荐自己的项目时，往往过程很艰难。无论是大企业还是风险投资家看中的都是投资带来的利润，然而，由于大学生的管理基础薄弱，企业初期会出现制度不够规范、财务制度不健全等问题，使得资信度不高，而且由于资金、技术、经验等方面的制约，其创业成功率较低，风险相对难控制。因此，风险投资者对大学生创业提供资金支持的条件较高，得到投资资金的也只是少数的大学生。

创业投融资中涉及的政策风险的规避办法，主要是要了解相关政策。

第4节　创业投融资中的法律风险

一、创业投资中的法律风险

法律制定的原则是以大多数人的意志和利益为准绳的。法律的制定是让大多数人获得公平对待，这保障了社会的平稳运行。但在创业投资中，很多企业通常容易忽视法律规定，而面临各种法律风险，其原因主要有：大多数初创公司的管理者都缺少相关的法律知识，或者是法律意识淡薄。在公司设立后，往往重视研发、市场、融资等工作，而容易忽略人事、财务方面的法律问题；专业律师费用昂贵，很少有公司会考虑聘请专业的律师。

因此，作为准备创业的公司，通常需要了解四个方面的法律：劳动法、合同法、公司法和知识产权法。这四个方面虽然不能囊括创业公司的全部法律问题，但至少常见的问题都在其中。劳动法是针对劳动关系而设，规定了员工和雇主双方的权利和义务。合同法是关于市场交易规则的法律，主要是公司对内、对外与平等民事主体签署合同的法律依据。公司法是规定各类公司的设立、活动、解散及其他对外关系的法律规范的总称，为创

业者提供公司治理的规范。知识产权法是对知识产权的归属、行使等进行管理和保护的法律规范,对初创公司来说,很多创意都需要知识产权法来保驾护航。

(一)劳动合同的签订和履行中涉及的法律问题

劳动合同是劳动者与用人单位确立劳动关系、明确双方权利和义务的协议。建立劳动关系应当订立劳动合同。劳动合同依法订立即具有法律约束力,当事人必须履行劳动合同规定的义务。

初创公司在劳动合同中容易出现的问题:

(1)一定要在用工之日起一个月内与劳动者签订书面劳动合同。生活中常有这样的现象,很多雇主认为双方就工作内容、薪酬等重要事项达成了一致就不需要签订劳动合同。很多创业企业都没有严谨的合同签订手续。一旦发生纠纷,公司会面临向劳动者每月支付两倍工资的赔偿。至于"创业者""合伙人",作为公司的劳动者,为公司提供劳动,也应签订劳动合同。否则,将来某一方撤资时,根据法律规定每月支付两倍工资。

(2)关于试用期的约定。试用期是公司考察员工的重要阶段,其期限长短虽由双方协商,在劳动合同中约定,但劳动法对时间还是有一定的要求。试用期最长不得超过六个月。

劳动合同期限三个月以上不满一年的,试用期不得超过一个月;劳动合同期限一年以上不满三年的,试用期不得超过二个月;三年以上固定期限和无固定期限的劳动合同,试用期不得超过六个月。若公司违反试用期规定,当发生纠纷时,会以劳动者月工资为标准,按已经履行的超过法定试用期的时间向劳动者支付赔偿金。而且,如果公司的试用期过长,超过了法律规定的期限,那么在法律上就已经认定这名员工是正式员工。如果这个时候想要解聘员工,难度就会比试用期大很多。

根据劳动法规定,公司在下列情况下,可以解除合同:

(1)经劳动合同当事人协商一致,劳动合同可以解除。

(2)劳动者有下列情形之一的,用人单位可以解除劳动合同:①在试用期间被证明不符合录用条件的;②严重违反劳动纪律或者用人单位规章制度的;③严重失职,营私舞弊,对用人单位利益造成重大损害的;④被依法追究刑事责任的。

有下列情形之一的,用人单位可以解除劳动合同,但是应当提前三十日以书面形式通知劳动者本人:①劳动者患病或者非因工负伤,医疗期满后,不能从事原工作也不能从事由用人单位另行安排的工作的;②劳动者不能胜任工作,经过培训或者调整工作岗位,仍不能胜任工作的;③劳动合同订立时所依据的客观情况发生重大变化,致使原劳动合同无法履行,经当事人协商不能就变更劳动合同达成协议的。

(二)新创企业注册和管理过程中涉及的相关法律法规

为规避创业投资中的相关法律风险,应学习或了解相关法律。具体分类如下:

(1)注册新创企业时涉及的相关法律。《中华人民共和国公司法》《中华人民共和国合伙企业法》《中华人民共和国个人独资企业法》《中华人民共和国中外合作经营企业法》《中华人民共和国中外合资经营企业法》。

(2)涉及企业纳税及相关财经制度的法律法规。《中华人民共和国税法》《中华人民共和国票据法》《中华人民共和国会计法》《中华人民共和国证券法》。

（3）涉及企业用工及合同的相关法律法规。《劳动法》《劳动合同法》《合同法》《安全生产法》。

（4）涉及有关企业运营管理的相关法律法规。《产品质量法》《反不正当竞争法》《广告法》《消费者权益保护法》《招标投标法》。

（5）涉及企业知识产权的相关法律法规。《著作权法》《商标法》《专利法》《民法通则》。

（6）涉及新创业企业的相关条例。《公司登记管理条例》《企业法人登记管理条例》《企业名称登记管理规定》《税务登记管理办法》。

二、股权众筹投资中涉及的法律风险

（一）证券非法发行风险

股权众筹作为新兴事物，在我国高速发展的同时，也出现与现行监管制度不相匹配的情况，首当其冲的就是——股权型众筹受限于现行《证券法》多个条款，无法通过公开募集的方式，只能走相对封闭的私募股权投资。但随着网络金融快速发展与普及，"公募"和"私募"之间的分界变得日益模糊，这正是股权众筹模式涉及法律风险的原因。

股权众筹到底属不属于公开发行？这是判定其有没有违反《证券法》的关键因素。在实际运作过程中，股权众筹必须谨慎控制其发展方向，或者依靠规定中的空隙才能不触及《证券法》。但是这样的方式很难保证万无一失，因为游走在法律规定中的空隙之间，需要有相当专业的知识和技能，即使是这样，稍有不慎就会触及相关规定。

《最高人民法院关于审理非集资刑事案件具体应用法律若干问题的解释》于2010年末正式公布，其中对公开发行的定义应参照第六条："未经国家有关主管部门批准，向社会不特定对象发行、以转让股权等方式变相发行股票或者公司、企业债券，或者向特定对象发行、变相发行股票或者公司、企业债券累计超过200人的，应当认定为擅自发行股票、公司、企业债券罪。"

其判断标准有三条，即"未经主管部门批准""变相发行"以及"累计超过200人"，该规定中"向社会不特定对象发行、以转让股权等方式变相发行股票"这条内容覆盖范围广，如果对号入座，股权众筹的运作过程可能会触及其规定，遭遇法律危机。如果最终被判定为违法，依据我国的诉讼流程，刑事诉讼在前，这会对投资者的资产造成很大的不利，也有可能使其最终空手而归。

（二）投资合同欺诈风险

从本质上来说，在股权众筹中起关键作用的就是项目发起人与投资者签署的无名合同，众筹平台只是在两者之间搭起桥梁。现阶段，领投与跟投相结合的方式是我国股权众筹采用的主要模式，领投人掌握更多的专业知识和实践经验，跟投人则是出于对领投人的信任而参与众筹活动。采用领投与跟投相结合的方式，能够发挥领投人的带动作用，让手中持有资金的普通投资者参与进来。但这种方式也有弊端，因为现阶段相关监督体制还不完善，在这种模式下，领投人与项目发起人很可能利用投资者的投资意愿及专业知识的匮乏，在制定合同时埋下潜在危机。假如领投人和融资方的利益挂钩，领投人会尽力吸引足够多的普通投资者参与到项目众筹中，当领投人的号召力很强或跟投的规模很大时，那么后续参与的投资人就会越来越多,众多跟投者并没有掌握该项投资的成功率就加入其中。筹集的资金到位后,不排除融资方卷款潜逃的可能,也有融资方通知投资者其投资目标未实现而侵害投资者权益的现象。之所以会发生投资合同欺诈,是因为相比于领投者与融资方,跟投人掌握的信息非常有限。再者,多数众筹项目在运作过程中没有形成完善的资金管控体系,而"从众效应"的影响也让普通投资者承担了更多的风险,甚至于最终空手而归。另外,对投资者个人来说,如果在投资过程中出现纠纷,投资者只能寻求法律途径来解决,而投资者为此要消耗大量的资金和精力。

(三) 股权众筹平台义务风险

通常情况下,股权众筹平台扮演的角色,仅是使融资方与那些有投资需求的人能够通过众筹平台进行交流与互动,并从中收取一定的报酬,充当融资方与投资者的居间人,但其合同又不是彻底的居间合同。事实上,股权众筹平台在充当居间人的同时,还负责对投资过程的监督和把控,这一点可以在其服务协议中找到相关根据。例如天使汇众筹平台,其协议中明确表示,如果用户不遵循协议规定或触及相关法律,众筹平台则可以据此采取一定的措施(比如删除目录和地址等)。融资方与投资者在股权众筹平台的要求下形成的格式合同也存在双方地位不平等问题。所以,股权众筹平台在运作过程中应该继续完善与用户的关系,就各自的权利和义务形成明确的规定,这样一旦发生法律危机,也可以根据协议从容处理。投资者可以据此维护自己的权益。

(四) 投资活动固有风险

(1) 小股东处于弱势地位,权益易受到大股东侵害。通常情况下,企业是由创始人及团队掌控的,企业的关键性决策,比如其发展方向、与其他公司的合作或企业利润的分配问题,都是按照创始人及团队的意愿来执行。普通投资者即使有好的想法,也不会得到认可和执行。那些没有专业知识和实践经验的投资者通常不会关注这一点。即使公司在经营中获利,投资者也可能得不到期望的回报,因为股东会掌握盈利分配大权。而普通投资者根本无权决定公司利润的分配。

(2) 股东很难中途退出。在针对小股东退出方面,相关的法律也有一些规定,如《公司法》规定,只有得到其他50%以上股东的认可,才能将手中的股份转让给公司外部人员。这不能从根本上解决股权众筹股东的退出问题,如要通过法律途径退出,其手续会十分复杂。相比之下,如果企业已成功上市,那么投资者退出要容易一些,股东带着自己手中的股份到资本交易市场,将其转让给其他人就能够退出。但是如果是有限责任公司,则股东无法通过股份交易退出。

三、股权众筹融资中涉及的法律风险

(一) 企业估值难

企业在初创阶段时,股东的股权取决于其投资,每个股东所占的份额是明确的,这种情况下不会出现纠纷。但当企业在众筹平台公开进行融资时,要出让公司多少股权,这个问题就比较复杂了。

例如,一家企业想通过股权众筹实现100万元的融资目标,总共拿出10%的股份,则可以据此将公司估值定为1 000万元。但投资者需要解决的是怎样进行企业估值。在这个问题上，最关键的是通过参与众筹入股该企业的投资者总共拥有企业多少股份，这是与其权益关联最大的部分。如果投资方为天使投资或风险投资，则其不仅经济基础雄厚，还拥有较强的专业技能，也能够联手专业机构来进行目标企业的估值，能够比较科学地估算出其拥有的股权比重。若企业已成功上市，那么在其进行融资时，就必然要通过专业评估机构的审核和衡量，该评估机构还需保证其衡量结果的正确性。

无论公司有没有成功上市，通过众筹参与进来的普通投资者要想掌握该企业的运营状况、准确估值等都不容易，所以当企业要融资并纳入新的投资者时，根据相关信息来评估其资产状况并掌握参与其中的投资者所拥有的股份比重是十分有必要的，这有利于投资者权益的维护。

在现阶段我国的股权众筹项目里，有不少项目的众筹融资目标高达百万元，但是企业让出的股份只是很小的一部分。举个具体的例子，某企业注册资金为 10 万元，其在初创阶段就计划通过股权众筹募得 30 万元资金，企业拿出 10% 的股权，据此可以将该企业的估值定为 300 万元。

这是在网络检索中找到的实例，但无法据此进一步查询其资产评估报告，也无从知晓企业是怎样进行自身估值、怎样确保参与众筹的投资者所拥有的股份的科学性的。而该企业的融资目标远在注册金额之上，但投资人拥有的股份比重太低，这对投资者来说是不合理的，也不排除实际控股人会将资金挪为己用的现象发生。

（二）融资成功后，平台难以管理资金

现阶段的多数众筹平台都扮演着中间人的角色。不过因为融资过程中存在时间上及其他方面的不确定性，资金会先到达众筹平台，所以众筹平台需要对这些汇集起来的资金进行管理。若融资目标实现，则平台将其资金转到发起方的账户上；若目标没有实现，则将资金归还到投资者手中，这些都会考验众筹平台的管理能力和运营专业性。

虽然众筹平台并没有进行实质性的参与，但还是有可能在平台管理方面发生危机。即使现阶段还没有众筹平台出现相关的问题，但仍然需要防微杜渐。

（三）融资后，缺乏有力监管

若企业成功上市，那么若其计划通过众筹来实现融资就要面向社会公众。在这种情况下，企业受到相关机构的监管，必须严格遵守法律的相关规定，这样投资者的权益不容易被侵害。但多数在众筹平台实现其融资目标的企业还未上市，《证券法》无法对其形成制约，企业也不受监管部门的影响。此外，众筹平台也没有法律依据制约目标企业。众筹平台若想影响目标企业，还需要考虑其管理能力、实践经验及成本耗费等。企业达到融资目标后，缺乏相应的信息公开机制和有效的管理体系，投资者无从得知他的投资去向，也不知道公司具体的运作和发展状况。更有甚者，有投资者连该企业是否在运营中都不清楚，他们没有渠道来探知具体情况，也不能确保自己能够得到报酬。作为投资者，若企业融资结束后就倒闭关门，该怎样去保障自身的权益呢？

不过，投资者入股某企业后，可以根据《公司法》来对该企业形成一定的制约。然而这只是在众筹的公开性基础上实行的，这样的监管其实并没有多大的作用，投资者仍然需要承担很大的风险。

总之，我国现阶段还没有形成针对股权众筹的完整法律体系，但无论是企业方、平台方还是监管机构,都必须依据相关法律来行事,否则,很难保障监管的力度。在专门针对股权众筹的法律法规出台之前,为降低众筹融资的项目运营风险,重视相关制度建设,十分必要。

综合案例

七喜电脑融资及对其发新股时的风险提示

2000年,七喜电脑向广发证券发出协助改制上市请求。2001年初,七喜电脑完成股份制改造,进入为期1年的上市辅导期。资本市场似乎近在咫尺。但七喜电脑未能进入广发证券2002年度仅有的8个推荐上市名单。2003年,在获取推荐资格并向证监会提出上市申请后,国家对新股发行数量实施限制,七喜电脑再次进入漫长的主板排队期。上市主板遥遥无期,但深交所中小企业板较短的排队期和较低的审核门槛,以及创业板股票全流通的前景,七喜电脑无奈之下转移了募资阵地。

广州七喜电脑股份有限公司在发新股前发布了特别提醒投资者注意十大风险提示:

(1) 失去SONY公司与三星公司产品代理权的风险。代理SONY公司及三星公司的产品是本公司的重要利润来源。2003年本公司代理上述产品的销售收入为6.12亿元,占公司收入总额的35.14%,实现毛利5 080万元,占公司毛利总额的36.59%。本公司与SONY公司签署的《代理商协议》以及三星电子公司出具的《授权书》都没有对到期续签事宜做出约定或承诺。如果未来出现不可预测的市场变化,SONY公司和三星公司取消本公司的中国地区的代理商资格,将会对本公司的销售收入及利润产生重大影响。

(2) 缺乏核心技术风险。CPU是PC的核心技术部件,但是国内PC厂商都不具备CPU的研发及生产能力,该部件主要被INTEL、AMD等国外厂商所垄断;同时,电脑的功能核心——操作系统软件也被Microsoft等国外公司垄断。如果未来发生不可预计的政策或市场风险,使本公司不能以正常的渠道和价格获取这些产品,将使本公司的生产及经营受到严重影响。

(3) 大股东控制和关联交易风险。本公司第一大股东易贤忠在公开发行股票前,直接控制公司64.66%的股权,通过关联人(广州七喜数码有限公司、上海联盛科技有限公司、易贤华、关玉贤)联合控制公司95.59%的股权,是公司的实际控制人,在本次公开发行股票后,易贤忠及其关联人联合控制的股权仍然达到70.84%,处于绝对控股的地位。并且,报告期内本公司还存在关联交易,2003年本公司关联交易总额为1.25亿元,占当期销售总额的7.16%。如本公司无法有效做到股东大会、董事会、监事会和管理者之间相互促进、相互制衡,存在大股东利用关联交易等方式侵害公司及中小股东利益的风险。

(4) 销售渠道和营销模式风险。本公司自1997年设立以来,一直从事PC和电脑配件的生产和销售。PC和电脑配件产品,尤其是代理销售的配件产品主要依靠健全、庞大的销售渠道和科学的营销模式来进行分销。本公司采用"依托统一经销渠道在PC整机市场和DIY（电脑配件）市场同时运作"的营销模式，既销售自身"HEDY"牌PC和"大水牛"牌电脑配件，也从事其他品牌电脑配件的代理销售。未来如果销售渠道和营销模式出现异常，不仅会增加流通成本，使公司的利润受到影响，还会导致产品积压、存货跌价等相关损失。

（5）产品更新换代和价格下跌风险。PC和电脑配件产品的生命周期很短，一种主流产品问世后，通常在一年时间内就会被速度更高、性能更完善、外观设计更精美的产品替代，产品价格也相应会下跌。如本公司的产品开发及生产未能紧跟市场的需求，造成PC配置落后和价格下降，将会对本公司的效益产生影响。

（6）成本控制风险。本公司在PC整机生产方面的主要经营策略是以成本控制为核心，围绕品牌战略进行经营，重点进行"HEDY"品牌的推广开发。在PC生产厂商产品彼此差异不大的情况下，此经营策略的重点就是成本控制。未来如果本公司不能成功地将成本控制在一个相对较低的水平，本公司经营策略的实施将会遇到困难。

（7）净资产收益率下降的风险。本公司2003年12月31日经审计的净资产为20 256.44万元。本次新股发行价为每股10.56元，共募集资金28 767.00万元（已扣除发行费用），发行后公司净资产将大幅度增长，预计2004年的净资产收益率（全面摊薄）将较2003年度的27.80%有所下降，存在因净资产收益率下降所引致的相关风险。

（8）坏账准备计提比例较低的风险。本公司2001年、2002年、2003年的应收账款坏账准备计提比例分别为2.00%、2.07%和2.32%，低于同行业上市公司及平均水平，可能会出现计提的坏账准备不足以抵偿实际坏账损失，从而对本公司的经营效益产生影响。

（9）存货跌价准备计提比例较低的风险。与同行业上市公司相比，本公司计提的存货跌价准备比例较小，2003年本公司存货跌价准备计提比例为2.61%，是同行业上市公司平均水平的三分之一。未来如果存货跌价准备不足以弥补存货处理损失，将会对本公司的经营业绩产生一定影响。

（10）重大诉讼风险。2002年4月16日，广州市黄埔区建筑工程总公司因工程款纠纷向广州市中级人民法院起诉本公司（第一被告）和广州七喜资讯产业有限公司（第二被告），要求支付七喜电脑生产基地三号、四号厂房及动力站工程款（包括窝工损失、增加工程款）1 189.53万元，违约金238.18万元，诉讼金额合计1 427.71万元。本诉讼目前仍在广州市中级人民法院一审中，目前法庭调查工作已经结束，正在等待法院合议庭进行合议。为保障本公司的利益不受损害，广州七喜资讯产业有限公司已承诺由其承担本次诉讼的一切诉讼风险，广州七喜资讯产业有限公司的实际控制人易贤忠也已出具《承诺函》，承诺："如果广州七喜资讯产业有限公司清算后的全部剩余资产仍不足以承担上述诉讼的赔偿金额，差额部分的赔偿金额，由本人负责补足。"虽然有上述保障措施，本公司仍然存在赔偿金额的支付风险。

七喜股份2004年上市当天以14.50元开盘，最后报收于14.63元。作为新股，七喜股份交易首日的收盘价仅略微超过开盘价。交易首日的表现就让人看淡其未来发展前景。

[思考与讨论]

1. 在本案例中,七喜电脑的融资面临的主要风险是什么?
2. 对七喜电脑投资面临的风险应如何规避?

复习思考题

1. 大学生在创业阶段会面临哪些风险?
2. 众筹股权投资中会涉及哪些主要风险?
3. 大学生创业融资风险规避办法有哪些?
4. 创业投融资中的政策风险有哪些?
5. 股权众筹投资中涉及的法律风险有哪些?

主要参考文献

[1] 莱斯.精益创业[M].北京:中信出版社,2015.

[2] 罗斯.创业清单[M].桂曙光,魏亦萌,译.北京:中国人民大学出版社,2017.

[3] 卡普兰,沃伦.创业学[M].冯建民,译.北京:中国人民大学出版社,2009.

[4] 罗宾斯.管理学[M].11版.北京:中国人民大学出版社,2012.

[5] 克雷纳.管理百年[M].海口:海南出版社,2005.

[6] 白钦先,谭庆华.论金融功能演进与金融发展[J].金融研究,2006(7):41—52.

[7] 包啟宏,沈柏锋.中国式股权:股权合伙、股权众筹、股权激励[M].北京:中国铁道出版社,2017.

[8] 边智群,程培先.公司理财[M].北京:高等教育出版社,2014.

[9] 邴浩,杜涵,罗婧.创业行为与创业意愿影响因素实证研究[J].科技进步与对策,2015(1):76—82.

[10] 陈浩.合伙人时代:开启股权合伙创业新模式[M].广州:广东经济出版社,2017.

[11] 陈少楠.大学生创业融资风险及规避策略[J].金融经济,2015(14):18—20.

[12] 陈晓南.创业投资与长三角高新技术产业化[D].成都:四川大学,2005.

[13] 陈秀梅,程晗.众筹融资信用风险分析及管理体系构建[J].财经问题研究,2014(11):77—81.

[14] 程江波.创业力:创业者的9堂必修课[M].北京:机械工业出版社,2017.

[15] 方卓,张秀娥.创业激情有助于提升大学生的创业意愿吗?——基于六省大学生问卷调查的研究[J].外国经济与管理,2016(7):41—56.

[16] 郭勤贵,耿小武.股权设计:互联网+时代创业公司股权架构[M].北京:机械工业出版社,2015.

[17] 郭占元.创业学理论与应用[M].3版.北京:清华大学出版社,2017.

[18] 韩斯玥,黄旭,贺本岚.国际P2P行业发展趋势与商业银行未来发展[J].金融论坛,2014(3):23—38.

[19] 何崇阳.P2P融资模式及其对银行业的冲击——以Zopa和Prosper互助借贷平台为例[J].银行家,2007(7):1—3.

[20] 何建湘.创业者实战手册[M].北京:中国人民大学出版社,2017.

[21] 洪峥.创业融资最佳模式[M].广州:广东经济出版社,2014.

[22] 胡礼新.中小企业股权激励实操[M].北京:中国铁道出版社,2017.

[23] 黄健青.互联网融资[M].北京:对外经济贸易大学出版社,2015.

[24] 金利娟,王彦长.创业学教程[M].合肥:中国科学技术大学出版社,2015.

[25] 蓝裕平.投融资策划理论与实务[M].广州:广东经济出版社,2015.

[26] 李仇辉,康海燕.创业投资管理[M].上海:立信会计出版社,2016.

[27] 李金山,马定强,罗华.融资就这么简单:策略+操作+案例[M].北京:中国铁道出版社,2017.

[28] 李笑来.斯坦福大学创业成长课[M].天津:天津人民出版社,2016.

[29] 林汶奎.从零开始学融资[M].北京:现代出版社,2016.

[30] 林毅夫,孙希芳.信息、非正规金融与中小企业融资[J].经济研究,2005(7):35—44.

[31] 刘珊珊,李依诺,孟婷.大学生创业融资风险研究[J].现代商业,2015(12):46—47.

[32] 吕长青.一本书读懂创业融资[M].北京:北京工业大学出版社,2016.

[33] 马瑞清.企业融资与投资[M].2版.北京:中国金融出版社,2017.
[34] 施让龙.创业实务[M].北京:北京大学出版社,2016.
[35] 孙祥和.创业法律实务[M].北京:中国人民大学出版社,2013.
[36] 孙永正.管理学[M].北京:清华大学出版社,2005.
[37] 王宏峰.高技术产业融资论[D].北京:中国社会科学院研究生院,2002.
[38] 吴瑕,千玉锦.中小企业融资案例与实务指引[M].2版.北京:机械工业出版社,2015.
[39] 武岩,幕丽杰.中小企业融资指南[M].北京:金盾出版社,2009.
[40] 奚国泉,卜金涛,盛海潇.创业投资项目分析理论与实训教程[M].北京:清华大学出版社,2014.
[41] 谢平,邹传伟.互联网金融模式研究[J].金融研究,2012(12):11—22.
[42] 杨飞翔.融资之道:公司融资路径与法律风险控制[M].北京:法律出版社,2016.
[43] 王京.众筹融资方式正负功能研究[D].沈阳:辽宁大学,2016.
[44] 于俊年.投资项目可行性研究与项目评估[M].北京:对外贸易大学出版社,2011.
[45] 张建平.我国创业投资的发展模式与途径研究[D].北京:中国社会科学院研究生院,2000.
[46] 张可君,吕时礼.创业实务[M].北京:北京师范大学出版社,2011.
[47] 张淼.股权融资:理论、案例、方法一本通[M].北京:电子工业出版社,2017.
[48] 张奇.创业融资与管理[M].北京:经济科学出版社,2017.
[49] 张韵.中国P2P网络借贷平台运营模式及其风险探究[D].上海:华东理工大学,2017.
[50] 张竹筠.创业实务指南[M].北京:北京航空航天大学出版社,2003.
[51] 周光.民间融资实务操作与法律风险防范[M].北京:中国法制出版社,2014.
[52] 周三多.管理学:原理与方法[M].6版.上海:复旦大学出版社,2014.

郑重声明

高等教育出版社依法对本书享有专有出版权。任何未经许可的复制、销售行为均违反《中华人民共和国著作权法》，其行为人将承担相应的民事责任和行政责任；构成犯罪的，将被依法追究刑事责任。为了维护市场秩序，保护读者的合法权益，避免读者误用盗版书造成不良后果，我社将配合行政执法部门和司法机关对违法犯罪的单位和个人进行严厉打击。社会各界人士如发现上述侵权行为，希望及时举报，我社将奖励举报有功人员。

反盗版举报电话　（010）58581999　58582371
反盗版举报邮箱　dd@hep.com.cn
通信地址　北京市西城区德外大街4号　高等教育出版社法律事务部
邮政编码　100120

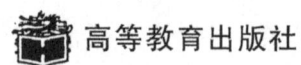高等教育出版社

教学资源索取单

尊敬的老师：

　　您好！

　　感谢您使用**黄宝凤**等编写的《**创业与投融资**》。为便于教学，本书另配有课程相关教学资源，如贵校已使用了本书，您只要添加服务QQ号800078148，或者把下表中的相关信息以电子邮件或邮寄方式发至我社即可免费获得。

我们的联系方式：

电　话：(021)56718921/56718739　　　电子邮箱：800078148@b.qq.com

服务QQ：800078148（教学资源）　　　创业教师论坛QQ群：248192102

地　址：上海市虹口区宝山路848号　　　邮编：200081

姓　　名		性别		出生年月		专　　业	
学　　校				学院、系		教 研 室	
学校地址						邮　　编	
职　　务				职　　称		办公电话	
E-mail						手　　机	
通信地址						邮　　编	
本书使用情况	用于　　　　学时教学，每学年使用　　　　册。						

您对本书的使用有什么意见和建议？

_____

您还希望从我社获得哪些服务？

☐ 教师培训　　　☐ 教学研讨活动

☐ 寄送样书　　　☐ 获得相关图书出版信息

☐ 其他_____